인공지능에게 대체되지 않는 나를 만드는 법

에이트
EIGHT

이지성 지음

차이
정원

당신에게 묻는다

지금 당신이 화염에 휩싸여 불타고 있는 대형 선박 갑판 위에 서 있다고 하자. 갑판 아래 약 50미터 지점, 그러니까 아파트 17층 높이 아래로는 차갑고 시커먼 바닷물이 사납게 일렁이고 있다.

당신은 어떻게 하겠는가?

불타는 갑판 위에서 우왕좌왕하다가 불에 타서 고통스럽게 죽을 것인가? 아니면 갑판 아래 바다로 용기 있게 뛰어들겠는가?

아마도 당신은 이렇게 대답할 것이다.

"나라면 뛰어내릴 것이다. 바다가 무서워 갑판 위에 있다가 타 죽는 어리석음은 범하지 않을 것이다."

1988년 7월, 앤디 모칸은 폭발 사고가 난 석유시추선 갑판 위에 서 있었다. 사고 장소에서 시작된 불길은 순식간에 배 전체로 옮겨 붙었다. 갑판에서도 새빨간 불꽃과 검은 연기가 일기 시작했다. 앤디 모칸은 망설임 없이 차가운 파도가 치는 북해로 뛰어들었다. 아파트 17층 높이 아래의 바다로 뛰어내리는 것 역시 생명을 담보로 한 일이었지만, 불타는 갑판 위에 계속 있는 것보다는 생존 확률이 높다고 판단했기 때문이다. 다행히 그는 살았고, 얼마 뒤 구조되었다.

이야기는 여기서 끝이 아니다. 불타는 석유시추선 갑판 위에는 168명이 더 있었다. 하지만 그들은 갑판 위에서 우왕좌왕하다가 안타까운 최후를 맞이했다.[1]

당신에게 다시 묻는다.

만일 당신이 '불타는 갑판' 위에 있었다면 어떻게 했을까? 홀로 목숨을 걸고 바다로 뛰어들었을까? 아니면 168명과 함께했을까?

지금 대한민국이라는 거대한 배가 불에 타서 침몰하고 있다. 국민들은 불타는 갑판 위에서 우왕좌왕하고 있다. 아니 배에 무슨 일이 일어나고 있는지조차 모르고서 멍하니 있다.

당신은 어떻게 하겠는가? 세상이 어떻게 바뀌었는지도 모른 채 멍하니 있다가, 안타까운 최후를 맞이할 사람들과 함께하겠는가? 아니면 인공지능으로 대표되는 4차 산업혁명이라는 바다로 뛰어들겠는가?

차례

Part 1 단 한 번도 경험하지 못한 시대가 오고 있다
– 인간이 기계에 대체될 수밖에 없는 이유

일러두기

· 통상적으로 사용하는 구어체 표기와 맞춤법 일부를 그대로 따랐습니다.

· 문장 부호는 다음의 기준에 맞춰 사용했습니다.

《 》 단행본

〈 〉 영화·TV프로그램·신문·잡지·정기간행물

" " 칼럼·논문·영상 또는 이 사항들의 하위항목

잡스는 왜 죽기 직전까지
인공지능을 붙잡고 있었나

그날이 언제였는지는 정확히 기억나지 않는다. 어느 날 밖에 나가보니 세상이 바뀐 것 같았다. 다들 손에 뭔가 세련된 것을 들고 있었는데, 그걸 들여다보느라 정신이 없었다. 나는 그렇게 아이폰을 만났다. 그리고 스티브 잡스가 궁금해졌다.

물론 잡스에 대해서는 전부터 잘 알고 있었다. 나는 일찍이 "소크라테스와 점심 식사를 할 수 있다면 애플이 가진 모든 기술을 내놓겠다"고 한 잡스의 말을 가슴에 품고서 독서와 사색을 거듭했었다. 그리고 잡스의 이 말이 미국의 피터 드러커와 유럽의 찰스 핸디로 대표되는 '소크라테스식 경영법'을 잡스식으로 표현한 것에 불과하다는 사실을 알아냈었다. 또 현대 경영학의 계보가 '소크라테스 이전 철학자들→소크라테스→플라톤→아리스토텔레스→알렉산더 대왕→하버드 법학대학원→하버드 경영대학원→조지 마셜→피터 드러커, 찰스 핸디'로 이어진다는 사실도 알아냈었다.[1] 여기에 더해 "소크라테스식 대화법을 어떻게 경영에 적용할 수 있는가?"라는 질문에 대한 답도 찾아냈었다. 나는 내가 알아낸 사실들과 내가 찾아낸 답을 집필 중이던 원고에 실었다. 후일 그 원고는 《리딩으로 리드하라》라는 제목의 책으로 출판되었다.

다시 아이폰 이야기로 돌아가자. 그러니까 나는 아이폰을 만나고, 아니 잡스를 교주처럼 신봉하고 아이폰을 무슨 경전처럼 대하는 사람들을 보고 잡스가 진심으로 궁금해졌다. 그의 생각, 철학, 감성 등 모든 게 말이다. 나는 서점으로 가서 잡스와 애플에 대한 책을 모두 구매했다. 또 세 군데 도서관에 가서 잡스와 애플에 관한 책을 모두 대출했다. 아이폰은 구매하지 않았다. 삼류 기업에 불과했던 삼성을 지금의 삼성으로 만든 이건희는 이런 말을 한 적이 있다.

"버스가 어떻게 만들어졌는지 모르고 탄다면 그것은 버스를 타는 것이 아니라 버스에 실리는 것이다."

나는 아이폰을 만든 사람들의 생각과 철학과 감성을 알고 싶었다. 아이폰은 그 뒤에 가져도 늦지 않을 것 같았다. 당시의 나는 이런 사람이었다. 매사에 까다롭기 그지없는, 돌다리의 일부분을 깨서 진짜 돌임을 확인한 뒤 건너는 그런 사람이었다. 물론 두 아이의 아빠가 된 지금은 다르다. 되도록 흐르는 물처럼 세상을 살고자 노력하고 있다.

잡스가 죽기 직전까지 매달린 '그것'

2010년 11월에 《리딩으로 리드하라》가 출간되었다. 당시 우리나라에서는 '인문학'이라는 말이 학계에서나 사용되는 것이었다. 그런데 "인문학을 해야 한다!"라는 주제 하나로 무려 368쪽^{2016년 출}간된 개정판은 432쪽을 채운 책이라니! 다들 미쳤다고 했다. 다들 실패할 거라고 했다. 하지만 놀랍게도 이 책은 출간되자마자 대형 베스트셀러가 되었다. 그리고 당시 언론의 표현을 빌리자면, 내 입으로 말하기 민망하지만우리나라에 인문학의 불길을 치솟게 했다.

책이 출간되고 약 4개월 뒤인 2011년 3월, 그 불길 위로 기름이 부어졌다. 스티브 잡스가 아이패드2를 발표하는 현장에서 "애플은 인문학과 과학 기술의 교차점에서 탄생했다!"라고 한 것이다. 당장 기업계에서 난리가 났다. "잡스의 성공 요인이 인문학이었다", "이제 우리는 인문학을 해야 한다"고 하면서 말이다. 기업의 발길은 학계로 향했고, 눈치 빠른 일부 학자들이 기업의 입맛에 맞는 인문학 강의 등을 쏟아내기 시작했다. 기업이 움직이자 대학·정부·국회·지자체·사회단체 등이 따라 움직였고, 급기야 전국이 인문학으로 들썩이기 시작했다.

나는 얼떨결에 그 열풍의 한가운데 있게 됐다. 뭐랄까, 어느 날 정신을 차려보니 재벌들과 CEO들과 정치가들 앞에서 인문학을 강의하고 있는 나를 발견했다고나 할까. 하지만 마음이 영 좋지 않았다. 나는 한때 20억 넘는 보증빚을 진 채 창고를 불법 개조한 옥탑방에서 살았던 사람 아닌가. 그때 하나님께 얼마나 많이 기도했던가. 작가로 성공만 시켜주신다면 평생 지금의 나처럼 고통스럽게 사는 사람들을 위한 삶을 살겠다면서 말이다.

나는 화려한 자리에 초대받을 때마다 기분이 좋았지만 한편으로 무명작가 시절의 기도가 떠올라서 어쩔 줄 몰라 하곤 했다. 다행스럽게도 나의 방황은 그리 오래가지 않았다. 나는 어느 날 갑자기 상류 사회와의 인연을 끊었다. 물론 지금은 그 인연을 일부 회복하긴 했지만, 도대체 왜 하루아침에 그런 결단을 내리고 실행했던 건지는 지금 생각해봐도 잘 이해가 되지 않는다.

아무튼 나는 그때부터 폴레폴레^{팬카페} 회원들과 우리나라 지역 아동센터에 인문학 교육을 보급하고, 북한의 굶주리는 아동들과 탈북인들을 돕는 일을 시작했다. 또 해외 빈민촌에 학교를 세우는 일을 시작했다.

나는 특히 해외 빈민촌 프로젝트에 깊이 빠져들었는데 동남아·인도·파키스탄·러시아·남미는 물론이고 중동과 아프리카, 시리아 난민 캠프 등에 학교를 세우는 것도 모자라서 직접 그 학교들을 방문해 많은 시간을 보내곤 했다.

해외 빈민촌에서 말도 잘 안 통하는 사람들과 함께 있다 보면 어느 날엔 종일 독서와 사색만 하게 된다.

행려병자들과 거지들로 넘쳐나는 인도 콜카타 빈민촌에서는 칸트를 읽으면서 '철학함이란 무엇인가'에 대해 종일 사색했었다.

해발 1,800미터에 위치한, 물도 전기도 없는 아프리카 마사이족 마을에서는 루트비히 비트겐슈타인의 《논리철학논고》를 읽으면서 '말할 수 없는 것'에 대해 사색했었다.

IS가 폭탄을 설치한 전력이 있는 요르단 시리아 난민 캠프 컨테이너에서 하룻밤을 보낼 때는 《신약성서》를 읽으면서 낮에 차를 타고 가서 본, 세례 요한과 예수 그리스도가 머물렀던 광야의 의미에 대해 묵상했었다.

세계 3대 빈민 도시 톤도^{필리핀}에서 봉사 활동을 했을 때의 일이다. 하루 일정을 마치고 잠시 시내로 나가 서점에 들렀는데 스티브 잡스가 인정한 유일한 공식 전기인 월터 아이작슨의 《스티브 잡스 Steve Jobs》 영문판이 곳곳에 진열되어 있었다. 나는 그 책을 잠깐 들춰보다가 서점을 나와 다시 톤도로 돌아갔다. 그런데 이상하게도 책 표지에 크게 박혀 있던 스티브 잡스의 얼굴이 계속 떠오르는 것이었다. 나는 잠시 당황했지만 이내 이렇게 결정했다.

"좋다! 이렇게 된 이상 내 마음속에서 잡스가 떠오르지 않을 때까지 잡스만 생각해보자!"

그렇게 나는 잡스와 이상한 대결(?)을 시작했는데, 그때 문득 뇌리를 스친 질문이 있었다.

"다들 스티브 잡스와 인문학을 이야기하는데, 그럼 잡스가 이야기한 인문학은 도대체 무엇이지? 인문학은 보통 철학·역사·문학으로 나뉘는데 철학 하나만 해도 서양 철학·동양 철학·인도 철학 등으로 나뉘고, 서양 철학만 해도 다시 고대 철학·중세 철학·근대 철학 등으로 나뉘고. 어디 그뿐인가? 서양 고대 철학만 해도 철학자가 참 많잖아. 그럼 잡스의 인문학은 도대체 어느 시대 누구의 철학 또는 역사 또는 문학이란 말인가? 혹시 예전에 말했던 소크라테스? 아니야. 그때는 자신의 경영법을 두고 말한 거였어. 애플의 과학 기술과 결합한 인문학은 물론 그 뿌리 중 하나가 소크라테스에게 있겠지만 소크라테스는 아냐. 그럼 잡스의 인문학은 도대체, 도대체 무엇이지?"

며칠 뒤 귀국한 나는 이 질문에 대한 답을 찾고자 우리나라에 존재하는, 잡스와 애플과 인문학을 이야기하는 거의 모든 책들과 거의 모든 강의들을 살펴보았다. 그리고 여러 저명한 학자들과 인문학 전문가들도 만나서 질문해보았다. 하지만 어디에서도 누구에게서도 답을 듣지 못했다. 다들 그게 왜 궁금하냐는 표정이었다. 그렇게 나의 잡스 공부는 다시 시작되었다. 나는 잡스와 애플 관련 책들을 다시 독파하면서 사색하기 시작했고, 잡스 관련 국내외 기사들을 스크랩하기 시작했다. 잡스를 다루었거나 잡스가 나오는 동영상들도 몇 번씩 반복해서 보았다. "스티브 잡스: 더 로스트 인터뷰" 같은 경우

노트에 자막을 직접 다 베껴 쓴 뒤 열 번 넘게 읽었고, 잡스의 철학이 녹아 있다는 애플의 전설적인 광고 "Think Different"는 서른 번 넘게 보았다.

그리고 마침내 나는 잡스의 인문학은 하이데거의 《존재와 시간》에 나오는 도구 철학이고, 인문학과 과학 기술의 결합은 제록스 팰로앨토연구소의 리더였던 마크 와이저의 작업을 의미하며, 디자인 철학 '심플Simple'은 루이스 설리번→프랭크 로이드 라이트→조셉 아이클러로 이어지는 미국 건축의 디자인 철학과 독일의 예술조형학교인 바우하우스의 디자인 철학을 의미한다는 사실을 알게 되었다.[2] 후일 나는 이를 《생각하는 인문학》에 자세히 풀어 썼다.

2011년 10월 5일, 스티브 잡스는 지구를 떠났다. 세계적으로 많은 사람들이 잡스의 죽음을 애도했다. 우리나라에도 애도의 물결이 일었다. 나는 잡스를 떠나보내면서 문득 궁금해졌다.

"잡스는 죽음을 앞두고 무엇을 했을까? 아마도 암 병동 같은 곳에 천문학적인 기부를 하지 않았을까? 그리고 사랑하는 사람들과 의미 있는 시간을 보냈겠지?"

이런 내 추측과 달리 잡스는 인공지능을 붙들고 있었다.

2003년 미국 국방부 산하기관인 국방고등연구계획국DARPA은 스탠퍼드 국제연구소SRI International와 학습 및 추론 능력은 물론이고 인간과 대화까지 가능한 인공지능 연구와 개발을 목적으로 하는

CALO Cognitive Assistant that Learns and Organizes 프로젝트를 추진하고 있었다.[3] 이 프로젝트는 무려 300여 명의 인공지능 전문가들이 투입되어 5년 동안 진행되었는데, 스탠퍼드 국제연구소는 2007년 이 프로젝트의 한 부분을 따로 떼서 스타트업으로 출범시켰다. 잡스는 2010년 4월에 무려 2조 2,600억 원을 지불하고서 그 기업을 인수했다.[4] 그리고 직접 아이폰 인공지능 프로젝트를 지휘, 시리siri를 개발했다. 잡스는 시리가 탑재된 아이폰4S의 발표가 있던 다음 날 세상을 떠났다.

그러니까 잡스는 사망하기 1년 6개월 전에 천문학적인 돈을 들여서 인공지능 스타트업 기업을 인수했고, 직접 인공지능 프로젝트를 지휘했고, 그 프로젝트가 완수된 다음 날 호흡을 멈추었다. 한마디로 잡스는 자신의 남은 생명을 모두 인공지능에 쏟아부었다. 만일 잡스가 생명을 불태우면서까지 인공지능에 집착하지 않았다면 어땠을까? 어쩌면 그는 좀 더 오래 살았을 것이다. 아니 어쩌면 지금도 살아 있을지 모른다.

나는 여러 경로를 통해 잡스가 죽기 전에 했던 가장 중요한 일에 대해서 알게 되었고, 온몸을 뒤흔드는 거대한 충격에 사로잡혔다. "도대체 잡스는 왜?", "도대체 인공지능이 무엇이기에?" 하면서 말이다. 물론 나는 미국의 전설적인 IT 기업가들이 인공지능에 목을 매고 있다는 사실을 이미 2004년에 알고 있었다. 그때 번역 출간된

《빌 게이츠 & 워런 버핏 성공을 말하다.Buffett & Gates on Success》에 나온 빌 게이츠의 "나는 인공지능에 관한 정보가 있는 곳이라면 만사를 제치고 달려갑니다"라는 발언을 통해서 말이다.[5] 허나 이때만 해도 나에게 있어서 인공지능이란 SF와 과학의 경계선에 있는 것이었다. 아니 SF에 가까운 것이었다. 그런데 잡스가 사망 전에 보인 행적을 따라가보니 인공지능은 절대 SF가 아니었다. 나는 이때부터 인공지능을 심각하게 받아들였고, 본격적으로 공부를 하기 시작했다. 그리고 2015년 3월, 공부한 내용의 일부를《생각하는 인문학》에 담았다.

그 누구도 관심을 갖지 않았다

《생각하는 인문학》은 출간된 지 약 2개월 만에 종합 베스트셀러 1위에 올랐다. 인터넷 포털 사이트 다음Daum과 함께 진행한《생각하는 인문학》뉴스 펀딩은 1억 원을 돌파하면서 큰 화제를 불러일으키기도 했다. 이때 나는 내심 기대했었다. 이제 "우리나라에도 인공지능에 대한 관심이 폭발적으로 생기겠구나" 하고 말이다. 결론적으로 말하면 나는 김칫국부터 마신 셈이었다. 정말이지 그 누구도 인공지능에 대해 관심을 갖지 않았다. 나는 좌절했고, 잊기로 했다.

그러던 어느 날이었다. 아마도 알파고^Alpha Go 때문에 온 나라가 떠들썩하던 때였던 것으로 기억한다. 출판사에서 연락이 왔다. 한 기업에서 '인공지능과 인문학'을 주제로 강의를 해달라는 요청을 해왔다는 것이었다. 신기했다. 바로 응하겠다고 답했다.

직원들이 워낙 많다 보니 강의는 오전과 오후로 나눠서 진행됐다. 내가 인공지능에 대해서 생각을 고쳐먹은 사건이 이날 점심 시간에 발생했다. 대표이사 및 임원들과 식사를 함께했는데, 도무지 밥을 먹을 수가 없었다.

"작가님도 이미 보셨겠지만 미국과 유럽은 물론이고 중국·동남아·인도·중동 사람들까지 우리 회사를 일상적으로 방문합니다. 그런데 다들 어느 순간부터 인공지능 이야기를 하더라고요. 알고 보니 세상이 인공지능을 중심으로 새롭게 구축되고 있더군요. 그래서 우리 회사도 인공지능 전문가들을 여럿 모셔서 상의를 늘었습니다. 그런데 다들 인공지능 기술이 이렇게 발달하고 있다든가, 앞으로 인공지능 때문에 세상이 이렇게 변할 것이라든가, 〈터미네이터〉에 나오는 스카이넷 같은 인공지능이 나와서 인류를 노예로 만들 것이라든가 뭐 그런 이야기들만 하더군요. 그런데 한번 생각해보세요. 그게 우리와 실질적으로 무슨 상관이 있겠습니까? 중요한 것은 '우리가 앞으로 무엇을 준비할 것인가?'에 대한 답을 제시해주는 것 아닐까요? 이제 곧 인공지능이 인간을 넘어서는 시대가 온다는데 도

대체 그때는 언제일 것이며, 우리는 스스로를 어떻게 교육하고 변화시켜야 할 것이며, 직원들과 자녀들은 또 어떻게 교육하고 준비시켜야 하는지 그것을 알려줘야 할 텐데 말이지요. 다행히 작가님의 《생각하는 인문학》에 그런 내용이 좀 나와 있어서 이번에 모시게 되었습니다. 어려운 발걸음 해주셔서 감사합니다"라는 대표이사의 길고도 심오한(?) 인사말이 끝나자마자 임원별로 돌아가면서 자신이 인공지능 시대를 앞두고 어떤 준비를 하고 있는지, 자녀는 어떻게 준비시키고 있는지를 상세히 말하며 자신의 방향과 방법이 과연 옳은 것인지, 혹시 조언해줄 것은 없는지 등을 물었기 때문이다.

그 기업에서의 점심시간은, 그날만큼은 조금 피곤한 기억으로 남았지만, 이런 깨달음을 얻을 수 있었다.

"그래, 중요한 것은 '인공지능 시대에 나는 무슨 준비를 해야 하는가?'라는 질문에 대한 답이겠지. 맞아, 세상 사람들에게 필요한 것은 바로 그거야. 앞으로 여기에 대해서 좀 더 깊은 공부를 해봐야겠어."

4만 명 vs 4,996만 명

그 기업에서의 강의가 일종의 터닝 포인트였을까? 갑자기 전국에서 인공지능에 대해 강의해달라는 요청이 쏟아지기 시작했다. 처음엔 "아이고, 저는 인공지능을 연구하거나 개발하는 사람이 아닙니다. 저는 작가일 뿐입니다"라며 거절했다. 인공지능이 내 전문 분야가 아닌데 한두 군데도 아니고 전국적으로 강의 요청을 받으니 당황스러웠다.

사실 나는 그때만 해도 이 책을 쓸 생각이 없었다. 그러던 어느 날, 도서관에서 우연히 인공지능 관련 책들을 보다가, 미래 인류 사회는 '인공지능에게 지시를 내리는 계급'과 '인공지능의 지시를 받는 계급'으로 나뉜다는 사실을 알게 되었다. 그리고 선진국들은 전자에 속하는 국민을 최대한 많이 배출하기 위해 오랫동안 노력해 왔다는 사실도 알게 되었다. 충격이었다. 더 큰 충격은 그 뒤에 찾아왔다. 우리나라는 여기에 대해서 아는 사람이 전무하다시피 했다. 언론도 기의 다루지 않고 있있다.

큰일났다고 생각했다. 이대로 가다가는 대한제국 시대의 역사를 반복하겠다는 불안감이 생겼다. 나는 책을 쓰기 위한 자료를 축적하기 시작했다. 아마도 우리나라에서 출간된 인공지능 서적과 언론이 보도한 인공지능 기사는 거의 다 읽은 것 같다. 그렇게 1년 넘게 자료를 모았고, 자료를 내면화하는 시간을 3개월 정도 가졌다.

허나 펜을 들기가 쉽지 않았다. 2년 동안 전국을 돌면서 강의를 했다고는 하나 다른 여러 바쁜 일들을 소화하느라 한 달에 많아야

5~6회 정도 했을 뿐이었다. 매회 강의를 들은 청중을 평균 300명으로 잡으면 잘해야 4만 명이 들은 정도였다. 역으로 생각하면 인공지능 강의를 듣지 않은 사람, 그러니까 인공지능에 대해서 별 관심이 없다고 추정되는 사람은 약 4,996만 명이었다.

게다가 우리나라의 전반적인 환경이 어떠한가. 대표적으로 우리나라 교육을 쥐고 있다시피 한다는 강남 8학군을 보라. 지금 이 순간에도 주입식 교육을 더 강하게 하지 못해서 안달하고 있지 않은가. 선진국들은 다들 미래에 인공지능의 IQ^{지능지수}가 1만을 돌파하기 때문에 주입식 교육은 아무 의미 없다고 하면서, 아이들에게 인공지능이 절대 가질 수 없는 능력을 길러주기 위해 애를 쓰고 있는데 말이다. 이는 비유하면 이미 총이 발명되었고, 다들 총으로 무장하고 있는데, 우리만 아이들에게 좀 더 좋은 활을 만드는 법을 가르치고 있는 것과 다를 바 없다. 또는 이미 전기가 발명되었고 다들 전기 문명을 만들어가고 있는데, 우리만 아이들에게 좀 더 오래 타는 양초를 만드는 법을 가르치고 있는 것과 다를 바 없다.

정부와 국회는 또 어떤가. 세계적인 연구기관들은 물론이고 우리나라 연구기관들도 앞으로 10년 내에 세상이 인공지능 중심으로 바뀌고, 단순 노무직과 기능직은 물론이고 전문직도 인공지능에 의해 대체된다는 보고서를 앞다투어 내놓고 있는데 우리 정부와 국회는 아무런 대책도 내놓지 못하고 있다. 아니 실질적인 대책을 내놓지 못한다면 일본 정부와 국회처럼 국민들에게 "취업을 할 때는 되도록 인공지능에게 대체되지 않는 직종을 선택하라"는 안내라도 해야 하는데 이조차도 못하고 있다.[6]

북한 문제는 또 어떤가. 유발 하라리를 비롯한 세계적인 석학들은 우리나라가 "인공지능 시대에 가장 큰 위험에 처하는 국가가 될 수 있다"고 경고하고 있다. 김정은 같은 독재자는 후일 인공지능 로봇 군대를 창설할 수 있고, 이는 핵폭탄보다 더 실질적인 위협이 될 수 있기 때문이다. 실제로 지금 세계 분쟁 현장에서 군인들을 가장 큰 두려움에 떨게 하는 것은 인간 군인이 아닌 인공지능 로봇 군인이다. 한마디로 우리는 북한 문제를 인공지능 시대의 관점으로도 바라볼 수 있어야 한다. 인공지능 로봇 군대의 위협은 북한에서 김정은 독재체제가 종식되고, 정치범 수용소에 갇혀 있는 20여만 명의 사람들이 해방되어 진정한 인권이 실현되고, 대한민국 수도의 자유 민주주의 통일이 되었다고 해서 사라지는 것은 아니다. 북한보다 더 강력하고 더 두려운 인공지능 로봇 군대를 창설할 수 있는 군사 강국들, 즉 중국·러시아·일본이 우리를 둘러싸고 있기 때문이다. 세 나라는 네 가지 공통점을 가지고 있다.

첫째 우리나라와 전쟁을 한 경험이 있다.[7]

둘째 자기들끼리 전쟁을 한 경험이 있다.

셋째 유사시 한반도에 군대를 투입할 계획을 가지고 있다. 중국은 적게는 500기에서 많게는 1,200기에 이르는, 핵탄두 장착 가능한 미사일을 한반도를 향해 배치하고 있는 것도 모자라서 아예 한반도 전담 부대를 운용 중에 있고, 러시아는 중국의 한반도 전담 부대와 연합 훈련을 하고 있으며, 일본은 유사시 한반도에 자위대를 파견할 수밖에 없다며 공언하고 있다.[8]

넷째 지금 이 순간에도 천문학적인 군사비를 쏟아부으면서 군사력을 강하게 키우고 있다.

한마디로 중국·러시아·일본은 전쟁을 좋아하고 지금도 새로운 전쟁을 준비 중에 있다. 이 세 나라가 인공지능 시대에 가만히 있겠는가? 절대 아니다. 세계 최고 수준의 인공지능 로봇 군대를 만들어서 실전 배치할 것이다. 우리는 이런 미래를 내다보고 준비해야 한다. 그렇지 않으면 우리는 인공지능 시대에 스스로를 지킬 수 없을 것이다.

'로봇의 인간 대체 비율' 세계 1위의 나라

정부와 국회의 무지와 무능이 만든 인공지능 재앙은 고스란히 국민의 몫이 될 것이다. 혹시 '로봇이 인간을 대체하는 비율'이 세

계 1위인 나라가 어디인지 아는가? 우리나라다. 세계로봇연맹^{IFR,}

_{International Federation of Robot}이 발표한 보고서에 따르면 우리나라는 인

간 근로자 1만 명당 로봇 수가 세계 평균 69대보다 무려 462대나

많은 531대다.^{2016년 기준}

앞으로 인공지능 시대가 본격적으로 시작되면 우리나라는 인공

지능이 인간을 대체하는 비율 세계 1위 국가가 될 가능성이 심히

높다. 이는 무엇을 의미하는가? 지금 이 글을 읽고 있는 당신이 인

공지능으로 인해 직업을 잃을 가능성이 심히 높아진다는 것이다. 만

일 그런 사태가 벌어지면 당신은, 당신의 가정은 어떻게 될까? 생각

만 해도 끔찍하다. 더 끔찍한 사실이 있다. 당신이 여기에 대해 잘

모르고 있고, 아무런 준비도 하고 있지 않다는 것이다.

우리나라 기득권은 오른쪽^{우파}이든 왼쪽^{좌파}이든 무지하고 무능

하며 위선적이고 부패하기까지 하지만, 그나마 우리나라에서 가장

미래를 잘 대비하고 있는 집단이다. 이들은 알파고 사태 이후로 인

공지능 포럼이라든가 강연회, 토론회 등에 주기적으로 참여하면서

인공지능에 관한 지식을 나름 열심히 쌓고 있다. 내 말이 믿기지 않

으면 인터넷 뉴스 검색창에 '인공지능 포럼'이라든가 '인공지능 강

연', '인공지능 토론' 등의 키워드를 쳐보라.

물론 우리나라 기득권의 인공지능 공부는 주입식 공부 수준에 불

과하다. 허나 분명한 것은 이들이 그나마 우리나라에서 인공지능

에 관한 지식이 가장 많고, 인공지능 시대를 가장 잘 준비하고 있다는 사실이다. 게다가 이들에게는 자본과 권력은 물론이고 인맥까지 있다. 아마도 이들은 인공지능 시대에도 지금처럼 잘살 가능성이 높다.

하지만 아무런 기득권도 없는 대부분의 사람들은 어떻게 될까? 본문에서 자세히 이야기하겠지만 하루아침에 일자리를 잃고 빈곤층으로 전락하고 말 것이다. 그리고 남은 평생 동안 난민 수준의 삶을 살 것이다.

당신은 어떻게 할 것인가?

지금처럼 살다가 어느 날 당신보다 뛰어난 능력을 가진 인공지능에게 대체될 것인가?

아니면 지금부터 '인공지능에게 대체되지 않는^{인공지능의 주인이 되는} 나'를 만들어나갈 것인가?

나는 당신이 후자를 선택하길 바란다. 미래에 당신 자신은 물론이고 당신에게 참 소중한 사람들을 지킬 수 있는 강한 존재가 되길 바란다.

당신이 '인공지능에게 대체되지 않는 나'를 만드는 길을 걷기 시작하면 당신 주변의 사람들도 그 길에 관심을 가질 것이다. 그리고 당신과 함께 그 길을 걷기 시작할 것이다.

그렇게 우리나라 사람들이 새로운 미래를 준비할 때 비로소 우리나라 앞에 인공지능 강국强國의 문이 활짝 열릴 것이다.

나는 이를 믿어 의심치 않는다.

내가 오랜 망설임을 떨치고 펜을 잡은 이유다.

단 한 번도
경험하지 못한
시대가 오고 있다

인간이 기계에
대체될 수밖에 없는 이유

EIGHT

실리콘밸리와
하버드의 발 빠른 움직임

인터넷에 들어가서 2006년 뉴스를 검색해보면 이런 기사들이 뜬다.

"북한 핵실험 시작"

"노무현 대통령, 연내 전시 작전권 환수 마무리짓겠다"

"노 대통령, 국민 동의 없이 증세 안 한다"

"노 대통령, 모든 역량 집중 부동산 문제 해결할 것"

"감사원, 바다이야기 등 사행성 게임 감사 추진"

"언론노조 '한미FTA 우리가 막는다'"

"반북, 반미, 반정부……. 혼돈의 대한민국"

같은 해 다른 나라에서는 이런 일이 있었다. 캐나다 토론토대학교 교수 제프리 힌턴이 딥러닝^{Deep Learning}을 주제로 논문을 발표했다.[1] 인공지능이 스스로 학습하고 판단하고 추론할 수 있음을 이론적으로 증명한 논문이었다.

당시에 우리나라는 이런 논문이 발표되었는지조차 몰랐다. 아니 알았다고 해도 "먹고살기도 바쁜데 무슨 인공지능이야? SF 영화 찍는 것도 아니고" 정도로 반응했을 것이다.

그런데 레이 커즈와일, 피터 디아만디스 같은 실리콘밸리의 천재들과 NASA, 구글 같은 곳은 다르게 반응했다. 그들은 이제 곧 인공지능의 시대가 올 것임을, 아니 인공지능이 인류의 새로운 문명이 될 것임을 직감했다. 그들은 발 빠르게 움직였다.

그로부터 약 10년 뒤인 2016년 3월, 우리나라는 제프리 힌턴 교수의 딥러닝 기술을 탑재한 인공지능을 국민적 충격 속에 만난다. 바로 알파고다.

그러자, 실리콘밸리 상위 1%가 움직였다

리처드 왓슨은 앨빈 토플러, 대니얼 핑크와 함께 '세계 3대 미래학자'로 불리는 사람이다. 그는 저서 《인공지능 시대가 두려운 사람들에게^{Digital vs Human}》에서 일등석보다 상위 등급인 특등석을 타고

다니는 사람들에 대한 흥미로운 이야기를 들려준다.[2]

그에 따르면 공항에서 특등석 라운지를 이용하는 사람들은 스마트폰이나 노트북을 붙잡고 일하느라 정신없는 비즈니스석이나 일등석 라운지의 사람들과 달리, 조용히 독서를 하고 있거나 커다란 창밖을 보면서 사색에 잠겨 있다. 그러니까 비즈니스석·일등석 이용자들은 '기계'처럼 쉬지 않고 '일'을 하는 사람들이고, 특등석 이용자들은 '인간'답게 독서와 사색과 성찰을 하면서 쉬지 않고 자기 '교육'을 하는 사람들이라는 것이다.

나는 《인공지능 시대가 두려운 사람들에게》를 여러 번 반복해서 읽고, 책의 핵심 주제를 몇 주에 걸쳐서 사색했다. 그리고 다시 공항 라운지 이야기를 읽었다. 이때는 저자의 관점이 아닌 내 관점에서 읽으려고 노력했다. 작은 정성이 통했던 걸까? 나는 다음과 같은 의견을 가질 수 있었다.

- 지금 기계처럼 일하는 사람들은 앞으로 더 나은 기계인 '인공지능'에게 대체될 것이다.
- 인간 고유의 활동인 '독서', '사색', '성찰' 등을 통해 자신을 새롭게 만들어가고 있는 사람들은 '인공지능'에게 대체되지 않을 것이다. 아마도 인공지능에게 지시를 내리는 존재가 될 것이다.
- 일등석보다 높은 등급인 특등석을 이용할 정도의 사람들이라면 국적이 어디

든 지배 계급에 속할 것이다. 그들은 지금 이 순간에도 '인공지능에게 대체되지 않는 인공지능의 지배자가 되는 나'를 만드는 자기 교육을 쉬지 않고 하고 있다.

인류 역사를 살펴보면 어느 시대, 어느 국가를 막론하고 지배 계급은 전체 국민의 1~2% 정도에 불과했다. 오늘날도 마찬가지다. 미국이든 일본이든 중국이든 러시아든 중동이든 아프리카든, 상위 1~2%가 지배한다.[3] 우리나라도 마찬가지다.

그렇다면 어느 시대, 어느 국가를 막론하고 지배 계급이 가장 중요하게 생각했던 것은 무엇일까? '교육'이다. 조선 시대를 생각하면 이해가 빠를 것이다. 조선 500년 동안 양반 계급은 항상 전체 인구의 2% 정도였다. 물론 조선 후기에 들어서 여러 편법으로 양반 비율이 크게 늘어났다고는 하지만 그들은 지배 계급에 편입되지 못했다. 아무튼 조선의 양반 계급이 가장 중요하게 생각했던 것은 '교육'이었다. 그들은 교육을 통해 부와 권력을 대물림했다. 안타까운 사실은 조선의 지배 계급이 시대에 뒤떨어진 교육을 고수하고, 그것을 자녀들에게 물려주었다는 것이다. 결과는 우리 모두가 잘 알고 있다. 조선은 멸망의 길을 걸었다.

대한민국의 지배 계급도 교육을 통해 부와 권력을 대물림해왔다. 아니 지금도 그렇게 하고 있다. 대한민국의 재벌들과 정치가들이 자녀에게 어떤 교육을 하고 있는지 살펴보라. 다들 최고의 교육을 하고 있다. 심지어는 교육의 평등을 목소리 높여 외친 대가로 선거에서 승리, 부와 권력을 얻은 사람들조차 자녀만큼은 한국 최고 학교로 보내고 이후 미국이나 영국 등지로 보내서 세계 최고의 교육을 받게 한다.

다시 2006년으로 돌아가자. 제프리 힌턴이 딥러닝에 관한 논문을 발표하자 미국, 아니 지구의 지배 계급에 속하는 실리콘밸리 상위 1%가 움직였다. 앞에서도 말했듯이 그들은 머지않아 새로운 인류 문명 시대가 시작될 것임을 알아차렸고, 그 시대의 지배자가 되려면 새로운 교육이 필요함을 깨달았다. 하여 그들은 2008년에 새로운 교육기관을 세웠다. 이름하여 '싱귤래리티 Singularity 대학교'다.[4]

인공지능 하면 2016년에 선보인 알파고만 생각나는 사람들은 2006년부터 2008년까지 서양에서 인공지능 시대의 어떤 변곡점이 생겼다고 하는 나의 주장이 좀 생소할 것이다. 하지만 토머스 프리드먼을 비롯해 서양의 많은 지식인들이 인류가 2006년부터 2008년 사이에 새로운 시대로 들어섰다고 규정하고 있다. 그리고 이 새로운 시대의 특징인 '기하급수적 변화와 성장'이 인공지능 기술을 기하급수적으로 발달시키고 있으며 이는 "궁극적으로 인류에게 큰 위협이 될 수 있다"고 경고하고 있다.

'싱귤래리티대학교'의 교육 목표

최근에 나는 우리나라의 지식인 몇 명과 정치가, 재벌 3세 등에게 이런 질문을 던졌다.

"앞으로 인공지능은 대졸 사무직은 물론이고 CEO까지 거의 모든 직업을 대체하게 될 것입니다. 아니 이미 그런 흐름이 진행되고 있지요. 이런 시대에 가장 중요한 것은 교육일 것입니다. '인공지능에게 대체되지 않는 나'를 만드는, 아니 더 나아가 '인공지능의 지배자가 되는 나'를 만드는 교육이겠지요. 제가 그런 교육을 하고 있는 곳을 알고 있습니다. 미국에 있지요. 어떤가요? 비행기 타고 날아가서 한번 교육을 받아보시겠습니까? 수업료는 3천만 원 정도로 좀 비쌉니다. 교육 기간은 10주 정도 되고요."

그들 중 몇은 황당해했고, 몇은 무슨 말도 안 되는 소릴 하느냐며 짜증을 냈고, 몇은 화를 냈다. 다른 반응을 보인 사람은 단 한 명 있었는데 그는 나를 붙들고 진지한 얼굴로 이렇게 말했다.

"작가님, 4차 산업혁명, 인공지능 이런 거 없어요. 그런 게 있다면 세상은 이미 바뀌었겠지요. 우리 회사에서도 인공지능 쓰고 있는데 이게 진짜 바보 같다니까요. 인공지능이 인간을 대체한다? 그거 다 말하기 좋아하는 사람들이 지어낸 헛소리예요. 그리고 작가님, 제가 장담할게요. 우리가 죽은 뒤에나, 그러니까 50년 뒤에나 인공지능이 인간을 대체할 겁니다. 그러니까 인공지능 따위에는 그만 관심 끄시고, 책이나 열심히 쓰셨으면 좋겠어요."

나는 당시에 집필 중이던 원고, 그러니까 이 책의 내용을 구구절절 설명해주면서 그의 고정관념을 깨주고 싶었으나 이내 포기했다. 그래 봤자 "에이, 우리 작가 형님, 그동안 공부 많이 하셨나보다. 그런데 제가 늘 말하지만 공부랑 현실이랑은 다르다니까요! 아주, 매우, 많이 다르다니까요!"라는 소리를 들을 게 뻔했기 때문이다. 또 "우리 최고경영자 동생님, 그대 회사가 한국에서나 잘나가지 세계적인 관점에서 보면 후진국형 기업이고, 그대가 거래하는 외국 회사들도 실리콘밸리 쪽은 하나도 없고 다 동남아 쪽인데 그대가 잘해야 인공지능이라고 이름 붙여진 일반 컴퓨터 프로그램을 썼던 거겠지, 무슨 실리콘밸리에서 말하는 진짜 인공지능 프로그램이라든지 인공지능 로봇을 썼겠습니까?"라며 쏘아붙이고 싶었지만 참았다. 그래 봤자 또 "에이, 우리 작가 형님, 예능 찍다가 갑자기 웬 다큐를 찍고 그러세요. 알았어요, 우리 작가 형님 말이 다 맞아요. 그런데 형님, 이러지 말고 우리 밥이나 먹으러 가요. 제가 최근에 또 기가 막힌 맛집을 알아냈지 뭐예요. 인생 뭐 있어요. 맛있는 거 먹고 그러다 가는 거지요. 자자! 우리 얼른 가요!" 하는 식이 될 게 뻔했기 때문이다.

알파고가 이세돌 기사를 이긴 지 3년이 넘어가고, 유튜브에서 인공지능 로봇이 파쿠르에 이어 공중제비까지 도는 모습을 어렵지 않게 찾아볼 수 있고, 아마존을 비롯한 세계적인 기업의 근로자들이 인공지능 때문에 대량 해고당하고 있고, 미국과 유럽 선진국들이 국가 시스템 전체를 인공지능 중심으로 변화시키고 있고, 일본 대학생들의 취업 문화가 장래 인공지능에게 대체되지 않는 직종을 찾는 것으로 바뀌고 있고, 인공지능 목사는 물론이고 승려까지 나와서 신도들에게 큰 인기를 끌고 있는 요즘에도[5] 사석에서 인공지능에 대한 이야기를 진지하게 하면 살짝 이상한 사람 취급당하는 게 우리나라인데, 만일 내가 11년 전인 2008년에 지인들에게 인류의 지배계급이 인공지능에게 대체되지 않는, 아니 인공지능 시대의 지배자를 만드는 대학을 설립했으니 입학시험을 치르러 가면 어떻겠느냐는 말을 했다면 어떻게 되었을까? 나는 아마도 미친놈 취급을 받았을 것이다.

아무튼 실리콘밸리의 상위 1%가 2008년에 구글과 NASA의 자금 지원을 받아 인공지능 시대의 지배자를 만드는 교육을 하는 대학을 설립했는데, 결과는 놀라웠다. 첫 입학생으로 40명을 뽑겠다고 밝혔는데, 13개국에서 무려 1만 2천여 명의 지원자가 모여들었다. 그러니까 이미 2008년에 세계적으로 1만 2천 명이나 되는 사람들이 인공지능 시대에 맞는 새로운 교육을 받는 대가로 3천만원 넘는 돈을 쓸 준비가 되어 있었다.[6]

물론 싱귤래리티대학교 측은 "우리는 인공지능 시대의 지배자를 만들기 위한 교육을 하고 있다"고 하지 않는다. 그들은 이렇게 말하고 있다.

"우리는 10억 명의 인류에게 영향을 주는 일을 할 수 있는 능력을 가진 사람을 길러내는 교육을 하고 있다."

참 아름답다. 10억 명의 인류에게 영향력을 미치는 사람을 길러낸다니. 하지만 이 아름다운 설립 목적을 '싱귤래리티'라는 단어와 엮어서 살짝 뒤집어보면 전혀 다른 진실이 드러난다.

이 대학의 설립자들이 말하는 싱귤래리티, 즉 특이점이란 '인류의 모든 지능을 합한 것보다 더 높은 지능을 가진 인공지능이 출현하는 때'다. 그들은 특이점을 2045년으로 예측하고 있다.[7] 그러니까 싱귤래리티대학교는 2045년에 인류를 지배할 수 있는 능력을 가진 인공지능이 탄생한다는 것을 전제로 세워졌다.

UN국제연합에 따르면 세계 인구는 2050년경 100억 명을 돌파한다. 그렇다면 인공지능은 특이점 이후 100억 명을 지배하게 된다. 그런데 싱귤래리티대학교는 10억 명에게 영향을 줄 수 있는 사람을 길러내는 것을 목적으로 하고 있다. 이상하다. 2045년이면 전 인류가 인공지능에게 지배된다고 굳게 믿고 있는 사람들이 특이점 이후에도 10억 명에게 영향을 미칠 수 있는 사람을 길러내기 위해 대학을 설립했다니 말이다.[8] 뭔가 앞뒤가 맞지 않는다. 그런데 이렇게 해석하면 앞뒤가 맞아떨어진다. 싱귤래리티대학교는 인류 전체의 지능을 합한 것보다 뛰어난 인공지능을 지배할 수 있는 능력을 가진 사람을 기르는 것을 목적으로 하고 있다고 말이다.[9] 그런 사람만이 특이점 이후에 10억 명의 인류에게 영향을 미치는 일을 할 수 있을 것이기 때문이다.

물론 그렇다고 싱귤래리티대학교의 교육을 받은 사람들이 인공지능 시대의 지배자가 된다는 보장은 전혀 없다. 또 싱귤래리티대학교의 교육 과정이 인공지능 시대의 지배자를 만드는 데 최적화된 교육 과정이라는 보장도 전혀 없다. 하지만 싱귤래리티대학교가 이름 그대로 특이점 이후의 시대를 준비하는 교육을 하고 있다는 것은 사실이고, 전 세계의 엘리트들이 새로운 시대의 리더를 꿈꾸며 싱귤래리티대학교에 몰려들고 있다는 것도 사실이다.

"강의의 시대는 끝났다"

실리콘밸리의 상위 1%가 싱귤래리티대학교를 세우고 약 3년이 지난 2011년의 일이다. 110여 개국 1,300개 이상의 대학에서 인공지능 교재로 사용하고 있는 《인공지능Artificial Intelligence》의 저자 피터 노빅과 스탠퍼드대학교 인공지능연구소 소장 서배스천 스런이 인터넷에 자신들의 강의를 공개했다.[10] 그전에는 오직 스탠퍼드대

재학생만 들을 수 있는 강의였다. 이후 유다시티^{Udacity}·에드엑스^{edX}·코세라^{Coursera} 같은 무크 기업들이 하버드·MIT·스탠퍼드·예일·프린스턴·펜실베이니아·카네기멜론·웰즐리 같은 미국 명문 대학들의 강의를 온라인에 공개했다.

유다시티·에드엑스·코세라의 설립자들은 자신들의 설립 취지를 이렇게 밝혔다.[11]

"우리는 교육의 민주화를 꿈꾼다. 이를 위해서는 모든 사람이 양질의 교육 콘텐츠를 제한 없이 공급받을 수 있어야 한다."

"우리는 인공지능 시대에 걸맞은 최고의 교육을 제공, 인공지능에게 종속되는 인간이 아닌 인공지능의 주인이 되는 인간을 길러내고자 한다."

참 아름다운 말이다. 그런데 과연 이게 진실일까? 어쩌면 이 아름다운 말 뒤에 잔인한 현실이 숨어 있는 것은 아닐까?

하버드·스탠퍼드·MIT·예일 같은 대학들이 세계 최고일 수 있는 것은 세계 최고의 교수들이 있기 때문이다. 즉 세계 최고의 강의를 제공하고 있기 때문이다. 그런데 이 대학들이 자신들을 세계 최고의 위치에 자리할 수 있게 해주는 비결인 '강의'를 인터넷에 공개했다. 그러니까 스스로 최고의 위치를 버렸다.

도대체 그들은 왜 그랬을까? 이유는 간단하다. 인공지능 시대에 가장 먼저 없어지는 게 강의이기 때문이다. 아니 강의 위주의 교육을 받은 사람은 인공지능 시대에 1순위로 인공지능에게 대체되거나 지배되기 때문이다.

그래서 하버드·스탠퍼드·MIT·예일 같은 세계 최고의 대학들은 이미 2000년대 후반부터 인공지능 시대의 패배자를 만드는 강의 위주의 수업 형태를 인공지능 시대의 승리자를 만드는 수업 형태로 바꾸는 실험을 조금씩 해오다가 2012년에 강의의 시대가 끝났음을 인정하고 유다시티·에드엑스·코세라 같은 무크 기업을 설립해서 자신들의 강의를 인터넷에 공개하는 파격적인 결정을 내렸다.[12] 그리고 몇 년 뒤에 "2019년부터 의과대학 강의를 전면 폐지한다. 다른 학과들도 같은 방향으로 간다"고 공식 발표했다. 그러니까 하버드 의대·스탠퍼드 의대·듀크대 의대 등 세계 최고의 명문 의대들은 올해2019년부터 공식적으로 강의가 사라진다. 왜 이들이 강의를 없앴는지, 그리고 수업 시간에 강의를 듣는 대신 무엇을 하는지에 대해서는 뒤에서 다루겠다.

그나저나 이것 참 화가 치미는 일이다. 자기들은 강의를 폐지하면서 인터넷엔 떡하니 강의를 오픈하다니 말이다. 그러면서 교육의 민주화니 뭐니 하고 있으니 기가 찬다. 어디 이뿐인가. 자기들은 인공지능에게 대체되지 않는 인재를 기르기 위해 강의를 폐지하면서, 전 세계 사람들에게는 "여러분이 인공지능의 종이 아닌 주인이 되려면 우리 같은 명문 대학의 강의가 필요합니다"라고 공언하고 있다니 말이다.

어쩌면 이들은 인공지능 시대에 자신들의 학문적 기득권을 유지하기 위해 이러는 것은 아닐까? 그러니까 전 세계 사람들에게 강의를 계속 듣게 해서 인공지능의 종이 되게 하고, 정작 자기 학교 학생들은 강의 대신 별도의 교육을 받게 해서 인공지능의 주인이 되도록 하려는 것은 아닐까? 그러면 인공지능 시대에도 하버드·MIT·스탠퍼드 등의 이름이 별처럼 빛날 수 있고 자신들은 세계 최고의 학문적 기득권을 유지할 수 있을 테니 말이다.

물론 전 세계 어디든 인터넷만 되면 세계 최고 대학들의 강의를 들을 수 있다는 것은 참으로 놀랍고 혁신적인 일이다. 나는 이 자체를 가지고 뭐라 할 생각이 없다. 내가 화가 나는 것은 이들이 인터넷에 강의를 공개하면서 그 이유를 제대로 밝히지 않았기 때문이다. 앞에서 이야기했지만 여기서 다시 한번 강조하겠다.

"강의의 시대는 끝났다. 강의 위주의 교육을 받은 사람은 앞으로 인공지능의 종이 된다."

일론 머스크가 자녀들을 자퇴시킨 이유

하버드·스탠퍼드·MIT·예일 같은 대학들이 인공지능 때문에 강의를 폐지하기로 방향을 잡은 지 약 2년 뒤인 2014년의 일이다. 영화 〈아이언맨〉의 실제 주인공이자 전기차 제조업체 테슬라 모터스와 민간 우주 탐사업체 스페이스X의 창업자 일론 머스크가 자녀들을 자퇴시켰다. 학교가 인공지능 시대에 맞는 교육 과정을 제공하지 못하고 있다는 게 이유였다. 그런데 일론 머스크의 자녀들이 다니던 학교는 실리콘밸리에서 가장 좋은 미래형 사립학교로 '인공지능에게 대체되지 않는 나'를 만드는 교육을 하고 있는 학교였다. 일론 머스크는 자녀들을 왜 자퇴시켰던 걸까? 컴퓨터 산업 시대에 빌 게이츠, 스티브 잡스 같은 억만장자billionaire들이 탄생했듯이 앞으로 인공지능 시대가 본격적으로 열리면 조만장자trillionaire들이 탄생하는데, 실리콘밸리의 미래형 사립학교들은 인공지능의 주인이 되는 수준의 교육만 하고 있을 뿐 인공지능 산업의 1인자가 되는 교육, 즉 조만장자가 되는 법은 가르치지 못하고 있다고 판단했기 때문이다.

지금은 억만장자, 즉 1조 원대 부자 시대다. 이 시대의 특징은 전 세계 부의 50% 이상을 세계 상위 1% 부자가 독점하고 있다는 것이다.[13] 조만장자, 즉 억만장자보다 1만 배 많은 재산을 가진 사람들이 탄생하는 시대가 오면 어떻게 될까? 모르긴 해도 세계 상위 1%의 부자가 전 세계 부의 90% 이상을 차지할 것이다.

지금 시대의 인류 최고 부자들보다 1만 배 많은 재산을 축적한 사람들이 나타난다는 건 대다수 인류의 재산이 그들에게 흡수된는 것을 의미한다. 금융 전문가들은 앞으로 20년 내에 조만장자들이 탄생한다고 예측하고 있다. 한마디로 앞으로 20년 내에 대다수의 인류가 조만장자들에게 재산을 합법적으로 빼앗기고 빈민 또는 난민 수준의 삶을 살게 된다는 것이다.

일론 머스크는 다섯 명의 아이들을 자퇴시키면서 자신이 세운 사립학교 애드 아스트라^{Ad Astra}에 입학시켰다. 현재 이곳에는 31명의 아이들이 인공지능 시대의 최고 리더가 되기 위한 교육을 받고 있다고 한다. 이 학교에서 어떤 교육을 하고 있는지는 뒤에서 밝히겠다.

싱귤래리티대학교의 교육 목표, 하버드 같은 세계 최고 대학들의 강의 폐지 정책, 일론 머스크의 애드 아스트라 학교 이야기를 통해 다음 네 가지를 유추해볼 수 있다.

1. 인공지능에게 대체되지 않는^{인공지능의 주인이 되는} 교육을 받은 사람은 인공지능의 주인이 될 수 있다.

2. 특이점^{싱귤래리티} 이후의 인공지능을 지배할 수 있는 교육을 받은 사람은 10억 명에게 영향을 미치는 존재가 될 수 있다.

3. 인공지능 시대에 조만장자가 되는 교육을 받은 사람은 인류 최초의 조만장자가 될 수 있다.

4. 아무런 교육도 받지 않은 사람은 앞으로 20년 내에 인공지능의 종이 되어

모든 재산을 합법적으로 빼앗기고 난민 수준의 삶을 살 수 있다.

당신은 어떻게 할 것인가?

새로운 시대에 맞게 스스로를 바꿔서 인공지능의 주인이 될 것인가, 아니면 지금처럼 살다가 인공지능의 종이 될 것인가?

2차 흑선,
일본의 교육혁명에 숨겨진 의도는

    지금으로부터 약 150년 전의 일이다. 동아시아의 한 국가에서 대격변이 일어났다. 이는 동아시아에 거대한 재앙이 되었다. 바로 옆에 위치한 한 나라가 멸망했고, 인접 국가들이 멸망에 가까운 피해를 입었기 때문이다.

    나는 지금 일본의 메이지 유신과 그 여파에 대해 말하고 있다. 그런데 혹시 이 사실을 아는가? 메이지 유신의 핵심은 교육혁명이었다는 것을 말이다. 19세기 후반 일본에서 일어난 교육혁명, 그것은 1차 산업혁명을 통해 새로운 문명 시대를 연 서양의 교육을 그대로 들여와서 전 국민을 새 시대에 맞게 개조하는 것이었다.

그들은 왜 교육혁명을 단행했을까

2013년 6월, 일본은 150여 년 만의 교육혁명을 단행했다. 주요 내용은 2020년까지 입시 교육을 폐지하고, 공교육에 국제 바칼로레아 International Baccalaureate를 도입한다는 것이다.[14] 보통 IB라고 불리는 국제 바칼로레아는 스위스에서 시작된 교육 과정으로 책을 읽고, 토론하고, 글을 쓰는 것을 핵심으로 삼고 있다. 물론 여기서 말하는 책은 교과서나 참고서가 아니다. 우리가 독서의 대상으로 삼는, '책冊'을 의미한다.

나는 21세기 일본 교육혁명을 접하고 많은 자료를 찾아보았다. 불행 중 다행이라고 해야 할까? 일본의 교육혁명은 바칼로레아의 정수를 가져오지 못한 느낌이었다. 일본의 새로운 교육은 교과서도 없고 강의도 없고 노트 필기도 없고 시험도 없는, 철학·역사·문학·과학·예술 분야 위주로 읽고 토론하고 소논문을 쓰는, 평가는 평소 수업 시간의 토론과 소논문으로 하는 바칼로레아에 상당히 미달한 느낌이었기 때문이다. 뭐랄까, 일본의 바칼로레아는 기존의 교육 과정에 토론과 소논문 쓰기를 추가한 정도에 그친 것 같다고나 할까. 초등학교 때부터 고등학교 때까지 독서가 삶의 한 부분이 되게 만드는 과정 속에서 자연스럽게 깊이 있는 토론과 수준 높은 글쓰기가 우러나오게 하는, 바칼로레아의 핵심은 놓친 것 같다는 의미로 하는 말이다.

물론 그렇다고 일본의 교육혁명이 무시할 정도의 수준이라는 것은 아니다. 일본의 국제 바칼로레아는 적어도 동아시아에서는 충격적이다. 대표적으로 삿포로 가이세이 중등교육학교의 체육 교육 과정 중 '창작 춤' 단원 수업을 보자.[15] 이 수업에서 교사는 토론하기와 소논문 쓰기를 춤 창작하기 이상으로 중요하게 여기고 있다. 실제로 교사는 운동을 못해도 자기 생각을 글로 잘 써내면 좋은 점수를 준다고 하면서, '창작 춤' 수업을 받는 동안 학생들은 깊게 생각하고 깊게 토론한 뒤 32단계로 이루어진 기승전결 형태의 소논문을 써야 하고, 다음 아홉 가지 문항에도 답해야 한다고 말한다.[16]

1. 다양한 방법으로 사물을 감상하여 느낀 아름다움을, 몸동작과 공간을 활용해 표현한다면 어떤 이미가 있겠는지 서술하시오.

2. 아름다움이 무엇인지 서술하시오.

3. 특정한 춤 동작으로 아름다움을 표현하는 일이 가능한지 서술하시오.

4. 표현 활동이 사람에게 미치는 영향이 무엇인지 서술하시오.

5. 개인적·문화적 표현은 무엇을 의미하는지 서술하시오.

6. '관계'란 어떤 의미를 지닌다고 보는지 서술하시오.

7. '순응', '동작'은 어떤 의미를 지니는지 서술하시오.

8. 창작 춤 수업에 참가한 소감을 서술하시오.

9. 춤 기획부터 발표회까지 그 절차를 기술하고 조별로 협력 학습을 하면서 느낀 점을 서술하시오.

무슨 대학교 철학 수업이 아니다. 우리나라 중고교에 해당하는 중등교육학교 체육 수업이다. 다른 수업은 어떨까? 체육 수업은 비교도 되지 않을 수준의 토론과 소논문 쓰기를 한다.

동아시아에 주입식 교육으로 대표되는 입시 교육을 정착시킨 주범인 일본은 왜 갑자기 현행 대입 제도까지 폐지해가면서 서양의 바칼로레아를 도입한 걸까?

기존 주입식 교육으로는 인공지능으로 대표되는 4차 산업혁명 시대에 살아남을 수 없기 때문이다. 개인, 기업은 물론이고 국가 자체가 후진국으로 떨어지기 때문이다.

18세기 후반 1차 산업혁명을 일으킨 서양은 새로운 문명의 시대를 열었다. 이 흐름에 뒤처진 국가들은 서양의 먹잇감으로 전락하고 말았다.

1854년 3월, 미국은 일본을 강제 개항시켰다.

약 18년 뒤인 1872년 11월, 일본은 다음 내용이 담긴 학제學制를 공표했다.

"전국에 5만 개 넘는 학교를 세워 전 국민이 서양식 교육을 받게 한다."

1차 산업혁명을 일으킨 서양의 진정한 힘을 깨닫고 취한 조치
였다.

국민 평균 독서량 166위라는 성적표

학제 공표가 있고 나서 약 14년 뒤인 1886년 3월, 일본은 '제
국대학령'을 반포했다. 한 달 뒤에는 '소학교령'도 반포했다. 이로
써 일본은 1차 산업혁명 시대에 살아남을 수 있는 힘을 기를 수 있
었다. 이쯤에서 묻고 싶다.

혹시 당신은 당시 일본에서 누가 서양식 교육혁명을 본격적으로
시작하고 또 완성시켰는지 알고 있는가?

이토 히로부미다.[17]

이쯤에서 또 묻고 싶다. 혹시 당신은 누가 21세기 일본 교육혁명
을 시작하고 또 완성시키고 있는지 알고 있는가?

아베 신조다.

아베 신조가 가장 존경하는 인물은 '정한론征韓論'을 주장한 요
시다 쇼인이다. 참고로 요시다 쇼인은 을사늑약과 경술국치를 주도
한 이토 히로부미, 야마가타 아리토모, 가쓰라 다로 등을 길러냈다.

아베 신조가 정치 롤모델로 삼고 있다는 외할아버지 기시 노부

스케는 '평화헌법' 개정을 통해 일본을 군사 대국으로 만들어서 '대동아 공영권'을 다시 실현하자는 주장을 펼친, A급 전범이다.[18] 아베 신조는 외할아버지의 유지를 받들어 '평화헌법'을 개정, 일본을 전쟁을 할 수 있는 국가로 만들고자 한다. 그리고 대동아 공영권을 회복하고자 한다. 혹시 당신은 대동아 공영권의 시작이 무엇인지 아는가? 한반도 재식민지화다.

아베의 대표적 망언은 다음과 같다.

"아베 내각은 일본의 식민 지배를 사죄한 무라야마 담화를 계승하지 않는다."

"침략의 정의는 국가 간 관계에 따라 다르다."

"도쿄 전범 재판은 일본법에 의한 것이 아니다. 연합군이 승자의 판단에 따라 단죄한 것이다."

"A급 전범이 합사된 야스쿠니 신사를 참배하면서 나라를 위해 싸우고 고귀한 생명을 바친 영령들에게 존숭의 뜻을 표하는 것은 당연한 일이다."

물론 아베 신조가 제2의 이토 히로부미가 될 수는 없을 것이다. 무엇보다 우리가 과거와 다르기 때문이다. 하지만 과연 앞으로도 그럴까?

지금으로부터 약 165년 전, 일본은 서양의 흑선을 만나고 교육 혁명을 일으켜서 1차 산업혁명이 만든 새로운 시대의 흐름에 올라탔다. 그러고는 이내 군사 대국으로 변신, 대한제국을 멸망시키고 강제 지배를 시작했다.

이쿠코 츠보야 뉴우에루 일본 국제 바칼로레아 대사는 일본 문부과학성 교육 재건 자문위원회 위원을 맡고 있고, 국제 바칼로레아를 일본 공교육에 도입하는 전반적 계획을 입안 추진하는 역할을 담당하고 있다. 그녀는 〈좋은교사〉와의 인터뷰에서 이렇게 말했다.[19]

"4차 산업혁명 시대에는 기존의 주입식·획일식 교육으로는 경쟁력을 가질 수 없습니다. (…) 일본에서는 국제 바칼로레아를 19세기에 개항할 수밖에 없도록 만들었던 미국 페리 제독의 흑선黑船이라고 봅니다. 1853년 미국 페리 제독이 흑선을 끌고 도쿄만에 나타나서 개항을 요구했고 이를 계기로 일본은 메이지 유신을 하게 되었습니다. 흑선은 일본에서 외부 충격을 기회로 삼아 내부 혁신을 성공시킨 상징으로 인식됩니다. 흑선이 오지 않았다면 일본은 어떻게 바뀌어야 하는지 상상해본 적이 없기 때문에 그렇게 난시간 내에 개혁을 할 수 없었을 것입니다. 국제 바칼로레아는 현 일본 교육의 대개혁을 성공시킬 수 있는 흑선입니다."

이쿠코 츠보야 뉴우에루 일본 국제 바칼로레아 대사는 21세기 일본 교육혁명을 가리켜서 일본이 다시 한번 서양의 '흑선'을 만난 것이라고 밝혔다. 아마도 그녀의 말은 사실일 것이다.

"역사는 반복된다"는 말이 있다. "역사를 잊은 민족에게 미래는 없다"는 말도 있다.

앞으로 인류는 두 계급으로 나뉜다고 한다. 인공지능에게 지시를 내리는 계급과 인공지능에게 지시를 받는 계급.

일본은 전자에 속하는 국민을 최대한 많이 배출해서 지금은 비교도 할 수 없는 강대국이 되고자 한다. 그리고 대동아 공영권을 회복하고자 한다. 아베 신조가 이토 히로부미를 본받아 2013년에 교육혁명을 일으킨 이유다.[20]

일본의 국민 평균 독서량은 1년 기준 약 60권으로 미국, 유럽 다음으로 세계 최고 수준을 자랑한다. 이 세계 최고 수준의 독서 국가가 서양의 바칼로레아를 받아들여서 국민 독서의 질을 싱귤래리티대, 하버드 의대, 애드 아스트라 수준으로 올리려고 하고 있다.[21]

UN이 발표한 바에 따르면 우리나라는 국민 평균 독서량이 세계 166위다.[2015년 기준] 16위가 아니다. 166위다. 게다가 우리의 독서 문화는 '단순히 눈으로 읽는' 정도다. 아니 이조차도 제대로 하지 않고 있다. 우리는 도대체 어떤 미래를 맞이하고 싶기에 이렇게 살고 있는가?

인공지능이 없으면
무엇도 할 수 없는 시대

그 게임은 인류가 여태껏 만든 게임들 중 가장 창의적이고 가장 직관적인 전략을 필요로 하는 것이었다. 외계에서 온, 인류는 비교도 할 수 없는 지성과 감성을 가진 존재라면 모를까, 그 게임에서 인류를 이길 수 있는 존재는 있을 수 없었다.

그런데 어느 날 인류가 아닌 한 존재가 인류에게 노전장을 내밀었다. 인공지능을 탑재한 컴퓨터였다. 인공지능 컴퓨터는 놀랍게도 10년 넘게 세계 최강자 자리를 지키고 있던, 그 게임의 천재에게 대국을 신청했다. 마침내 결전의 날이 왔다. 그 게임의 최고수들은 한목소리로 이렇게 말했다.[22]

"지식으로는 설명할 수 없는 어떤 영역이 있다. 대국을 하다 보면 자기도 모르게 그 영역에 들어가 있는 순간을 경험하곤 한다. 지식을 넘어선 지혜, 즉 직관과 창의성이 폭발하는 순간이다. 게임의 승리는 바로 그때 결정된다. 이는 인간 고유의 영역이다. 기계는 절대 도달할 수 없다."

과학자들과 인공지능 전문가들과 컴퓨터 전문가들은 이렇게 주장했다.[23]

"언젠가는 인공지능이 인간을 이길 수도 있을 것이다. 하지만 지금은 아니다. 빨라야 50년 뒤일 것이다. 물론 100년이 넘게 걸릴 수도 있다. 아니 어쩌면 그런 일은 영원히 일어나지 않을 수도 있다. 이 게임의 승자가 되려면 고도의 직관과 창의성이 있어야 하는데 인공지능은 단순 반복연산 기능밖에 없기 때문이다."

결과는 인간의 참패였다. 인공지능은 모두의 예상을 꺾고 승리했다. 언론은 '라이트 형제의 첫 비행', '아폴로호의 달 착륙' 같은 사건이라며 호들갑을 떨었다가 이내 대국을 직접 참관한 관계자들의 다음 소감을 인용하며 인공지능에게 지배당하는 인류의 암울한 미래를 그렸다.

"단순한 기계가 아니었다. 지능을 가진 생명체 같았다. 두려웠다."

지금으로부터 약 20년 전인 1997년 5월 11일, 미국 뉴욕에서 벌어진 일이다. 이날 인공지능 딥블루^{Deep Blue}가 체스의 신이라 불리던 세계 체스 챔피언 가리 카스파로프에게 승리하는 장면이 TV로 생중계되었다.

이미 20년 전, 인공지능은 인간을 이겼다

많은 사람들이 인공지능 하면 알파고를 떠올린다. 그 이유를 물어보면 이렇게 대답한다.

"인간을 이겼잖아요."

하지만 딥블루의 사례에서 알 수 있듯이 인공지능은 이미 20년 전에 인간을 이겼다. 그것도 바둑처럼 인간 고유의 직관과 창의성이 필요하다는 체스에서 말이다.

그런데 왜 우리는 알파고에 이르러서야 인공지능의 존재를 깨달은 걸까? 그리고 왜 느닷없이 4차 산업혁명이라는 격류에 휘말린 걸까? 그것도 우리의 직업과 미래를 잃을 수 있다는 두려움에 떨면서 말이다.

이게 바로 서양의 방식이다.

앞에서도 말했지만 서양은 1차 산업혁명을 완성시킨 뒤 세상이 어떻게 바뀌었는지도 모른 채 깊이 잠들어 있던 동양에 '흑선'을 보내 무력 쇼^{show}를 벌였다. 그 뒤의 이야기는 우리 모두가 잘 알고 있다. 동양은 혼비백산하다가 서양이 만든 새로운 질서에 강제적으로 편입됐다. 그 대가는 어마어마했다. 국가의 부富를 서양의 새로운 기술·제품과 맞바꿔야 했던 것이다.

비슷한 일이 2차·3차 산업혁명 때도 일어났다. 서양은 전기·자동차 등으로 대표되는 2차 산업혁명과 컴퓨터·인터넷 등으로 대표되는 3차 산업혁명을 일으킨 뒤 동양에 새로운 시대가 시작되었음을, 쇼를 통해 알렸다. 그리고 동양으로 하여금 막대한 돈을 지불하고 서양의 새로운 기술과 제품을 사게 했다.

4차 산업혁명의 핵심은 인공지능이다. 그런데 혹시 알고 있는가? 서양에서 현대적 의미의 인공지능 역사가 시작된 게 헌종憲宗 8년인 1842년이라는 사실을 말이다.[24] 이때 고작 스물일곱 살이던 영국의 에이다 러블레이스가 《찰스 배비지의 해석기관에 대한 분석 Observations on Mr. Babbage's Analytical Engine》이라는 책에서 현대적 의미의 인공지능 가능성을 최초로 언급했다.

참고로 덧붙이면 에이다 러블레이스는 C, C++, C#, JAVA, PHP 등 현재 우리가 사용하고 있는 거의 모든 컴퓨터 프로그래밍 언어의 기초 개념을 만든 최초의 컴퓨터 프로그래머이고, 찰스 배비지는 기계식 컴퓨터의 원조인 '해석기관'의 고안자다.[25]

잠시 인공지능의 역사에 대해 간략하게 알아보자. 역사를 알면 알파고 쇼 뒤에 숨은 서양의 의도를 더욱 잘 파악할 수 있기 때문이다.

서양의 인간형 로봇이라든가 만능 기계에 대한 이야기는 그리스 신화까지 올라간다.[26] 이후 호메로스[27]와 아리스토텔레스[28]를 거쳐 알베르투스 마그누스,[29] 레오나르도 다 빈치,[30] 데카르트,[31] 라이프니츠,[32] 라메트리,[33] E.T.A. 호프만,[34] 찰스 배비지[35] 등으로 이어진다.

하지만 여기까지는 현대적 의미의 인공지능이라고 하기는 어렵다. 뭐랄까. 고전적 의미의 인공지능이라고나 할까.

현대적 개념의 인공지능은 앞에서도 말했듯이 에이다 러블레이스로부터 시작한다. 그녀는 《찰스 배비지의 해석기관에 대한 분석》에서 기계가 인간처럼 사고할 수 있는 가능성이 있다고 했다가 이내 기계는 인간의 명령만을 수행할 뿐이라며 한계를 긋고, 이로 인해 후일 인공지능의 아버지라 불리는 앨런 튜링으로부터 반박을 받는다.[36] 이것만 놓고 보면 그녀는 인공지능의 가능성을 언급했다기보다는 오히려 인공지능의 가능성을 부정했다고 보는 편이 맞을 것이다.

하지만 많은 전문가들은 그녀가 인공지능은커녕 기계식 컴퓨터도 발명되기 전에 오늘날 인공지능 프로그램을 만들 때 쓰이는 'IF문'을 근거로 인공지능의 가능성을 언급했다는 짐에서 그녀를 현대적 의미의 인공지능을 이야기한 최초의 사람으로 보고 있다.

에이다 러블레이스가 《찰스 배비지의 해석기관에 대한 분석》을 펴낸 이후 약 100년 동안은 철학·수학 분야에서 컴퓨터·인공지능의 역사가 이어졌다.[37] 여기에 대해서는 《생각하는 인문학》에서 충분히 다루었으므로 넘어가기로 한다. 이제 우리가 아는 인공지능의 역사가 본격적으로 시작된 20세기 중반으로 들어가보자.

1997년 5월 11일, 모든 것의 시작

1943년 워런 매컬러와 월터 피츠는 '인공신경망'을 연구한 논문을 발표했다. 물론 이때만 해도 두 사람의 논문은 이론에 불과했다. 하지만 2016년 우리가 잘 아는 한 인공지능이 두 사람이 구상한 인공신경망을 탑재하고 나타난다.[38] 알파고다.

1950년에는 '인공지능의 아버지'라 불리는 앨런 튜링이 "계산기계와 지성Computing Machinery and Intelligence"이라는 논문에서 인공지능 판별 테스트인 튜링 테스트를 언급했다. 참고로 2014년 6월, 유진 구스트만Eugene Goostman이라는 인공지능이 튜링 테스트를 통과했다.

1956년 봄에는 앨런 뉴얼과 허버트 사이먼이 최초의 인공지능 프로그램이라 불리는 논리이론가Logic Theorist를 개발했다. 논리이론가는 20세기 최고의 천재 명단에 이름을 올린 버트런드 러셀과 화이트헤드가 공저한 《수학 원리Principia Mathematica》의 정리들을 순식간에 증명했다. 놀랍게도 그중 한 정리는 두 인간 천재보다 더 아름다운 증명을 했다고 한다. 이해 여름에는 다트머스대학교에서 인공지능 학회가 최초로 열렸다. 이때 인공지능이 과학의 한 분야로 확립되었다.

1957년에는 프랭크 로젠블라트가 인공신경망을 탑재한 인공지능 컴퓨터 퍼셉트론Perceptron을 개발했다. 비록 3층 구조로 이루어진 단순한 신경회로망이었지만, 인간의 뇌를 닮은 인공신경망이 얼마든지 현실화될 수 있음을 보여주었다.[39]

1959년에는 마빈 민스키가 MIT에 최초의 인공지능 연구소를 세웠다. 이후 카네기멜론대학교와 프린스턴대학교, 에든버러대학교 등에 인공지능연구소가 세워졌다.

1963년에는 미국 국방부 산하기관인 국방고등연구계획국이 '인공지능 프로젝트'를 시작했다.[40] 국방고등연구계획국은 이때 '음성인식 프로젝트'도 같이 시작했는데, 후일 여기서 아이폰에 탑재된 인공지능 시리의 개념과 기술이 개발됐다.[41]

1966년에는 요제프 바이첸바움이 인간과 대화는 물론이고 심리 상담까지 가능한 인공지능 채팅 프로그램 일라이자Eliza를 개발했다. 일라이자와 대화한 MIT 임직원들은 일라이자를 정신과 의사로 착각하고 자신의 온갖 비밀을 털어놓았는데, 나중에 인공지능 프로그램이라는 사실을 알고 분노했다고 한다. 몇 년 뒤 바이첸바움은 《컴퓨터 권력과 인간의 이성Computer Power and Human Reason》이라는 책을 출판한다. 인공지능이 인류에게 위협이 될 수 있다는 주장을 담은 책이었다.

그리고 1997년 5월, 인공지능 딥블루가 체스 경기에서 인간 최고수를 꺾고 승리한다.

내가 말하고자 하는 바는 이것이다.

서양은 에이다 러블레이스 이후 무려 155년 동안 인공지능에 대해 구상하고 연구한 끝에, 비록 지능의 한 영역에 국한되긴 했지만 인간을 뛰어넘은 인공지능 딥블루를 개발했다는 것이다. 한마디로 서양은 심히 오랫동안 인공지능 문명을 상상하고 준비하고 또 실제로 만들어왔다.

여러 자료를 놓고 추정하면 딥블루는 다음 다섯 사람에게 큰 영향을 미친 것 같다.

첫 번째는 빌 게이츠다. 1990년대에 컴퓨터 산업계의 황제라 불렸던 빌 게이츠는 딥블루의 승리를 목격한 뒤 인공지능 전도사로 변신한 것 같다.[42] 그는 이때부터 아이비리그를 비롯해 미국 전역의 대학을 순회하면서 "인류의 미래 문명은 인공지능이 될 것이다. 내가 만일 대학생이라면 다른 무엇보다 인공지능을 공부하겠다"며 열변을 토하기 시작했기 때문이다. 그의 강의를 듣고 많은 인재들이 실리콘밸리로 향했다. 그들 중 적지 않은 수가 현재 인공지능 산업의 주역으로 활동하고 있다.

두 번째와 세 번째는 세르게이 브린과 래리 페이지다. 두 사람은 딥블루가 가리 카스파로프와 체스를 둘 때 스탠퍼드대 대학원에서 인공지능을 공부하고 있었다. 두 사람에게 딥블루의 승리가 어떤 의미로 다가왔을지 상상해보라. 아마도 하늘이 두 쪽으로 갈라지는 듯한 충격을 받았을 것이다. 자신들은 그저 인공지능을 공부하고 있을 때 누군가들은 인간을 이기는 인공지능을 만들었기 때문이다. 아무튼 두 사람은 이듬해인 1998년 딥블루처럼 어느 한 영역에서만 인간을 앞서는 불완전한 인공지능이 아닌 모든 면에서 인간을 압도하는 진정한 의미의 인공지능을 만들어서 세상을 바꾸겠다며 구글을 창업했다.

네 번째는 스티브 잡스다. 그는 공교롭게도 딥블루의 승리가 있고 몇 달 뒤 애플에 복귀했다. 그리고 천재적인 경영 감각을 발휘해서 애플을 세계 최정상에 올려놓았다. 이후 그는 애플의 모든 힘을 인공지능에 쏟아부었다. 이를 놓고 보면 그는 분명히 딥블루의 승리에 자극을 받아 인공지능 영역에 본격적으로 발을 들여놓았다고 할 수 있다.[43]

다섯 번째는 마크 저커버그다. 딥블루와 가리 카스파로프가 체스판을 두고 마주 앉았을 때 그는 컴퓨터에 빠져 살던 중학생이었다. 그런데 갑자기 고등학교에 올라가서 인공지능 뮤직플레이어를 만들었다.[44] 만일 저커버그가 딥블루의 승리에 깊은 영향을 받지 않았다면 그런 일이 벌어질 수 있었을까? 나는 아니라고 생각한다. 다른 많은 인공지능 전문가들이 그렇듯이 저커버그 또한 딥블루를 만나고 인공지능 세계로 들어갔다고 생각한다.

빌 게이츠가 창업한 마이크로소프트, 세르게이 브린과 래리 페이지가 창업한 구글, 스티브 잡스가 창업한 애플, 마크 저커버그가 창업한 페이스북의 공통점은 유망한 인공지능 스타트업 기업들과 인공지능 분야의 최고 인재들을 블랙홀처럼 빨아들이고 있다는 것이다. 사실 이 네 기업은 이미 오래전부터 인공지능 기업이라고 해도 과언이 아닐 정도로 인공지능을 주력으로 삼고 있다. 그리고 지금 이 순간에도 인공지능의 역사를 새롭게 써나가고 있다.

그런데 앞에서 추정했듯이 이 모든 게 1997년 5월 11일을 기점으로 시작됐다. 이때부터 서양은 인공지능을 미래 인류 문명으로 만들기 위해 전력을 다하기 시작했다. 18세기 후반에 이미 발명되어 있던 증기기관을 개량해서 1차 산업혁명을 일으키고 새로운 문명의 시대를 열었던 것처럼 말이다.

'딥블루', '왓슨', 그리고 '슈퍼비전'

서양의 이러한 노력은 2011년과 2012년에 큰 빛을 발했다.

먼저 2011년을 보자. 이해에 인공지능 왓슨Watson이 역사·철학·문학·과학·예술 등 다양한 분야의 지식을 묻는 미국의 유명 TV 퀴즈쇼 〈제퍼디!Jeopardy!〉에 출전했다. 이때 많은 전문가들이 〈제퍼디!〉에 출전했거나 우승한 경험을 가진 사람들의 말을 근거로 들면서 이렇게 단언했다.

"〈제퍼디!〉의 문제들은 단순히 지식을 많이 갖고 있다고 풀 수 있는 게 아니다. 출제자 입장에서 문제를 이해하고 분석할 수 있어야 하는 것은 물론이고, 이를 토대로 기존 지식들을 창의적으로 연결할 수 있어야 한다. 이뿐만이 아니다. 어떤 문제들은 오직 참가자의 '감'으로 풀어야 한다. 참가자가 자신도 의식하지 못하는 사이에 순간적으로 답을 도출해낼 수 있어야 한다는 의미다. 이는 인간만이 가질 수 있는 능력이다. 기계에 불과한 인공지능은 불가능한 경지다."

하지만 결과는 두 인간 퀴즈 챔피언의 패배였다. 인공지능 왓슨은 〈제퍼디!〉에서 무려 74회나 우승, '지식의 수호자'라는 별명을 갖고 있던 켄 제닝스와 〈제퍼디!〉 사상 최고 누적 상금 기록을 가진 브래드 러터를 가볍게 물리치고 승리했다. 이로써 인공지능은 지적 영역에서 공식적으로 인간을 앞서게 되었다.

2012년에는 인공지능 역사상 가장 충격적인 일이 벌어졌다. 1997년의 딥블루와 2011년의 왓슨은 인간이 입력해준 방대한 자료를 학습해서 인간을 이겼다. 이는 무슨 의미인가? 비록 두 인공지능이 인간을 뛰어넘긴 했지만 그 자체가 인간의 계획과 지도 아래 이루어졌다는 것이다. 한마디로 두 인공지능은 인간의 지배 아래 있었다.

그런데 2012년 열린 '세계 최대 이미지 인식 경연대회'[ILSVRC]에

참가해서 압도적인 성적으로 우승한 인공지능 슈퍼비전Super Vision
은 달랐다.[45] 슈퍼비전은 스스로 학습하고 추론하고 판단하는 딥러
닝 기술을 탑재하고 있었다.

이는 무슨 의미인가?

인공지능이 인간의 지배를 벗어났다는 것이다.

그럼 이것을 생각해보자.

인간보다 뛰어난 지적 능력을 가진 인공지능이 인간의 지배를
벗어났다면, 인간은 어떻게 되는 것일까?

인공지능의 지배를 받게 된다.

미국·캐나다·유럽·일본은 2012년에 출현한 딥러닝 기술의 의미
를 깨닫고 경악을 했다. 그리고 국가 시스템을, 특히 교육을 인공지
능 시대에 맞게 바꾸기 시작했다.[46] 인공지능은 가질 수 없는 인간
고유의 능력을 가진 사람을 길러내는 시스템을 만들기 시작했다는
의미다.

왜 한국에서 '알파고 쇼'를 벌였을까

2016년에 나타난 알파고는 도대체 무엇일까? 우리로 하여금 인
공지능에 눈을 뜨게 한, 이제 인공지능 시대가 열렸고 인공지능이

인간을 뛰어넘었고 앞으로 인공지능이 새로운 인류 문명이 될 거라는 사실을 소름 끼치도록 가르쳐준 알파고 말이다.

앞에서도 말했지만 알파고는 21세기에 서양이 동양에 보낸 흑선이다. 4차 산업혁명의 핵심은 인공지능이다. 인공지능의 핵심은 스스로 학습하고 추론하고 판단하는 능력이다. 그래야 인공지능이 인간을 뛰어넘을 수 있고, 거의 모든 분야에서 인간을 대체할 수 있기 때문이다. 한마디로 인공지능이 스스로 학습하고 추론하고 판단하는 능력을 가져야 진정한 의미의 인공지능 문명이 열릴 수 있다.

그런데 2012년 슈퍼비전이 딥러닝 기술을 선보이면서 인공지능이 이미 스스로 학습하고 추론하고 판단하는 능력을 갖추었음을 증명했다. 즉 서양은 이미 2012년에 4차 산업혁명의 핵심을 완성했다. 그리고 4년 뒤 알파고를 한국으로 보냈다. 1차 산업혁명 때 일본으로 흑선을 보냈던 것처럼 말이나.

알파고 이후 한국에서 벌어진 일은 흑선 이후 일본에서 벌어진 일과 비슷했다. 우리는 서양의 알파고 쇼에 속수무책으로 당했고, 서양이 만든 인공지능 질서에 강제적으로 편입됐다. 그리고 막대한 돈을 지불하면서 서양의 인공지능 지식과 기술을 구매하고 있다. 어쩌면 우리는 앞으로 서양의 인공지능 지식과 기술을 구입하느라 국가의 부를 탕진해야 할 수도 있다.

이쯤에서 이것을 생각해보자. 중국도 일본도 아닌, 왜 하필 한국이었을까? 이유는 간단하다. 우리나라와 달리 중국과 일본은 2012년에 등장한 딥러닝 기술이 무엇을 의미하는지 잘 알고 있었다. 하여 중국은 국력을 인공지능에 쏟기 시작했고, 일본은 150년 만의 교육혁명을 단행했다. 즉 중국과 일본은 이미 2012년에 딥러닝이라는 흑선을 만났다. 잠깐 중국과 일본 이야기를 하고 가자.

중국은 본래 인공지능 불모지였다. 하지만 지금은 세계에서 인공지능 관련 논문을 가장 많이 발표한 국가다. 미국 다음으로 인공지능 기업을 가장 많이 보유한 국가이기도 하다. 참고로 지난 20년간 중국에서 발표된 인공지능 관련 논문 수는 37만 건이고, 중국이 보유한 인공지능 기업은 1,011개다. 우리나라는 어떨까? 지난 20년간 발표한 인공지능 논문 수는 5만 2천 건이고, 보유한 인공지능 기업은 26개다.[47]

그렇다면 중국에서 인공지능 논문과 기업이 폭발적으로 늘어나기 시작한 때는 언제일까? 논문은 딥블루의 승리가 있었던 1997년부터이고, 기업은 딥러닝을 탑재한 슈퍼비전의 우승이 있었던 2012년부터다.

여기서 우리가 주의 깊게 살펴봐야 할 점이 있다. 서양에 돈을 지불하지 않아도 되는 논문은 1997년 딥블루 때부터, 돈을 지불하고 지식과 기술을 사와야 하는 기업은 2012년 슈퍼비전 때부터 늘어나기 시작했다. 즉 우리나라에서 2016년 알파고 이후에 본격적으로 시작된 일이 중국에서는 이미 2012년에 본격적으로 시작됐다.

현재 중국은 우리나라 인공지능 최고 권위자 중 한 명인 김진형 지능정보기술연구원[현 인공지능연구원] 전 원장이 언론 인터뷰에서 이렇게 말했을 정도로 국가의 온 힘을 인공지능에 집중시키고 있다.[48]

"중국은 인공지능을 굉장히 잘 이해하고 있다고 봅니다. 2030년이 되면 온 세상이 인공지능 세상이 된다고들 합니다. 그런데 그 흐름을 정부 차원에서 파악하고 인공지능에 모든 것을 다 쏟아붓기로 결정했다는 점에 대해서 중국 정부를 존경합니다."

우리나라는 어떨까? 김진형 전 원장의 말을 계속 들어보자.

"우리 정부가 답답하게 느껴지는 것은 인공지능에 대한 가치를 잘 모른다는 점입니다. 비트코인 블록체인하고 같은 수준인 줄 압니다. 블록체인은 정말 작은 기술입니다. 공무원들이 깊이 있게 알지 못하는 것 같습니다. 인식에서 중국에 훨씬 못 미칩니다. (…) 우리나라에서 과연 인공지능을 할 수 있을까 하는 생각마저 듭니다."[49]

일본도 처음에는 중국처럼 기술 위주로 인공지능에 접근했었다. 일본은 노벨상 수상자를 무려 27명이나 배출한 나라답게[50] 이미 1982년에 '제5세대 컴퓨터 프로젝트'라 불리는 인공지능 개발 프로젝트를 국가 주도로 실행했다.

일본은 이 프로젝트를 10년 동안 진행했는데, 놀랍게도 인간처럼 생각하는 인공지능 컴퓨터를 만드는 게 목표였다. 그렇게 일본은 인공지능에서 서양을 압도하고자 했다. 그리고 1853년 서양이 일본에 그랬듯이 일본은 21세기에 '스스로 생각하는 인공지능'이라는 흑선을 서양에 보내고자 했다. 이 프로젝트의 결말은 어땠을까? 처참하다는 표현이 어울릴 정도로 실패로 끝났다.

하지만 일본은 인공지능 기술 개발을 멈추지 않았다. 아니 오히려 더 열심히 했다. 그 결과 1998년에는 세계 최초로 인공지능 로봇을 만들어내기까지 했다.[51] 이후로도 일본은 인공지능 기술에 있어서 첨단을 달렸다. 하지만 그뿐이었다. 일본은 서양을 이기지 못했다. 아니 오히려 날이 갈수록 서양에 종속되고 있다. 이는 당연한 결과다. 서양은 문명적 의미의 인공지능 개념·지식·기술·철학 등을 가지고 있지만 일본은 그렇지 못하기 때문이다.

일본은 이 사실을 2012년에 딥러닝을 만나고 처절하게 깨달은 것 같다. 아니 앞으로 새로운 인류 문명이 될, 스스로 학습하고 판단하고 추론하는 인공지능을 만든 서양의 근원적 힘을 비로소 깨달은 것 같다.[52] 그것은 앞에서도 말했듯이, 교육이다. 주입식 위주의 동양식 교육과 전혀 다른! 그래서 일본은 2012년에 150년의 역사를 가진 기존 교육을 폐기하고 서양의 바칼로레아를 받아들이는 인공지능 교육혁명을 단행했다.

다시 알파고 이야기로 돌아가자. 도대체 서양은 왜 한국에서 알파고 쇼를 벌였던 걸까? 눈치 빠른 독자들은 이미 답을 얻었을 것이다. 중국과 일본에 이어 한국에도 인공지능 지식과 기술을 팔고 싶어서다. 한국이 국가의 부를 인공지능에 쏟기 시작하면 철도·전기·자동차·선박·비행기·컴퓨터·스마트폰 때 그랬던 것처럼 동남아시아·중앙아시아·중동·아프리카 등도 국가의 부를 인공지능에 쏟게 된다는 사실을 잘 알고 있기 때문이다.

어떤 독자들은 기분이 상할지도 모르겠다. 나도 이 내용을 쓰면서 기분이 좋지 않다. 아니 피눈물이 흐르는 기분을 느끼고 있다. 하지만 어쩌겠는가. 설령 욕을 먹더라도 작가가 사실을 써야 하지 않겠는가. 그렇게 독자들로 하여금 냉정하게 현실인식을 할 수 있게 도와야 하지 않겠는가. 그래야 독자들이, 아니 우리나라가 잠에서 깰 수 있지 않겠는가.

만일 우리나라가 잠에서 깨어난다면, 인공지능 시대의 거인이 될 것이다. 자동차·선박·반도체 등에서 그랬던 것처럼 말이다. 나는 이런 심정으로 앞의 내용을 썼다. 나의 이 마음이 부디 잘 전달되었으면 한다.

인류의 미래 문명은 인공지능이 될 것이다

내가 보기에 인공지능은 딥블루를 기점으로 과학의 한 분야에서 인류 미래 문명으로 거듭났다. 그리고 슈퍼비전을 기점으로 현대 인류 문명의 기초로 자리 잡았다.

아직도 인공지능을 무슨 SF 정도로 생각하는 사람들은 인공지능이 현대 문명의 기초라는 내 말에 동의하지 못할 것이다. 하지만 조금만 공부해보면 인공지능이 이미 우주·항공·로봇·선박·자동차·전기·전자·건설·의료·통신·교육·에너지·환경·교통·가전 등 거의 모든 산업 분야에서 활용되고 있음을 알 수 있을 것이다.[53] 한마디로 우리는 이미 인공지능이 없으면 무엇도 할 수 없는 시대를 살고 있다.

여태까지는 인공지능이 인류의 좋은 도구 역할을 충실히 수행했다. 인류에게 위협이 되지 않았다는 의미다. 허나 앞으로는 다르다. 인공지능과 인류의 격차가 인간과 동물의 격차 이상으로 벌어진다. 어쩌면 인간과 곤충 수준의 격차가 생길 수도 있다.

섬뜩한 사실은 늦어도 10년 뒤부터 인공지능이 인류를 초월하기 시작한다는 것이다. 그리고 인류의 역사는 인공지능이 주도하는 새로운 문명의 시대로 접어든다는 것이다.

불행 중 다행은 인공지능이 모든 면에서 인류를 초월하지는 못한다는 것이다. 주로 지식·정보·기술 분야에서 인류를 압도한다는 것이다.

이는 무엇을 의미하는가? 지식·정보·기술보다 우위에 있는 무엇,

즉 공감 능력과 창조적 상상력을 가진 사람들은 인공지능보다 우위에 있게 된다는 것이다. 이들이 새로운 문명 시대에 누릴 풍요와 번영은 지난 역사상 인류가 단 한 번도 경험하지 못한 것이 될 것이다.

지금 당신은 어떤 길을 가고 있는가? 풍요와 번영의 길인가, 아니면 그 반대의 길인가? 부디 당신이 풍요와 번영의 길로 가고 있기를 빈다.

빌 게이츠 이야기로 마무리하고 싶다.

딥블루의 승리가 있고 난 뒤 약 1개월 뒤인 1997년 6월, 빌 게이츠가 우리나라를 방문했다. 그리고 이렇게 말했다.

"인류의 미래 문명은 인공지능이 될 것이다. 내가 만일 다시 학생으로 돌아간다면 다른 무엇보다 인공지능을 공부할 것이다."

빌 게이츠의 방문 소식과 그의 인공지능 발언은 언론에 대문짝만하게 소개되었다. 하지만 당시에 우리 중 그 누구도 빌 게이츠의 말을 귀담아듣지 않았다. 그리고 얼마 뒤 국가부도사태IMF가 터졌다.

이제 한 작가가 이 나라에 1997년의 빌 게이츠처럼 말하고 있다.

부디 그 작가의 말이 그때 빌 게이츠의 말처럼 허공 속으로 사라지지 않기를, 부디 이 나라가 응답하기를.

Part
2

10년 뒤,
당신의 자리는
없다

인공지능에게 지시를 내리는 사람
vs
지시를 받는 사람

EIGHT

지금, 이 순간에도
당신의 일자리가 사라지고 있다

국가는 누가 이끌어갈까? 정치·경제·행정·문화·교육·국방 등 각 분야에서 정책을 만들고 집행하는 사람들을 생각해보라. 학창 시절 내내 공부벌레로 살다가 시험에서 높은 성적을 올렸다는 공통점을 가지고 있다. 즉 국가는 '지식'의 달인들이 이끌어간다.

사회는 어떨까? 기업·학교·교육청·법원·병원·약국·시청·구청 등 각 영역에서 일하는 사람들을 생각해보라. 이들 역시 학창 시절 내내 공부벌레로 살다가 시험에서 높은 성적을 올렸다는 공통점을 가지고 있다. 즉 사회 또한 지식의 달인들이 이끌어간다.

부모가 자녀에게 가장 현실적으로, 가장 절실하게 바라는 것은 무엇일까? 공부를 잘하는 것, 즉 다른 아이들보다 많은 지식을 갖추는 것이다. 그래야 명문 대학에 입학할 수 있고, 사회·경제적으로 안정된 직업을 가질 수 있기 때문이다. 그리고 그 사회·경제적 기반을 발판 삼아 출세를 할 수 있기 때문이다.

이렇게 놓고 보면 공부, 즉 지식은 국가와 사회는 물론이고 가정의 중심이라고 할 수 있다. 어떤 이들은 이렇게 말할지도 모르겠다.

"국가와 사회는 그렇다 치더라도 어떻게 가정의 중심이 공부일 수 있단 말인가, 가정의 중심은 자녀다!"

맞는 말이다. 나도 그렇게 생각한다. 그런데 우리나라 초등학생들의 불행지수가 세계에서 가장 높은 이유, 우리나라 중·고등학생의 자살률이 세계에서 가장 높은 이유는 부모들의 성적 욕심 때문이라는 사실은 이미 잘 알려져 있다. 그래서 나는 가정의 중심이 공부라는 소리를 한 것이다. 물론 이는 하루빨리 바뀌어야 하는 것이다. 부디 우리나라 교육의 중심이 '어른의 욕심'이 아닌 '아이의 행복'이 되기를 빈다.

나는 앞에서 공부가 국가와 사회와 가정의 중심을 차지하고 있다고 말했다. 만일 우리가 아는 공부가 지금의 힘을 잃게 된다면, 그러니까 시험 성적이 좋다는 이유 하나로 사회적으로 인정받거나 경제적으로 안정된 그런 직업을 가질 수 없다면 어떻게 될까? 현 국가·사회 시스템은 붕괴될 것이다. 가정은 어떻게 될까? 잠깐 동안은 행복할 수 있을 것이다. 어찌됐든 모두를 힘겹게 하던 공부가 사라졌으니까 말이다. 허나 오래지 않아서 국가·사회 시스템 붕괴로 인한 피해를 직접적으로 입게 될 것이다.

인공지능을 주제로 하는 이 책에서 갑자기 공부 이야기를 하는 것은 우리는 앞으로 공부가 사라진 세상에서 살아야 할 가능성이 매우 높기 때문이다. 미국·유럽·일본은 이 사실을 잘 알고 있다. 그래서 그들은 계속 대비를 해왔다. 지금 우리가 알고 있는 의미의 공부가 사라진 세상에 대한 준비를 해왔다는 뜻이다.

아이비리그 수재들이 월 스트리트로 향하는 이유

고대부터 지금까지 인류에게 가장 강력한 영향을 미친 것은 자본이다. 인류 역사에서 일어난 모든 국가의 탄생과 멸망 뒤에는 자본이 있다. 모든 정치적·사상적 격변과 모든 전쟁 뒤에도 자본이 있다. 전쟁의 승패와 국가의 흥망성쇠는 물론이고 인류 사회의 정치적·사상적 격변까지도 좌지우지했던 게 자본인데, 다른 것들은 오죽했으랴.

자본은 마치 영물靈物과 같아서 자신이 주인으로 섬길 사람과 노예로 부릴 사람을 구분하곤 한다. 자본의 주인이 된 극소수의 사람들은 자본의 노예가 된 대다수의 사람들이 상상도 못할 물질적 풍요를 누리지만, 결국 그 풍요의 늪에 빠져서 영혼의 죽음을 맞이하곤 한다. 어찌 보면 자본의 진정한 노예는 그들이다. 자본의 노예가 된 사람들도 불행하기는 마찬가지다. 자본을 주인으로 섬긴 사람들은 상상도 못할 빈곤의 늪에 빠져서 허덕이다가 영혼의 죽음을 맞이하곤 한다. 자본은 참으로 재앙 중의 재앙이다.

자본의 주인이 된 사람들은 보통 인류에게 해가 되는 삶만 살다 갔지만, 어쩌다 한 번씩 인류의 역사를 새로운 방향으로 흐르게 하기도 했다. 대표적인 게 르네상스다. 르네상스를 일으킨 천재들의 뒤에는 당시 유럽의 돈줄을 쥐고 있던 메디치 가문의 자본이 있었다.

오늘날 세계의 돈줄을 쥐고 있는 곳은 어디일까? 미국의 월 스트리트다. 월 스트리트의 자본은 오래전부터 과학 기술, 특히 인공지능 기술의 르네상스를 만들어나가고 있는 실리콘밸리의 IT 기업들에 투자되고 있다. 물론 월 스트리트의 자본가들은 중세 유럽의 메디치 가문 정도의 품격은 갖추고 있지 않은 듯 보인다. 그들은 그저 돈을 더 많이 벌고 싶어서 실리콘밸리에 투자하고 있다고 평가되기 때문이다. 뭐랄까, 그들의 자본은 본의 아니게 인류의 역사를 새롭게 쓰는 데 투자되고 있다고나 할까?

거대한 자본이 있는 곳에는 그 시대의 가장 뛰어난 사람들이 몰린다. 피렌체의 메디치 가문에 미켈란젤로나 레오나르도 다 빈치 같은 당시 유럽의 천재들이 모여들었던 게 대표적이다. 월 스트리트도 마찬가지다. 세계에서 가장 뛰어난 인재들이 몰린다. 특히 아이비리

그의 우수한 학생들이 졸업 후 젊음을 불태우고 싶어 한다.

아이비리그의 수재들이 월 스트리트로 향하는 이유는 꼭 돈 때문만은 아니다. 세계 금융의 중심지에 있다 보면 '흐름'을 볼 수 있다. 사업의 흐름이라든가 기술의 흐름 같은 것 말이다. 물론 이 또한 그 '흐름'을 보려고 치열하게 노력하는 자만이 볼 수 있겠지만. 세계 부자 1위에 이름을 올린 제프 베이조스도 월 스트리트에서 그런 '흐름'을 보았던 것일 수도 있다. 그는 프린스턴대학교를 졸업하고 월 스트리트에서 일하다가 느닷없이 아마존을 창업했으니까 말이다.

말이 너무 길었다. 알고 보면 나도 참 수다쟁이인 것 같다. 다음 한 문장을 쓰고자 이토록 많은 이야기를 했으니 말이다.

"월 스트리트는 세계에서 공부를 가장 잘하는 사람들, 특히 아이비리그에서 우수한 성적을 올린 수재들로 가득하다."

'켄쇼', 트레이더 598명을 해고로 몰다

나는 앞에서 이렇게 말했다.

"2012년에 인공지능 역사상 가장 충격적인 일이 발생했다. 그해에 나타난 인공지능 슈퍼비전은 스스로 학습하고 추론하고 판단하

는 딥러닝 기술을 탑재하고 있었다. 이는 무슨 의미인가? 인공지능
이 인간의 지배를 벗어났다는 것이다. 그럼 인간은 어떻게 되는 것
일까? 자신보다 지적으로 우월한 인공지능의 지배를 받을 수밖에
없다."

　내가 이 말을 하는 배경에는 월 스트리트에서 일어난 한 사건이
있다. 인공지능 슈퍼비전이 '세계 최대 이미지 인식 경연대회'에서
압도적인 승리를 거둔 사건이 일어난 지 약 1년 뒤인 2013년의 일
이다. 대니얼 내들러라는 청년이 '켄쇼 테크놀로지'라는 인공지능
스타트업을 만들었다. 이 회사는 딥러닝 기술을 탑재한 인공지능을
실용화시킨다는 목표를 가지고 있었다. 그러니까 인간보다 우수한
인공지능을 만들어서 인간을 대체하겠다는 목표를 가지고 있었다.

　임직원이 50명에 불과했던 켄쇼 테크놀로지가 어떻게 월 스트리
트의 사관학교이자 심장이라 불리는 최대 금융 투자 기업 골드만삭
스의 눈에 들었는지는 잘 모르겠다. 아무튼 골드만삭스는 대니얼 내
들러의 켄쇼 테크놀로지에 전폭적인 투자를 결정했다. 그리고 얼마
뒤 켄쇼 테크놀로지의 인공지능 켄쇼見性가 골드만삭스 뉴욕 본사에
입사했다.

　신입사원 켄쇼는 먹지도 마시지도 쉬지도 않았다. 퇴근도 하지 않
았고 잠도 자지 않았고 휴가도 가지 않았다. 오직 일만 했다. 그것도
매일 24시간 내내 천재 수준의 집중력을 발휘했다. 고객에게 불친

절하거나 동료와 사이가 나쁘거나 상사에게 불평하는 일도 없었고, "과연 이 일이 내 적성에 맞는가?"라든가 "일이 먼저냐, 행복이 먼저냐?" 하는 식의 고민도 없었으며, 돈은 물론이고 사내 권력에 대한 욕심도 일절 없었고, 이성異性 때문에 마음이 다른 곳에 가 있는 일도 없었다.

인공지능 켄쇼는 마치 중세 유럽의 수도승들이 속세와의 인연을 끊고 오직 기도와 묵상에 전념하듯 그렇게 아름답게, 투명하게, 정직하게 일만 했다. 그 결과 켄쇼는 당시 월 스트리트에서 가장 많은 연봉을 받던 600명의 트레이더가 한 달 가까이 처리해야 하는 일을 고작 3시간 20분 만에 끝낼 수 있었다.[1] 그것도 600명을 합한 것보다 몇 배는 일을 더 잘해서 회사에 막대한 이익을 안겨주었다. 덕분에 598명의 트레이더는 회사에서 할 일이 없어졌다. 짐을 싸서 집으로 돌아가는 것 말고는. 그렇다면 남은 두 명은 무엇 때문에 해고를 피할 수 있었을까? 인공지능보다 일을 잘해서? 아니다. 인공지능의 업무를 보조할 인력이 필요했기 때문이다. 한마디로 남은 두 명은 인공지능의 지시를 받는 처지로 전락했다.

인공지능 켄쇼의 위력을 경험한 월 스트리트의 투자 회사들은 골드만삭스를 따라 하기 시작했다. 그들은 인공지능을 회사로 들여왔고, 임직원들을 내보내기 시작했다. 그러고는 골드만삭스가 2015년에 "우리는 더 이상 금융 투자 기업이 아니다. 인공지능 기업이다"[2]라고 선언한 것처럼 회사의 정체성을 '금융 투자'에서 '인공지능'으로 바꿔나가기 시작했다. 하여 지금 월 스트리트에서는 인간이 하던 일의 약 90% 정도를 인공지능이 하고 있다. 나머지 10%도 인공지능이 조금씩 대체하고 있는 중이다.

인공지능 켄쇼가 수십억 원의 연봉을 받던 모건스탠리의 분석가 15명이 한 달 가까이 매달려야 하는 일을 단 5분 만에 처리하는 능력을 선보인 게 2013년이다. 그리고 골드만삭스에 입사한 게 2014년이다.[3] 이때부터 월 스트리트에서는 인공지능이 인간의 지배를 벗어나기 시작했다. 그리고 인간을 지배하기 시작했다. 그것도 아이비리그를 우수한 성적으로 졸업한, 공부 천재라 불리기에 손색 없는 인간들을 말이다.

어떤 사람들은 이 사건이 월 스트리트에 국한된 것이니 걱정할 필요 없다고 할지도 모르겠다. 하지만 그렇지 않다. 이것을 한번 생각해보자. 당신은 아침에 일어나서 미세먼지 농도를 확인할 때 스마트폰을 보는가, 아니면 사람에게 묻는가? 모르는 곳을 운전할 때는 어떤가. 스마트폰 내비게이션을 보는가, 아니면 사람에게 묻는가? 아마도 스마트폰을 선택할 것이다. 다른 많은 일을 할 때도 마찬가지다. 스마트폰에 의존하는가, 아니면 사람에게 의존하는가? 아마도 전자일 것이다. 즉 당신은 자신도 모르는 사이에 스마트폰에 종속되어 있다. 겉보기에는 스마트폰의 주인이지만 사실은 스마트폰의 노예인 것이다. 스마트폰은 인공지능 중에서도 가장 약한 인공지능을 탑재하고 있다. 이렇게 놓고 보면 당신은 이미 인공지능에게 지배당하고 있다고 할 수 있다. 그것도 켄쇼처럼 골드만삭스에 들어가서 600명의 전문가 중 598명을 내쫓을 정도로 막강한 실력을 갖춘 인공지능이 아니라, 당신이 언제든지 켜고 끌 수 있는 약하디 약한 인공지능에게 말이다.

서양에서는 이미 많은 곳에서 인공지능이 인간을 대체하고 있다. 직장에서 인간을 내쫓고 있는 것이다. 직장에 남은 인간은 인공지능에게 지배당하고 있다. 〈터미네이터〉 같은 SF 영화에 나오는 그런 지배를 생각하면 곤란하다. 내가 말하는 지배란, 인간이 회사에서 자신보다 월등한 업무 처리 능력을 가지고 있는 인공지능을 인정하고, 함께 일한다는 의미다.

인류 역사를 보면 기존 문명을 무너뜨릴 정도의 거대한 변화는 늘 거대한 자본이 움직이는 곳에서 시작됐다. 현대 자본의 본산 월스트리트에서는 이미 거대한 변화가 시작되었다. 그것은 인공지능 쇼크다. 지금 그 인공지능 쇼크는 미국과 유럽을 거쳐 일본과 중국에 상륙했다. 이제 곧 우리나라를 비롯해 전 세계가 그 쇼크를 경험할 것이다. 준비하는 사람은 생존을 넘어 성공과 번영의 길로 갈 것이고, 그렇지 못한 사람은 생존의 위협에 시달리다가 몰락과 파멸의 길로 갈 것이다.

1·2·3차 산업혁명의 특징은 새로운 일자리가 폭발적으로 늘었다는 것이다. 특히 좋은 학력을 가진 사람들의 몸값이 수직 상승했다. 3차 산업혁명인 컴퓨터혁명이 만든 무수한 일자리와 유명 IT 기업 임원들의 천문학적인 연봉을 생각해보면 이해가 빠르다.

4차 산업혁명은 기존 산업혁명들과 반대의 길을 가고 있다. 인공지능으로 대표되는 이 혁명은 기존 일자리를 폭발적으로 없애고 있고, 월 스트리트의 사례에서 알 수 있듯이 좋은 학력을 무용지물로 만들고 있다.

앞에서도 말했지만 우리나라의 시스템은 학력을 기반으로 만들어졌다. 그래서 지금 이 순간에도 다들 공부에 목을 매고 있다. 우리나라 공부가 추구하는 것은 사회적·경제적으로 안정된 직업이다. 그래서 지금 이 순간에도 의사·약사·판사·검사·변호사·세무사·회계사·교사·공무원·대기업 사원 등이 되기 위해 학생들이 지옥 같은 경쟁을 하고 있다.

그런데 미래 사회에서는 인간이 의료 또는 제약 행위를 하거나 판결을 내리거나 학생을 가르치거나 세무회계 업무를 보거나 행정 업무를 보거나 회사 업무를 보는 것 등이 모두 불법이 된다면, 어떡하겠는가? 참고로 서양에서는 이미 수년 전부터 일부 석학들과 일부 IT 기업 CEO들을 중심으로 이런 주장이 힘을 받고 있다.

"교통사고의 90%는 인간의 부주의로 일어난다. 이로 인해 사회가 치러야 하는 비용이 어마어마하다. 교통사고 피해자와 그 가족이 받는 정신적·육체적·물질적 피해는 말할 것도 없다. 인공지능은 부주의한 인간과 달리 신호를 잘못 보는 일도, 위험한 끼어들기를 하는 일도, 과속이나 역주행을 하는 일도, 졸음운전을 하거나 음주운전을 하는 일도 없다. 한마디로 인공지능은 인간과는 비교도 안 될 정도로 안전하게 운전한다. 그것도 매일 24시간 내내 그렇게 한다. 구글의 인공지능 자율주행차는 이미 330만 킬로미터 무사고 운행 기록을 세우지 않았던가.[4] 앞으로 지금의 불완전한 자율주행차를 뛰어넘는, 진정한 의미의 인공지능 자율주행차가 나오고 또 상용화되면 그때는 인간의 자동차 운전을 법으로 금지해야 한다. 자동차 운전은 오직 인공지능만 할 수 있게 해야 한다. 그래야 교통사고 발생률이 0%가 될 것이고, 도로 위의 모든 인간이 완벽한 안전을 보장받을 것이다."

앞으로 인공지능이 의사·약사·판검사·변호사·세무사·회계사·교사·공무원·기업 임직원 등을 본격적으로 대체하기 시작하면 앞의 자동차 운전 논리가 이 직업들에 그대로 대입될 가능성이 높다. 만일 이 가능성이 현실화되면 어떻게 될 것인가? 인간이 이 직업들 중 하나를 갖는 것은 진짜로 불법이 될 수 있다.

개인적인 의견을 말하자면, 나는 인간이 의료·제약·법률·교육 등의 일을 하는 것이 불법이 되는 일은 없을 거라고 생각한다. 인공지능이 인간의 직업에 미칠 영향에 대해서 연구하는 사람들, 인간을 대체하는 인공지능을 연구·개발하고 있는 사람들, 인공지능을 실제로 회사에 들여서 임직원을 대량으로 해고한 경험이 있는 CEO들의 인터뷰 기사와 저서 등을 접하고 내린 결론이다. 하지만 인공지능이 공부의 시대만큼은 이미 끝냈다고 단언하고 싶다. 여기에 대해서 자세히 알아보자.

인공지능 의사와 인간 명의의 대결

2011년 미국의 유명 지식 추론 TV 퀴즈쇼 〈제퍼디!〉에 출연, 두 인간 챔피언을 상대로 압승을 거두었던 인공지능 왓슨이 정확히 언제부터 의학 공부를 시작했는지는 잘 모르겠다.[5] 최근에 알려진 바에 따르면 왓슨은 지난 몇 년 동안 이런 공부를 했다.

· 8,500개 이상의 의료기관이 축적한 의료 정보

· 120만 편 이상의 의학 논문

· 400만 건 이상의 제약 특허

· 1억 명 이상의 환자 정보

· 2억 명 이상의 생체 정보

- 300억 장 이상의 의료 이미지^{X-ray, CT, MRI} 파일

인공지능 의사 왓슨의 공부를 인간 의사의 공부와 비교해보라. 제아무리 천재적인 학습 능력을 가진 인간 의사라 한들 지금까지 왓슨이 공부한 1만분의 1이라도 따라갈 수 있을까? 게다가 인간 의사와 달리 왓슨은 한 번 공부한 것은 절대로 잊어버리지 않는다. 또, 한 번 공부한 의학 지식을 불러내는 데 0.1초도 걸리지 않는다. 한마디로 '의학 공부'에 있어서 인간 의대생들과 인간 의사들은 이미 오래전에 인공지능에게 완패했다.

왓슨이 의학 공부만 한 것은 아니다. 세계 최고 수준의 암 전문의들이 모여 있다는 미국 메모리얼슬론 케터링 암센터에서 레지던트로 암환자 진료에 참여한 것을 시작으로 미국·캐나다·네덜란드·중국·인두·한국 등 여러 나라의 병원에서 인간 의사들과 함께 의료 행위를 해오고 있다. 아니 인간 의사들에게 의료 조언을 하고 있다. 그런데 과연 이 '조언'을 우리가 아는 그 조언으로 받아들여야 하는 걸까? 아니면 '지시'의 완곡한 표현으로 받아들여야 하는 걸까?

미국 종양학회에 따르면 인간 의사들의 암 진단 정확도는 80% 수준이라고 한다. 왓슨은 어떨까? 방광암 91%, 췌장암 94%, 대장암 98%, 자궁경부암 100%다. 특히 폐암 진단의 경우 50%에 불과한 인간 의사들보다 무려 40%나 높은 90%의 정확도를 왓슨은 자

랑하고 있다.[6] 한마디로 의료 기술의 정점인 암 진료에서 왓슨은 이미 오래전에 인간 의사들, 그것도 세계 최고 수준의 의사들을 뛰어넘었다. 이 사실을 놓고 보면 왓슨은 인간 의사들에게 '조언'의 형태를 띤 '지시'를 내리고 있다고 보는 게 맞을 것 같다. 물론 어떤 의사들은 절대 그렇지 않다고 할 것이다. 나도 그렇게 믿고 싶다. 왓슨은 절대로 인간 의사에게 지시 같은 건 내리지 않고 오직 친절한 조언만 한다고 믿고 싶다. 하지만 그렇게 믿기에는……. 아니, 아니다. 이만하고, 다음 이야기로 넘어가자.

의료 현장에서 세계 최고 수준의 인간 의사들을 뛰어넘는 활약을 하고 있는 것은 왓슨만이 아니다. 이미 몇 년 전부터 세계 각국에서 인공지능 의사들이 인간 의사들을 압도하고 있다. 대표적인 사례들을 나열하면 다음과 같다.

- 미국 최고의 방사선과 의사 네 명과 미국의 인공지능 스타트업 엔리틱Enlitic 이 개발한 인공지능 의사가 환자들의 폐를 촬영한 CT 영상을 보고 암을 진단했다. 인간 의사들은 평균 7%의 실수를 했다. 100건 중 7건은 폐암 진단을 놓쳤다. 반면 인공지능 의사의 실수는 0%였다.[7] 이뿐만이 아니다. 인공지능 의사는 인간 의사보다 1만 배나 빠른 영상 판독 능력을 보여주었다.
- 구글의 딥마인드가 개발한 인공지능 안과 의사는 세계에서 가장 오래된 안과 병원이자 세계 최고 안과 병원인 영국 무어필즈 안과 병원 전문의들을 고

작 18개월 만에 뛰어넘었다. 과학저널 〈네이처 메디신〉에 따르면 인공지능 안과 의사의 진단 정확도는 94.5%이고, 진단 오류율은 5.5%다. 반면 세계 최고 수준의 안과 전문의들의 진단 정확도는 인공지능 의사에 비해 적게는 1.2%, 많게는 19.2%나 낮다.

- 미국 캘리포니아대학 샌프란시스코캠퍼스^{UCSF}의 조교수이자 심장 전문의인 리마 아르나웃 박사팀이 만든 인공지능 의사의 심장 초음파 분석 및 진단 정확도는 92%다. 반면 세계 최고 수준의 심장 전문의들의 정확도는 이보다 13%나 낮은 79%다.[8]

- 독일 하이델베르크대학교 연구팀은 인간 피부과 의사 58명과 포토파인더 시스템즈$^{FotoFinder\ Systems}$에서 개발한 인공지능 피부과 의사의 피부암 진단 정확도를 비교했다. 결과는 95%의 정확도를 보인 인공지능 피부과 의사의 승리였다. 인간 의사들의 정확도는 86.6%였다.[9]

- 영국 왕립의사협회는 인간 의사들의 일반 질병 진단 정확도는 52~99%로 실력과 경험에 따라 천차만별이지만, 영국 인공지능 기업 바빌론헬스$^{Babylon\ Health}$가 개발한 인공지능 의사의 일반 질병 진단 정확도는 98%로 일정하다고 밝혔다.

- 건국대학교병원 정형외과 정석원 교수팀이 개발한 인공지능 의사는 어깨 골절 진단 정확도가 96%로 인간 정형외과 의사들보다 뛰어난 것으로 밝혀졌다. 놀랍게도 인공지능 의사의 진단 정확도는 골절 형태가 복잡할수록 더 높은 것으로 나타났다.

• 중국이 개발한 인공지능 신경과 의사는 중국 최고의 신경과 의사들로부터 "깨어날 가망이 전혀 없다"는 진단을 받은 일곱 명의 환자를 진찰한 뒤, "1년 안에 의식을 회복한다"고 판정했다. 일곱 명의 환자는 인공지능 의사의 진단 대로 모두 1년이 안 되어 식물인간 상태를 벗어났다.

무서운 사실이 있다. 인공지능 의사는 지금 이 순간에도 잠시 한 눈을 팔지도, 커피를 마시거나 밥을 먹지도, 음악을 듣거나 영화를 보지도, 친구를 만나거나 가족과 시간을 보내지도, 멍하니 있거나 쉬거나 휴가를 가지도, 잠을 자지도 않고서 인류에게 절대 불가능의 영역인 '의학과 의료의 완성'을 향해 나아가고 있다.

더 무서운 사실이 있다. 인간 환자들은 인공지능 의사를 인간 의 사보다 더 편안하게 여기고, 더 좋아하고, 더 의지하고, 더 믿고, 더 따르고 있다. 다음 사례들을 보라.

• 2016년 인공지능 의사 왓슨을 도입한 가천대학교 길병원이 그해 말 암환자 100명을 대상으로 "만일 인간 의사와 인공지능 의사가 서로 다른 처방을 내 린다면 어떻게 할 것인가?"라고 물었다. 그러자 100명 모두 "인공지능 의사 의 처방을 따르겠다"고 답했다. 실제로 암환자들은 인간 의사와 인공지능 의 사 왓슨의 치료법이 다르게 나오면 왓슨의 처방을 따랐다. 환자들은 왓슨 이 미국 최고의 암센터에서 일할 때 1천 명의 환자 진료 기록을 분석, 무려

300명의 환자들에게 인간 의사들이 놓친 암 치료법을 제시했다는 사실을 이미 알고 있었기 때문이다.

- 가천대학교 길병원 유전체연구소 안성민 소장은 언론 인터뷰에서 "지난 20여 년 동안 인천에서 서울로 암환자가 빠져나갔다. Big 5 병원에서 길병원으로 암환자가 오는 경우는 드물었다. 그런데 인공지능 의사 왓슨이 들어온 후 상황이 달라졌다. 암환자들이 Big 5 병원에서 우리 병원으로 오고 있다"고 밝혔다.[10] 환자들이 우리나라 5대 병원의 명의名醫들보다 인공지능 의사 왓슨을 신뢰하고 있다는 증거다. 참고로 이런 현상은 왓슨을 도입한 다른 병원들에서도 동일하게 나타나고 있다.

- 미국 서던캘리포니아대학교 연구진은 "환자들은 인간 정신과 의사와 인공지능 정신과 의사 중 누구를 더 편안하게 여기고 누구에게 더 속마음을 진솔하게 털어놓는가"에 대해 연구를 진행한 바 있다. 놀랍게도 환자들은 인공지능 의사보다 인간 의사를 더 불편해했고, 인공지능 의사에게 더 솔직하게 자신의 고민을 털어놓았다. 치료 효과 또한 인공지능 정신과 의사가 인간 정신과 의사보다 월등히 높았음은 말할 것도 없다.

- 우리나라에 인공지능 의사 왓슨을 처음으로 들여온 가천대학교 길병원 김영보 신경외과 교수는 언론 인터뷰에서, "인공지능에서 정신과 영역은 인간의 감정을 다루는 문제이기 때문에 가장 늦게 발전할 것이라고 예상했지만 생각보다 상당히 앞서가고 있다"고 밝혔다.[11]

- 우리나라에서 디지털 헬스케어 분야의 대표적인 전문가로 소개되고 있는 최

윤섭 소장은 《의료 인공지능》에서 이렇게 말하고 있다.[12] "자신이 인공지능과 상담한다고 '믿는' 환자들은 인간과 상담한다고 '믿는' 환자보다 더 솔직하게 이야기했으며, 자신의 치부를 드러내는 것도 덜 두려워했다. 또한 슬픈 감정도 더 잘 드러냈고, 상대에게 일부러 좋은 인상을 주기 위한 노력도 덜 했다."

최근 소식에 따르면 왓슨은 세계 최고의 병원 경영자가 되기 위해서 '병원 경영'을 쉬지 않고 공부하고 있다고 한다. 왓슨은 진정 '의학과 의료의 신'이 되려고 하는 걸까? 모르겠다. 인공지능은 의학과 의료의 신이 될 수도 있겠지만 영원히 기계로 머무를 수도 있다. 분명한 것은 그리 머지않은 미래에 의사들이 인공지능에게 대체되는 '때'가 찾아온다는 사실이다. 그때가 되면 병원에서는 어떤 일이 벌어질까? 세계적인 석학들과 인공지능과 함께 진료 중인 의사들과 의료 인공지능 개발자들의 의견을 종합해보면 다음 네 가지 일이 일어날 것 같다.

- **명의라는 단어가 사라진다.** 인공지능보다 뛰어난 인간 의사는 존재하지 않을 것이기 때문이다. 만일 미래에도 명의라는 단어가 남아 있다면 그건 인공지능 의사를 지칭하는 말이 될 것이다.
- **병원에서 의사 고유의 업무가 대부분 사라진다.** 특히 정신과 의사의 업무가

가장 빨리 사라진다.[13] 반면 간호 업무는 상당 기간 인간 고유의 영역으로 남는다. 물론 여기서 말하는 간호는 체온을 재거나 주사를 놓는 등의 기능적 간호가 아니다. 이런 기능적 간호 업무는 의사 업무보다 훨씬 빨리 인공지능 로봇 간호사에 의해 대체된다. 여기서 말하는 '간호'는 환자의 육체적 고통은 물론이고 심적 두려움과 불안까지 돌보는 행위를 의미한다. 더 나아가서 환자로 하여금 육체적 건강과 마음의 건강을 신속히 되찾아 공동체에 건강하게 복귀할 수 있도록 돕는 행위를 의미한다. 쉽게 말해서 모성애에 기초한 마음과 육체의 돌봄이라고 이해하면 되겠다.

의사 이야기로 돌아가자. 인공지능 의사와의 경쟁에서 패배한 인간 의사들은 간호 업무에 뛰어들지만, 이미 인공지능 로봇 간호사와의 대결에서 승리하고 병원에 남은 인간 간호사들과의 경쟁에서 패배하고 마침내 병원을 떠나게 된다. 이제 병원에는 소수의 인간 의사와 소수의 인간 간호사, 그리고 다수의 인공지능 로봇들이 남는다. 놀랍게도 환자들은 병원의 이런 변화를 대환영한다. 그들은 인간 의사가 인공지능 의사와 비교하면 얼마나 부주의하고 실수투성이인지에 대해서 누구보다 잘 알기 때문이다. 한마디로 환자들은 그동안 인간 의사에게 몸을 맡기는 일이 더없이 불안했다.

• **의료 사고가 0% 수준으로 떨어진다.** 인공지능 로봇 의사는 인간의 불완전한 눈과 귀가 절대로 따라갈 수 없는 완벽한 시력과 청력을 가지고 있고, 전 세계 병원의 데이터를 가지고 있을 뿐만 아니라, 전 세계 인공지능 의사들과 실시간으로 소통하기 때문에 오진誤診을 할 가능성이 0%다. 그리고 인공지능

의사는 인간 의사처럼 컨디션이 나빠 수술에 집중하지 못하거나, 수술을 하는 도중 자신도 모르게 미세하게 손을 떨어서 불완전한 수술을 하거나, 수술을 마치고 환자의 배 속에 가위를 빠뜨린 채 봉합하는 등의 사고를 저지르는 일이 없다.

· **모두가 인공지능 주치의를 갖는다.** 미래에는 인간이 사는 집 전체를 인공지능 시스템이 관리한다. 인공지능 의사는 집을 관리하는 인공지능 시스템에 24시간 내내 접속해 있으면서 당신과 가족의 신체 컨디션을 수시로 체크하고, 조금이라도 이상 기미가 보이면 즉시 알려준다. 최고의 처방은 덤이다. 뭐랄까, 인공지능 의사는 질병이 발생할 여지 자체를 주지 않는 것이다. 물론 많은 인간이 인공지능 의사의 조언을 가볍게 또는 귀찮게 여기다가 결국 병원으로 향하게 되겠지만 말이다.[14]

3만 4천 건 vs '0건'

미국 캘리포니아에서 있었던 일이다. 한 병원에서 어이없는 제약 사고가 발생했다. 약물을 처방하면서 소수점을 잘못 찍었다. 그러니까 2.25cc를 처방해야 하는데 22.5cc를 처방한 것이다. 이 사건은 다행히 큰 사고로 번지지는 않았지만, 병원 측에 커다란 두려움을 안겨주었다. 자신도 모르게 실수를 저지를 수밖에 없는 인간에 대한 두려움 말이다. 병원 측은 그 두려움에서 영원히 벗어나기로 했다. 병원 측은 인공지능 약사를 도입했다. 그 뒤로 6년이 흘렀다. 인공지능 약사는 그동안 40만 건 넘는 처방약을 조제했다. 하지만 단 한 건의 실수도 없었다. 미국에서 여섯 번째로 우수하다는 평가[15]를 받고 있는 UCSF 캘리포니아대학교 샌프란시스코캠퍼스 메디컬센터의 이야기다.

인간 약사는 평균적으로 100건을 조제할 때 약 1.7건을 잘못 조제한다고 한다. 만일 UCSF 메디컬센터가 인간 약사를 계속 썼다면 어떻게 되었을까? 40만 건을 조제하는 동안 약 6,800건의 조제 실수가 있었을 것이다. 만일 이 중 단 한 건이라도 대형 사고로 연결되었다면 어떻게 되었을까? 생각만 해도 끔찍한 일이 벌어졌을 것이다. 하지만 UCSF 메디컬센터는 인공지능 약사를 도입했고, 그 결과 6,800건 넘게 발생했어야 할 조제 실수를 0건으로 줄였다. 가히 기적 같은 일이라고 할 수 있겠다.

리처드 서스킨드와 대니얼 서스킨드가 공저한 《4차 산업혁명 시대, 전문직의 미래 The Future of the Professions》를 보면 2011년에 문을 연 미국의 한 약국 이야기가 나온다. 놀랍게도 이 약국은 인간 약사가 없고 인공지능 약사만 있는데 200만 건의 처방약을 조제하면서 단 한 건의 실수도 없었다. 만일 인간 약사였다면 어땠을까? 3만 4천 건의 조제 실수를 저질렀을 것이다.

중국은 2017년 후반부터 인간 약사를 인공지능 약사로 대체하는 프로젝트를 시작했다. 이를 조사한 블룸버그^{미국 미디어 기업}는 이 프로젝트로 인해 약 40만 명에 달하는 중국의 인간 약사들이 인공지능 약사로 대체될 수 있다는 보고서를 내놓았다.

얼마 전에 방영된 우리나라 공중파 TV 다큐멘터리에 미국 5대 대학병원 조제실이 나왔다. 놀랍게도 인간 약사는 한 명도 없었다. 인공지능 약사만 있었다. 앞으로 미국의 모든 대형 병원의 조제실은 인간은 없고 인공지능만 있는 곳으로 바뀔 것이라고 한다. 그다음에 무슨 일이 벌어질까? 중소형 약국의 조제실에서 인간이 사라질 것이다. 이어 전 세계 약국의 조제실에서 인간이 사라질 것이다. 물론 인공지능 약사가 절대로 가질 수 없는 어떤 능력을 가진 소수의 인간 약사들은 여전히 약국에 남아 있을 것이다.

인공지능 약사가 인간 약사보다 우월한 조제 능력을 가지고 있고, 이미 인간 약사를 대체하기 시작했으며, 앞으로 대부분의 인간 약사가 대체될 것이라는 소식보다 더 우울하고 슬픈 소식이 있다. 환자들이 인공지능 약사를 인간 약사보다 더 좋아하고 더 신뢰한다는 것이다.[16] 단지 약을 실수 없이 조제한다는 이유 때문만은 아니다. 100% 위생적으로 약을 조제하기 때문이다.

한번 생각해보라. 인공지능 약사는 머리카락도 눈썹도 콧구멍도 입도 치아도 혀도 손톱도 털도 없다. 즉 존재 자체가 100% 위생적이다. 어디 그뿐인가. 손으로 코를 만지거나 입을 닦는 일도, 머리를 긁거나 몸을 긁는 일도 없다. 재채기나 기침을 하는 일도 없고 하품을 하거나 침을 흘리거나 땀을 흘리는 일도 없다. 담배를 피우거나 이물질을 만지는 일도 없고 화장실을 다녀오는 일도 없으며 밖에서 자기도 모르게 병균을 묻혀오는 일도 없다.

인간 약사가 비위생적이라는 의미로 하는 소리가 아니다. 내 주변에도 약사가 여럿 있지만 다들 일반 사람은 비교도 할 수 없을 정도로 청결하고 위생적이다. 나는 육체를 가진 인간은 절대로 뛰어넘을 수 없는 어떤 벽에 대해서 이야기하고 있다. 참고로 덧붙이면 이 어떤 벽은 인간 의사에게도 동일하게 적용된다.

솔직히 말해서 나는 환자들이 위생 때문에 인공지능 약사를 선호하고 신뢰한다는 자료를 접하고 적잖이 당황했다. 어쩌면 앞으로 인간이 인공지능에게 대체되는 가장 큰 이유 중 하나가 '인간의 인간에 대한 불신' 때문일 수도 있겠다는 생각이 들었기 때문이다.

이건 정말이지 심각하기 짝이 없는 문제라고 할 수 있다. 단순히 인공지능 기술이 발달해서 인간을 대체하는 거라면 사회적 합의 등을 통해 이를 제한하거나 금지시킬 수 있겠지만, 인간이 인간을 불신하기 때문에 그렇게 되는 거라면 이를 제한하거나 금지할 사회적 합의 등을 이끌어내기가 거의 불가능해지기 때문이다.

아무튼 우리 사회가 의사에 이어 가장 좋은 직업으로 꼽고 있는 약사가 앞으로 인공지능에게 대체될 것은 분명해 보인다.

'리걸테크', 변호사와 판사도 대체되고 있다

미국의 에릭 루미스는 총격 사건에 쓰인 차량을 몰다가 체포되어 징역 6년형을 선고받았는데, 심히 억울했다. 예상과 달리 형량이 무겁게 나왔다는 것도 있었지만, 인공지능에게 재판을 받았다는 사실이 더 큰 억울함을 느끼게 했다.[17] 그는 즉각 항소했다. 항소이유서의 주 내용은 인공지능이 인간을 재판한 것은 부당하기 때문에 이를 파기하고, 인간 판사가 다시 재판을 진행해야 한다는 것이었다. 하지만 미국 대법원은 에릭 루미스의 항소를 기각했다.

영국의 셰필드대학교와 유니버시티 칼리지 런던UCL은 미국의 펜실베이니아 주립대학교와 함께 인공지능 판사를 개발했다. 비록 초보 수준의 인공지능 판사지만 판결의 정확도는 무려 79%에 달한다. 충격적인 사실은 이 판결 정확도가 세계에서 가장 어려운 재판을 한다는 유럽인권재판소ECHR의 실제 판결과 비교한 것이라는 점이다. 즉 인공지능 판사는 법적 판단은 물론이고 도덕적 판단에 있어서도 인류 최고 수준의 판사들과 비교해서 전혀 뒤떨어지지 않고 있다.

우리나라 대법원은 2020년까지 개인 회생·파산 재판에 인공지능 판사를 도입하겠다고 발표했다. 물론 처음에는 인간 판사의 지휘, 감독하에 인공지능 재판 시스템이 운영될 것으로 보인다. 하지만 언제까지 그럴 수 있을까. 아마도 인공지능 판사는 도입되는 그 순간부터 인간 판사를 뛰어넘을 텐데 말이다.

로펌 같은 법률 회사에서 인공지능에게 법률 업무를 맡기는 것을 가리켜 리걸테크 legaltech라 한다.[18] 미국의 경우 2011년부터 리걸테크가 시작되었다. 지금은 1,400개 넘는 법률 회사에서 인공지능에게 법률 업무를 맡기고 있다.2018년 기준 한번 생각해보라. 미국에서 리걸테크 때문에 수입이 큰 폭으로 줄어들거나 심지어는 폐업까지 한 변호사가 얼마나 많을지 말이다. 충격적인 사실은 리걸테크가 이제 시작 단계라는 것이다.

로스 Ross는 IBM이 만든 세계 최초의 인공지능 변호사다. 로스는 2016년 5월에 뉴욕의 한 로펌에 입사했다. 100년 넘는 역사를 자랑하는 대형 로펌 베이커 앤드 호스테틀러Baker & Hostetler였다. 로스는 미국이 독립한 1776년부터 현재까지, 그러니까 지난 243년 동안 미국에서 생성된 모든 법률 문서를 저장하고 있고, 그 문서들을 1초에 10억 장씩 불러내서 읽고 분석하고 적용하는 능력을 가지고 있다. 덕분에 로스는 뉴욕 최고의 인간 변호사들이 며칠에 걸쳐 처리하는 법률 업무를 단 몇 초 만에 끝낼 수 있다. 로스는 지금 이 순간도 세계 최고 수준의 인간 변호사들에게 '인공지능과 인간의 격차'를 뼈저리게 느끼도록 하면서 자신이 맡은 일을 완벽하게 처리하고 있다. 그리고 미국의 대형 로펌들은 로스를 계속 구매해서 변호사 업무를 맡기고 있다. 미래에 우리는 미국의 로펌에서 인간 변호사를 과연 얼마나 볼 수 있을까. 모르긴 해도 이것 하나만은 장담할 수 있을 것 같다.

"지금과 비교하면 터무니없을 정도로 적은 수가 있을 것이다."

세계적인 금융 회사 JP 모건 체이스의 사내 법무팀 변호사들은 매년 약 1만 2천 건의 계약 업무를 처리하는데, 여기에는 약 36만 시간이 소요된다. 최근에 JP 모건 체이스는 인공지능 변호사를 자체 개발해서 계약 업무 1만 2천 건을 맡겼다. 이를 다 처리하는 데 시간이 얼마가 걸렸을까? 단 몇 초밖에 걸리지 않았다. 이쯤에서 이것을 생각해보자.

"이제 JP 모건 체이스의 인간 변호사들은 어떻게 될까?"

최근에 영국 법률 회사 렉수LEXOO의 CEO 대니얼 빈스베르겐은 언론 인터뷰에서 이렇게 말했다.

"인간 변호사가 300건을 처리하는 동안 인공지능 변호사는 60만 건을 처리한다. 덕분에 우리 로펌은 인건비를 80%나 줄일 수 있었다. 이제 우리는 더 이상 인간 변호사를 뽑지 않고 있다."[19]

2018년 2월, 한국 최초의 인공지능 변호사 유렉스U-LEX가 법무법인 대륙아주에 입사했다. 유렉스는 인공지능답게 인간 변호사가 비서 여러 명과 몇 달씩 매달려야 하는 법률 업무를 고작 20~30초만에 끝낸다. 무서운 사실은 유렉스와 함께 법률 업무를 보고 있는 인간 변호사들이 현재 유렉스의 능력은 이제 걸음마 단계에 불과하다고 말한다는 점이다.[20] 서양과 달리 우리나라는 변호사법 등의 제약으로 인해 인공지능 변호사가 활약하기는 시기상조라는 평가가 있었다. 그런데 다행인지 불행인지 국회에서 현행 변호사법의 개정이 추진되고 있다. 만일 이 법안이 통과된다면 어떻게 될까? 변호사 업계에 파란이 일 것이다.

이런 현실을 인정하기 어려운 인간 변호사들이 꽤 있나 보다. 비록 법률 문서를 기계적으로 읽고 분석하고 적용하는 속도에 있어서는, 그러니까 기계가 인간보다 잘할 수밖에 없는 일에 있어서는 인간이 인공지능에게 완패할 수밖에 없지만, 법률 문서를 토대로 향후 발생할 가능성이 있는 여러 법적 문제들을 예측하고 해결책을 제시한다거나, 인간 판사가 진행하는 재판의 결과를 미리 예측해서 이에 맞게 변론을 준비하는 등의 행위는 인간 고유의 상상력과 추론 능력 등이 필요하기에 인공지능이 절대로 인간을 이길 수 없다고 생각하는 변호사들 말이다.

최근에 그 변호사들 중 일부가 인공지능 변호사와 맞붙었다. 미국에서는 20명의 인간 변호사들이 로지스Logis라는 인공지능 변호사와 맞붙었고, 이스라엘에서도 20명의 인간 변호사들이 로직스LawGeex에서 개발한 인공지능 변호사와 맞붙었으며, 영국에서는 100명의 인간 변호사들이 케이스 크런처 알파Case Cruncher Alpha라는 인공지능 변호사와 맞붙었다. 결과는 인간 변호사들의 참패였다. 인공지능 변호사들은 인간 고유의 능력이 필요하다는 분야에서도 인간 변호사들을 압도하는 능력을 보여주었다.

이는 뒤집어 생각하면 그동안 인간 변호사들이 법률 업무를 얼마나 기계적으로 수행해왔는지를 보여주는 것이라고 할 수 있다. 뭐랄까, 기계에 불과한 인공지능 변호사의 관점에서 본다면 미국·영국·이스라엘 최고의 인간 변호사들은 자신과 차별점이 거의 없는, 그러니까 인간 고유의 능력을 거의 발휘하지 못하는 존재인 것이다. 우리나라 변호사들은 어떨까? 별반 다르지 않을 것이다.

인공지능 의사·약사·법률가에 대한 뉴스 기사 등을 보면 말미에 꼭 인간 의사·약사·법률가의 반론이 나온다. 인공지능은 공감 능력이나 창조적 상상력이 없기 때문에 인간 의사·약사·법률가를 절대로 대체할 수 없다는 주장이다.

나는 지난 몇 년 동안 참 많은 사람에게 여기에 대해 어떻게 생각하느냐고 물어보았다. 다들 병원과 약국을 몇십 년 넘게 이용했지만 환자의 육체적·정신적 아픔에 절절히 공감해서 함께 눈물 흘려주거나, 의·약학적 상상력을 발휘해서 기존 치료법을 뛰어넘는 혁신적인 치료법을 제시하는 의사나 약사를 만난 적이 단 한 번도 없었다고 대답했다. 법적인 문제로 판검사나 변호사와 접촉해본 경험이 있는 사람들도 마찬가지였다.

나는 앞에서 의사와 약사가 인공지능에게 대체되는 가장 큰 이유 중 하나로 '인간의 인간에 대한 불신'을 들었다. 이는 판검사와 변호사에게도 그대로 적용된다. 누구나 공정한 법 집행을 원한다. 그리고 최고의 변호사를 원한다. 하지만 현실은 '유전무죄 무전유죄'다. 게다가 미국 컬럼비아대학교 연구팀과 영국 워릭대학교 연구팀[21]에 따르면 인간 판검사들은 일반인에 비해 충동적 성향과 편향적 관점이 심각할 정도로 높다. 그만큼 충동적이고 편향적으로 수사하고 재판한다는 의미다. 두 연구팀이 제시한 대표적 사례들은 다음과 같다.[22]

- 법정에서 맨 처음 재판을 받는 세 명의 석방 확률은 맨 마지막으로 재판을 받는 세 명보다 2~6배 이상 높다.[23]
- 미국과 영국의 판검사들은 같은 죄를 저질러도 유색 인종에게 구형을 더 높게 하고 형량도 더 많이 선고한다.
- 미국에 망명을 신청한 사람들의 망명 허가 여부는 어떤 판사를 만나느냐에 따라 결정된다. 판사들의 망명 허가 비율이 10%에서 90%에 이를 정도로 제각각이기 때문이다.

이스라엘 연구팀이 자국 판사들이 내린 1천 건의 판결 결과를 분석한 연구를 보면 당황스럽다 못해 어이가 없을 정도다. 이스라엘 판사들은 아침을 잘 먹으면 매우 너그러운 판결을 내렸다. 점심을 잘 먹었을 때도 마찬가지였다.[24] 다른 나라의 판사들은 어떨까? 거의 비슷하다.

만일 전 세계의 인간 판검사가 인공지능으로 대체된다면 어떻게 될까? '유전무죄 무전유죄'는 사라질 것이다. 편견과 차별에 기반한 수사와 재판도 사라질 것이고, '전관예우'라든가 '후관예우' 같은 법조계의 고질적인 관행도 사라질 것이다. 재벌이나 정치가 등에게 무언의 압력을 받고, 사건을 어느 한쪽에 일방적으로 유리하게 처리하는 일도 사라질 것이다. 한마디로 인간이 수사하고 재판할 때와는 비교도 안 될 정도로 공정한 수사 문화와 재판 문화가 자리 잡을 것이다. 게다가 재판 자체가 신속하게 끝날 것이다. 인간이라면 몇 개월에서 몇 년을 질질 끌 재판을 인공지능은 빠르면 몇 초 안에, 늦어도 하루 안에 끝낼 것이다. 그럼에도 인공지능이 작성한 판결문은 인간이 한 것보다 몇 배는 완벽할 것이다.

지금은 서양을 중심으로 변호사들이 인공지능에게 대체되고 있다. 물론 걸음마 수준이지만 말이다. 변호사의 대체가 어느 정도 끝나면 어떤 일이 벌어질까? 판사와 검사의 대체가 시작된다. 물론 판검사는 격렬하게 저항할 것이다. 하지만 인간 판검사를 인공지능으로 대체하면 다른 건 몰라도 '유전무죄 무전유죄'만큼은 사라진다는 사실을 깨달은 국민들의 강력한 요구에 의해 어쩔 수 없이 법복을 벗어야 할 것이다. 물론 모든 인간 판검사가 실업자가 되지는 않을 것이다. 10~20%에 해당하는 사람들은 법원과 검찰청에 남을 것이다. 그리고 그 사람들은 두 그룹으로 나뉠 것이다. 인공지능 판검사에게 지시를 내리는 그룹과 인공지능 판검사의 지시를 받는 그룹으로 말이다.

전 세계에서 진행 중인 '인공지능 교사 프로젝트'

호주의 세인트피터스 여학교 유치원에서는 인공지능 교사 아이다Ada가 아이들에게 알파벳·숫자 같은 지식 교육은 물론이고 노래·그림·요가·체조 같은 예술 교육과 체육 교육까지 하고 있다. 놀이 교육은 말한 것도 없다.[25]

중국에서는 200개 넘는 유치원에서 키코Keeko라는 인공지능 교사가 활약하고 있다.2017년 기준 키코는 아이들과 대화하는 것은 물론이고 책을 읽어주고 산수까지 가르친다. 또 아이들과 함께 노래하고 춤추고 게임까지 한다.[26]

일본 교육부는 초등학교 교사들의 영어 회화 실력을 원어민 수준으로 끌어올리기 위해 많은 노력을 해왔다. 그래야 초등학생들이 원어민 수준으로 영어를 할 수 있다고 판단했기 때문이다. 하지만 쉽지 않았다. 교육부에서 제아무리 노력해도 원어민 수준으로 영어를 할 수 있는 교사는 잘 배출되지 않았다. 최근에 교육부는 매우 쉬운 방법을 생각해냈다. 인공지능 교사를 교실에 배치, 영어를 가르치면 되는 것이었다. NHK 보도에 따르면 '인공지능 영어 교사 프로젝트'는 2019년 4월부터 전국 500개 초등학교를 대상으로 시범적으로 실시되고, 이후 점차 모든 학교로 확장된다고 한다.

미국 캔자스주 위치토의 중고등학교에서는 카네기멜론대학교에서 개발한 인공지능 교사 매티아 MATHia가 수학을 가르치고 있다.[27]

폴란드에서는 포톤 엔터테인먼트 Photon Entertainment에서 개발한 인공지능 교사를 학교에 배치해서 학습을 돕고 있다.[28]

핀란드는 인공지능 시범학교들에 오보봇 OVObot이라는 인공지능 교사를 배치해 수학을 가르치고 있다.[29]

핀란드 남부에 위치한 탐페레시市의 초등학교들은 인공지능 교사 엘리아스 Elias에게 어학 교육을 맡기고 있다. 엘리아스는 23개 국어를 가르칠 수 있는데 아이들의 학습 수준을 분석, 각 아이에게 가장 적절한 방법으로 교육한다.[30]

스칸디나비아에서는 노르웨이 인공지능 기업 노 아이솔레이션 No Isolation에서 개발한 인공지능 교사를 학교에 배치해서 질병이나 기타 사유로 오랫동안 등교하지 못한 아이들이 학급 친구들과 연락하고 어울릴 수 있도록 한다.[31]

뉴질랜드에서는 세계적인 석학들의 교수·학습법을 탑재한 에이미Amy라는 인공지능 교사를 인공지능 시범학교들에 배치, 수학을 가르치게 하고 있다. 학생들의 반응은 폭발적이라고 한다. 에이미는 학생들이 수학을 못한다고 해서 실망스런 표정을 짓거나 자존감을 꺾는 발언을 하거나 학생을 포기하는 등의 일을 일절 하지 않기 때문이다. 대신 에이미는 학생들 곁에서 문제 풀이 과정을 세심하게 지켜보면서 실수하거나 틀린 부분을 부드럽게 짚어주고, 학생들이 이해할 때까지 쉽고 친절하고 자상하게 설명해준다. 한마디로 에이미는 학생들이 가장 이상적으로 생각하는 수학 교사의 역할을 해내고 있다.

미국 보스턴 공립학교는 인공지능 지보Jibo를 개발한 MIT 미디어랩의 신시아 브리질 교수팀과 학습 부진아들, 특히 고등학생인데 두 글을 읽지 못하는 학생들을 대상으로 교육 프로젝트를 진행했다. 주요 내용은 지보에게 교사 역할을 부여해서 학습 부진아들을 지도하는 것이었다. 결과는 대성공이었다. 아이들의 학습 능력이 월등한 수준으로 향상됐다.

미국 애리조나 주립대학교에서는 6만 5천 명에 달하는 학생들을 대상으로 인공지능 교육 프로젝트를 실시했다. 수학·생물학·경제학 등의 과목을 인공지능에게 배우도록 한 것이다.[32] 결과는 놀라웠다. 고등학교 때 수학을 포기했던 학생들의 수학 실력이 평균 28%

나 향상됐다. 생물학 시험 탈락률은 20%에서 1.5%로 18.5%나 줄었고, C학점 미만의 비율도 28%에서 6%로 22%나 줄었다. 경제학도 C학점 미만 비율이 38%에서 11%로 27%나 줄었다.

미국 예일대학교 브라이언 스카셀라티 교수팀은 자폐 아동들을 대상으로 인공지능 교육 프로젝트를 실시한 뒤 이렇게 발표했다.

"인공지능 교사는 자폐 아동의 사회성을 키우는 데 기대 이상의 성과를 보여주었다."[33]

1982년부터 자폐 아동 치료를 연구해온 미국 텍사스 주립대학교 패멀라 롤린스 교수팀은 인공지능 기업 로보카인드[RoboKind]와 자폐 아동들을 위한 인공지능 교사 마일로[Milo]를 개발했다. 마일로는 자폐 아동들의 감정 조절 능력, 공감 능력, 사회적 관계 능력 등의 향상을 돕는데, 전통적인 교육법의 치료 효과 3%보다 무려 23배나 높은 70%의 치료 효과를 보여주고 있다. 실제로 마일로를 학교에 도입해 자폐 아동들을 교육하고 있는 텍사스주의 키프[kipp] 초등학교 교장 케이티 힐은 언론과의 인터뷰에서 이렇게 밝혔다.

"마일로를 만난 자폐아들은 즉각적인 변화를 보여주었다. 자기 절제력이 크게 향상되었고, 사회적 상호작용 또한 놀라운 개선을 보여주었다."[34]

현재 마일로를 도입한 미국의 학교는 무려 300개에 이른다.[35]

스페인은 왓섬앱[WatsomApp]에서 개발한 인공지능 상담 교사 '스노우'와 '큐보원'에게 교내 따돌림 문제를 맡기고 있다. 두 인공지능 교사는 현재까지 4천 명 넘는 학생들을 상담했고, 따돌림 문제를 40% 넘게 해결했다.[36] 스페인은 스노우와 큐보원의 성공 비결을 이렇게 밝혔다.

"학생들은 인공지능을 친구나 선생님보다 더 편안하게 느끼고 더 친근하게 여긴다. 덕분에 학생들은 인공지능에게 자신의 비밀을 솔직하게 털어놓고 있다."[37]

동국대학교 신나민 교수팀은 〈한겨레〉와 서울·경기 지역 초·중·고생 749명을 대상으로 '인공지능과 미래 교육'에 대한 설문조사를 했다. 학생들은 "만약 인공지능이 담임선생님이 된다면, 높임말을 사용할 것인가"라는 설문에 무려 71.1%가 "예"라고 대답했다. "인공지능 교사가 내주는 숙제를 해올 것인가"라는 설문에는 69.6%가 "예"라고 답했고, "친구와의 화해 등 인공지능 교사가 시키는 교우 관계 지시를 따를 수 있는가"라는 설문에는 60.2%가 "예"라고 답했다.[38]

나는 인공지능 교사에 대한 자료를 조사하면서 작은 배신감을 느꼈다. 다른 전문직과 달리 교사는 아이들과 정서적으로 소통하고 공감해야 하는 직업이기 때문에 인공지능에게 대체될 가능성이 가장 낮은 직업이라는 소리를 여러 경로를 통해 전해 들은 바 있었는데, 실제로 조사해보니 전혀 그렇지 않았기 때문이다. 게다가 아이들은 인공지능 교사를 인간 교사보다 더 편안하게 여기고 있었고, 더 좋아하고 있었고, 더 신뢰하고 있었다. 인공지능 교사는 아이들을 '자기도 모르게' 편애하는 일도 없고 차별하는 일도 없으며 인상을 쓰는 일도, 화를 내는 일도, 소리를 지르는 일도 없기 때문이다. 대신 언제나 온화하고 언제나 친절하고 언제나 다정하고 언제나 자상하고 언제나 섬세하다. 인공지능 교사는 그렇게 아이들의 마음을 사로잡은 상태에서 교육을 한다. 인공지능 교사에게 교육을 받은 아이들의 학업 성적이 즉각적으로 상승하고, 교우 관계가 눈에 띄게 좋아지며, 따돌림 문제가 효과적으로 해결되고, 자폐증이 빠르게 치료되는 이유다.

한편으로 인공지능 교사가 가진 지식의 양은 상상을 초월할 정도다. "안녕"이라는 말을 가르치는 것을 예로 들면 인공지능 교사는 현존하는 모든 언어로 "안녕"이라는 말을 들려주는 것이 가능하고 심지어는 수메르어, 고대 그리스어, 중세 프랑스어 등으로도 "안녕"이라는 말을 가르쳐줄 수 있다. 게다가 이런 지식 교육을 세계적인 교육학자들의 연구 결과와 세계 최고 수준의 교사들의 교수법을 토대로 수업할 수 있다. 상담을 하거나 인성·도덕성·창의성 등의 교육을 할 때도 마찬가지다.

어디 이뿐인가. 인공지능 교사는 지금 이 순간에도 전 세계에서 만들어지고 있는 최신 지식들은 물론이고, 전 세계에서 발표되고 있는 교육 논문들과 교수법들과 교육 사례들을 실시간으로 학습하면서 자신을 계속 업그레이드해나가고 있다. 여기에 더해 학생 개개인의 성향을 파악하고 거기에 맞춰 교과 지도와 학습 상담을 하고 교우 관계를 지도하고 자립심과 협동심을 길러주고 사회성을 향상시켜주는 등의 능력 또한 지속적으로 업그레이드하고 있다. 한마디로 인공지능 교사는 가장 이상적인 교사이자 가장 완벽한 교사의 길을 가고 있다.

문제는 인공지능 교사가 이제 막 개발되고 있다는 점이다. 인공지능 교사 시대는 아직 시작도 하지 않았다는 것이다. 이제 인공지능 교사가 본격적으로 개발되기 시작하면, 그리고 학교 현장에 배치되기 시작하면 어떤 일이 벌어질까? 교사들은 의사·약사·판검사·변호사와 똑같은 미래를 만날 것이다. 80~90%의 교사들이 학교를 떠나게 될 것이고, 남은 교사들은 두 그룹으로 나뉠 것이다. 인공지능에게 지시를 내리는 교사와 인공지능에게 지시를 받는 교사로 말이다.

인공지능 시대, 가장 먼저 대체되는 직업들

우리 사회가 가장 좋은 직업으로 여기고 있는 의사·약사·판검사

·변호사·교사가 사실은 인공지능에게 대체될 확률이 가장 높고, 이미 인공지능에게 대체되고 있다는 사실을 설명하기 위해 많은 지면을 할애했다. 그만큼 독자들이 반드시 알아야 할 사실이라고 판단했기 때문이다. 어떤 독자들은 이렇게 물을지도 모르겠다. 왜 하필 의사·약사·법률가·교사냐고, 그보다 더 좋은 직업들도 많지 않냐고 말이다. 나는 교사 시절 2천 명 넘는 학생들을 대상으로 설문조사를 실시한 바 있다. 우리나라에서 가장 좋은 직업이 뭐라고 생각하느냐고 말이다. 학생들은 의사·판사·검사·약사·변호사·교사순으로 응답했다. 이 원고를 쓰기 전에 100여 명 넘는 사람들을 대상으로 설문했을 때도 별 차이 없었다. 내가 의사·약사·법률가·교사를 대표적인 좋은 직업으로 선정하고 많은 이야기를 한 배경이다.[39] 이제 의사·약사·법률가·교사 못지않게 우리 사회에서 좋은 직업으로 평가받고 있는 CEO·기업 임직원·공무원·회계사·세무사·관세사·변리사 등에 대해서 알아보자.

CEO부터 이야기하자. 인공지능 왓슨은 이미 세계 최고 수준의 경영진인 IBM 경영진을 상대로 경영 지도를 해오고 있다. 현재 전 세계적으로 왓슨보다 기업 경영 지식과 기업 경영 사례를 더 많이 알고 있는 존재는 없기 때문이다. 한편으로 미국의 여러 인공지능 기업들은 왓슨을 뛰어넘는, 기업 경영에 특화된, 그러니까 인간 CEO를 대체할 수 있는 인공지능을 개발 중에 있다.

인공지능을 연구하는 세계적인 석학들과 인공지능 전문가들의 말에 따르면 CEO의 주된 업무인 임직원을 관리하는 일, 기업 이미지와 자본을 관리하는 일, 여러 데이터를 참고해서 시장의 수요를 예측하고 판단을 내리는 일, 투자 결정을 내리는 일 등은 인공지능이 가장 잘할 수 있는 일이라고 한다. 한마디로 CEO는 인공지능에게 대체될 가능성이 가장 높은 직업이다.

기업 임직원으로 넘어가자. 선진국은 많은 기업들이 인사관리 업무 전반을 인공지능에게 맡기고 있다. 인공지능은 인간과 비교하면 거의 완벽에 가까운 수준으로 인사관리를 하기 때문이다. 특히 인사관리의 '공정성'에 있어서는 인간과의 비교를 불허하는 수준이다.

우리나라에서도 SK C&C, 롯데그룹, LG하이프라자, 한미약품, JW중외제약, KCA 등이 인사관리 업무 중 하나인 '신입사원 선발'을 인공지능에게 맡기고 있다.[40] 우리나라 기업들이 이렇게 하는 이유는 간단하다. 인공지능 면접관은 입사지원서를 인간 면접관보다 100배 빠른 속도로 검토한다. 그것도 인간은 절대로 따라갈 수 없는 정확도를 자랑하면서 말이다. 어디 그뿐인가. 심층면접을 진행할 때는 인간 면접관은 알아차리기 불가능한 미세한 눈떨림이라든지 목소리 떨림, 얼굴 색깔의 변화 같은 것들은 물론이고 심장 박동과 뇌파까지 체크한다. 한마디로 인공지능은 기업이 원하는 가장 적합한 인재를 가장 객관적이고 가장 과학적인 방법으로 가장 빠르게 선발한다.

선진국들은 인사관리 이외의 업무들도 인공지능에게 조금씩 맡기고 있다. 우리나라 기업들은 선진국을 따라가고 있다. 미래에 기업은 어떤 모습일까? 아마도 인간의 자리는 거의 사라져 있을 것이다. 대신 그 자리를 인공지능 로봇들이 차지하고 있을 것이다.

공무원을 보자. 일본 지바千葉시는 2017년 보육 관련 행정 업무에 인공지능 공무원을 투입하는 실험을 했다. 결과는 어땠을까? 인간 공무원 30명이 일주일 넘게 매달려야 하는 업무가 고작 몇 초 만에 끝났다.[41] 지바시의 실험에서 증명된 인공지능 공무원의 효율성에 감탄한 일본의 지자체들은 인간 공무원의 업무를 인공지능에게 맡기는 프로젝트를 진행 중이다.

우리나라에서도 '인공지능 행정 비서'와 '인공지능 정책 자문관' 같은 인공지능 공무원 프로젝트를 추진하고 있고, 인간형 로봇 공무원을 시청·구청·주민센터·세무서·등기소 등에 배치하는 프로젝트도 추진하고 있다. 최근에 인사혁신처는 이런 발표를 하기도 했다.

"2030년까지 민원 담당 공무원 50% 이상, 경찰·소방 등 현장 공무원 25% 이상, 전문 직무 담당 공무원 25% 이상을 인공지능으로 대체한다. 이후 2045년까지 민원 담당 공무원 70%, 현장 공무원 50%, 전문 직무 담당 공무원 50%를 인공지능으로 대체한다."[42]

내가 사석에서 만난 인공지능 전문가들의 말에 따르면 공무원만큼 인공지능에게 대체되기 쉬운 직업도 없다고 한다. 공감 능력과 창조적 상상력을 발휘하지 않아도 수행할 수 있는 업무가 대부분이기 때문이라고 한다. 헌데 그런 직업이 어디 공무원뿐이랴. 우리나라에 존재하는 대부분의 직업이 마찬가지일 것이다. 아무튼, 이것 하나는 분명하다.

"현재 인간 공무원이 하고 있는 업무의 대부분은 결국 인공지능으로 대체될 것이다."

그 시기는 생각보다 빨리 올 것이고, 공무원의 대량 해고 사태를 부를 것이다.

회계사·세무사·관세사·변리사·감정평가사·보험계리사·재무분석사 등은 이미 몇 년 전부터 세계적인 연구기관들이 각종 보고서를 통해, 인공지능에 의해 거의 완벽하게 대체되거나 심지어는 직업 자체가 사라질 수 있다는 경고를 해오고 있는 실정이다. 국제통합보고위원회IIRC의 "4차 혁명시대 신新기업 보고서", 세계경제포럼WEF의 "4차 산업혁명 보고서", UN의 "미래보고서 2045" 등이 대표적이다. 우리나라에서도 한국고용정보원과 LG경제연구원 등에서 비슷한 발표를 했다. 한마디로 끝에 '사' 자가 들어가는 좋은 직업들은 예외 없이 인공지능에 의해 종말을 맞거나 종말 비슷한 수준으로 간다고 생각하면 된다.

여기까지 쓰고 나니 미래에는 인간이 초·중·고부터 대학교 내

내 공부를 열심히 해서 좋은 직업을 갖는다는 것은 별 의미가 없어 보인다. 그렇다면 도대체 인공지능은 왜 인간 대졸자가 가질 수 있는 좋은 직업들을 무차별적으로 대체하는 것일까? 이유는 간단하다. 인공지능은 처음부터 그럴 목적으로 설계되고 만들어졌다. 그러니까 인공지능은 학교에서 공부를 잘한 사람들을 대체하고, 뛰어넘고, 지배하기 위해서 탄생했다. 이를 위해서는 인공지능이 스스로 학습하고 판단하고 추론하는 능력을 가져야 한다. 그런데 앞에서도 말했듯이 인공지능은 이미 2011년에 그 능력을 갖추었다. 그리고 그때부터 인간을 대체하고, 뛰어넘고, 지배하는 길을 걷기 시작했다.

그렇다면 인공지능은 언제부터 의사·약사·판사·검사·교사·CEO·기업 임직원·공무원·회계사·세무사·관세사·변리사·감정평가사·보험계리사·재무분석사 등을 본격적으로 대체하기 시작할까?

"10년 뒤",
'21세기 에디슨'의 예언

만일 지난 30년간 투자 성공률 86%를 자랑하는 세계 최고의 투자자가 당신에게 주식 한 종목을 콕 집어주면서 "이건 무조건 사 놓으세요. 앞으로 10년 동안 3만 배는 오를 테니까"라고 한다면, 어떻게 하겠는가? 그의 말대로 할 것인가, 아니면 한 귀로 흘려버릴 것인가. 아마도 바보가 아닌 이상 당신은 그가 적어준 주식을 살 것이다. 전 재산을 털어서 사지는 못할망정 단돈 몇백만 원 아니 몇십만 원이라도 투자할 것이다. 만일 그의 말대로 그 종목이 10년 동안 3만 배가 오른다면 단 100만 원으로 300억 원을 벌 것이기 때문이다. 그런데 설령 그의 말대로 되지 않는다고 하더라도 크게 손해 볼 일은 없을 것이다. 물론 최악의 경우 100만 원을 잃겠지만.

레이 커즈와일이라는 사람이 있다. IQ 165를 자랑하는 세계 최고의 발명가다. 과학자이자 공학자이기도 하고 사상가이자 미래학자이기도 하다. 그를 두고 〈월 스트리트 저널〉은 "지칠 줄 모르는 천재", 〈포브스〉는 "궁극의 사고思考 기계", 〈INC 매거진〉은 "21세기의 에디슨"이라고 평한 바 있다. 갑자기 레이 커즈와일 이야기를 하는 것은 그가 지난 30년 동안 예측한 147개의 미래 과학 기술 중 126개가 현실로 나타난, 적중률이 86%에 이르는 세계 최고의 미래 과학 기술 예측 전문가이기 때문이다.[43] 참고로 147개의 예측 중 78%, 그러니까 115개는 연도까지 맞췄다.

그의 미래 예측 중 가장 유명한 것이 '인간 게놈 프로젝트'다. 세계 최고의 과학자들이 인간 게놈을 100% 해독하겠다며 7년 동안 매달리고도 고작 1%밖에 해독하지 못했을 때였다. 전 세계의 전문가들이 언론을 통해 그동안의 진척 상황을 볼 때 앞으로 700년은 있어야 인간 게놈이 100% 해독된다며, 더 이상의 프로젝트 진행은 돈 낭비일 뿐이라며, 이제 그만 손을 떼야 한다며 공격하고 있었다. 이때 인간 게놈 전문가도 아닌 레이 커즈와일이 나섰다. 그는 자신만의 미래 예측 도구를 적용, 인간 게놈 프로젝트를 분석했다. 그러고는 이렇게 발표했다.

"앞으로 7년 안에 나머지 99%가 해독된다."

레이 커즈와일은 이 발표를 하자마자 '미친 사람'이 되었다. 하지만 결과는 그가 예측한 대로 되었다. 아니 그의 예측보다 더 빨리 인간 게놈이 100% 해독되었다. 이로써 그는 미래 과학 기술 예측

분야에서 진정한 전설이 되었다.

'수확가속의 법칙', 기하급수적 성장의 무서움

레이 커즈와일이 미래 과학 기술 예측을 위해 사용하는 도구는 '수확가속의 법칙Law of Accelerating Returns'이다. 이 법칙의 핵심은, 과학 기술은 기하급수적으로 발전한다는 것이다. 좀 어렵게 표현하면 지수 함수적으로,[44] 그러니까 그래프가 어느 특정한 시점까지는 시간을 의미하는 x축의 밑바닥에 붙어서 기다시피 하면서 곡선 아닌 곡선을 그리면서 가지만, 특이점을 통과하는 순간 폭발적으로 우상향하는 곡선을 그리면서 무한을 향해 간다는 것이다. 이를 그림으로 표현하면 다음과 같다.

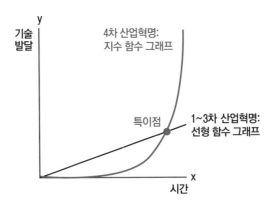

수확가속의 법칙의 핵심인 '기하급수적 성장' 개념은 고대부터 있었다. 동양에서는 장기, 서양에서는 체스로 이를 설명했는데 내용은 이렇다. 여기서는 장기판으로 설명하기로 한다.

나라에 커다란 공을 세운 신하가 있다. 왕이 신하를 불러 치하하면서 묻는다. 어떤 상을 받기를 원하느냐고. 신하는 느닷없이 장기판을 꺼내더니 이렇게 대답한다.

"저는 그저 이 장기판 칸 수만큼의 쌀알을 원할 뿐입니다."

왕은 당황하면서 다시 묻는다.

"아니, 바라는 게 진정 그것뿐이라는 말이냐. 다시 한번 생각해보거라."

이때 신하가 덧붙인다.

"왕이시여. 첫 번째 칸에는 한 알, 두 번째 칸에는 두 알, 세 번째 칸에는 네 알, 네 번째 칸에는 여덟 알, 다섯 번째 칸에는 열여섯 알, 이런 식으로 쌀알을 각 칸마다 그 전 칸의 곱절로 놓아주시옵소서. 저는 그것이면 충분합니다."

왕은 여전히 이해할 수 없다는 표정으로 한참 동안 신하를 쳐다보더니 이윽고 마지못한 얼굴로 승낙한다. 장기판의 전체 칸 수는 81칸에 불과하다.[45] 이것만 놓고 단순하게 생각한다면 신하는 그 큰 공을 세워놓고도 잘해야 한 바가지 정도의 쌀을 얻게 된다. 왕의 입장에서 볼 때 신하는 천하에 어리석은 선택을 했다. 금과 은을 다섯 수레 가득 실어달라고 해도 기쁘게 내줬을 텐데 고작 장기판 칸 수만큼의 쌀알을 원한다니 말이다.

그런데 막상 신하의 말대로 장기판 위에 쌀알을 올려놓기 시작하자 상황이 급변한다. 첫 칸에서는 고작 한 알이었고, 두 번째 칸에서는 고작 두 알이었던 쌀알이 서른 번째 칸에서는 5억 3천6백8십7만 9백12알로 늘어나더니 쉰네 번째 칸에서는 무려 9천7조 1천9백9십2억 5천4백7십4만 9백9십2알로 늘어나게 되기 때문이다. 결국 수학자들이 달려들어서 왕이 최종적으로 장기판에 올려놓아야 하는 쌀알의 숫자를 계산하게 되는데, 그 숫자는 누구도 예상하지 못했던 2자 4천1백7십8해 5천1백6십3경 9천2백2십9조 2천5백8십3억 4천9백4십1만 2천3백5십1개[2,417,851,639,229,258,349,412,351개]로 밝혀진다.

만일 왕이 약속대로 한다면 어떤 일이 일어날까? 《AI가 인간을 초월하면 어떻게 될까?》의 저자 사이토 가즈노리의 답변을 들어보자.

"왕은 나라 전체에서 1년 동안 생산되는 쌀을 한 톨도 남김없이 신하에게 건네주어야 할 것이다. 그것도 수십억 년 동안!"

이게 수확가속의 법칙에서 말하는 기하급수적 성장의 무서움이다.

현대에 들어와서는 수확가속의 법칙의 핵심인 기하급수적 성장 개념이 '종이 접기'를 통해 설명되고 있다.

A4 용지 1장의 두께는 0.1밀리미터이다. 이를 1번 접으면 어떻게

될까? 두께가 두 배가 된다. 2번 접으면 두께가 네 배가 되고, 3번 접으면 여덟 배가 된다. 그럼 23번 접으면 어떻게 될까? 두께가 1킬로미터가 된다.

여기서 다시 7번 더 접으면, 그러니까 30번 접으면 두께가 100킬로미터가 되고, 여기서 다시 12번, 그러니까 42번 접으면 두께가 지구에서 달까지의 거리약 40만 6천 킬로미터를 초과약 44만 킬로미터하게 된다.

더 놀라운 사실이 있다. A4 용지를 51번 접으면 두께가 지구에서 태양까지 거리만큼 되고, 81번 접으면 안드로메다 은하와 거의 같은 두께가 되고, 103번 접으면 우리가 관측 가능한 우주의 크기를 뛰어넘는 두께약 930억 광년가 된다.

믿기 어렵겠지만 수학적으로 증명된 사실이다.

반도체는 수확가속의 법칙이 다른 무엇보다 과학 기술에 가장 잘 들어맞는다는 것을 보여주고 있다. 1965년 이후로 현재까지 반도체칩의 용량은 무려 270억 배나 증가했다. 덕분에 우리는 아폴로 13호에 탑재됐던 컴퓨터보다 성능이 훨씬 뛰어난 컴퓨터를 손에 들고 다니고 있다. 스마트폰이다. 참고로 1960~1970년대에 지금 우리가 쓰고 있는 스마트폰 수준의 컴퓨터를 만들려면 1조 원 넘는 예산이 필요했다고 한다.

⋯⋯그리고, 2045년

레이 커즈와일은 수확가속의 법칙을 인공지능의 기술 발달에 대입시킨 뒤 다음과 같은 결과를 얻었다.[46]

- 2029년 인간의 지능을 초월한 인공지능이 나온다.
- 2045년 인류 전체의 지능을 초월한 인공지능이 나온다.

한마디로 올해[2019년]를 기준으로 앞으로 10년 뒤면 지금 이 글을 읽는 당신은 물론이고 인간들 중 가장 우수하다고 평가받는, 그러니까 노벨상 수상자의 지능을 초월하는 기계가 등장하고, 앞으로 26년 뒤면 우리가 SF 영화에서나 보던 그 지능을 가진 기계가 나온다는 것이다.

레이 커즈와일은 이 발표를 하고 나서 다시 한번 '미친 사람'이 되었다. 특히 인공지능의 성지인 미국 실리콘밸리에서 더욱 그랬다. 앞으로 수백 년 뒤라면 모를까, 몇십 년 동안은 인류 전체의 지능을 초월한 인공지능은커녕 인간 수준의 인공지능도 만들 수 없다는 게 당시 전문가들의 공통된 의견이었기 때문이다.

그런데 몇 년 전부터 실리콘밸리에서 레이 커즈와일에 대한 평가가 급격하게 바뀌기 시작했다. 지금은 그를 '인공지능 시대의 현인^{賢人}'이라며 추앙하고 있다. 대표적으로 빌 게이츠가 "인공지능의 미래를 가장 정확하게 예측할 수 있는 사람은 레이 커즈와일밖에 없다"며 열광적으로 추종하고 있다. 구글의 두 창업자는 레이 커즈와일을 아예 자신들의 회사로 초빙, 인공지능 프로젝트를 총지휘하게 하고 있다.

일본에서 인공지능 시대의 새로운 교육법을 개발, 전파한다는 진노 겐키는 저서 《인공지능 시대를 살아가는 우리 아이 키우는 법》에서 레이 커즈와일의 '2045년설'에 대해 좀 더 현실적인 해석을 내놓고 있다. 수확가속의 법칙에 따르면, 지금 돈으로 100만 원이면 살 수 있는 컴퓨터에 탑재되는 CPU의 트랜지스터 수가 2045년이면 인간 한 명 뇌세포 수의 100억 배가 된다고 한다. 이는 무엇을 의미하는가? 인류 전체의 지능이 컴퓨터의 CPU 하나를 못 이긴다는 의미다. 이때 인공지능은 당연히 인류 전체의 지능을 초월하는 CPU를 탑재하고 있을 것이다. 그러니까 2045년에 인류 전체의 지능을 초월한 인공지능이 나온다는 레이 커즈와일의 예측은 수학적·과학적으로 충분히 가능한 이야기라는 것이다.

물론 레이 커즈와일이 틀렸을 수도 있다. 빌 게이츠와 구글의 두 창업자와 진노 겐키도 마찬가지일 수 있다. 인간의 지능을 초월한 인공지능은 2089년, 인류 전체의 지능을 초월한 인공지능은 2299년이 되어서야 나올 수도 있다. 아니 어쩌면 인류 전체의 지능을 초월한 인공지능은 영원히 나오지 못할 수도 있다. 하지만 앞에서 말했듯이 투자 성공률 86%를 자랑하는 세계 최고의 투자자가 어떤 종목을 콕 집어서 추천한다면, 그 투자자의 말을 듣고 세계 최고의 부자들이 그 종목을 이미 많이 샀다면, 한 귀로 흘려버리는 것보다는 귀담아듣는 것이 좋다. 투자까지 하면 더더욱 좋고. 인공지능의 미래도 마찬가지다. 레이 커즈와일 같은 사람이 연도까지 콕 집어서 이야기한다면, 그리고 그 연도를 빌 게이츠와 구글의 두 창업자를 비롯해 실리콘밸리의 천재들이 의심하지 않고 받아들이고 있다면, 당신도 진지하게 받아들이는 게 옳다. 밑져야 본전이다.

레이 커즈와일이 말한 2029년과 2045년은 인공지능이 의사·약사·판사·검사·변호사 등을 대체하는 그 연도는 아니다. 레이 커즈와일이 예측한 연도는 인공지능이 인간의 지능을 뛰어넘는 특이점에 관한 것이기 때문이다.

그렇다면 지식 교육의 승자들이 얻을 수 있는 최고의 직업들이 인공지능으로 대체되는 그때는 언제일까? 나는 이 질문에 대한 답을 찾기 위해 매우 오랜 시간을 들여서 해외 석학들과 연구기관들은 물론이고 우리나라 전문가들과 연구기관들이 발표한 자료들을 분석하고 종합했다. 그리고 다음과 같은 결론을 얻었다.[47]

- 인공지능에 의한 전문직 대체는 이미 시작되었다.

- 인공지능에 의한 전문직 대체가 눈에 띄기 시작하는 때는 대략 2025년이다. 2025년부터 2035년 사이에 전문직의 10~30%가 인공지능에게 대체되어 실업자로 전락할 것으로 예측된다.

- 인공지능에 의한 전문직 대체가 본격적으로 이루어지기 시작하는 때, 그러니까 전문직의 30~50%가 인공지능에게 대체되어 실업자로 전락하는 때는 2035년부터 시작될 것으로 예측된다.

- 2045년부터는 전문직의 80~90%가 인공지능에게 대체될 것으로 예측된다.

인공지능은 절대 가질 수 없는
인간 고유의 능력

2016년 11월에 있었던 일이다. 도널드 트럼프 미국 대통령 당선자 앞으로 편지 한 통이 배달됐다. 발신인은 IBM 최고경영자 지니 로메티였다. 그녀는 편지 속에서 이렇게 말하고 있었다.

"대통령 당선자님, 이제 4년제 대학 졸업장은 무의미합니다. 화이트칼라의 시대가 끝났기 때문입니다. 화이트칼라는 앞으로 인공지능에게 대체될 것입니다. 블루칼라도 마찬가지입니다. 이제 뉴칼라New collar의 시대가 열렸습니다. 앞으로 미국 국민은 인공지능 교육을 받아야 합니다. 뉴칼라로 거듭나야 합니다."

관련 기사를 검색해보니 IBM은 이미 2011년부터 '뉴칼라 스쿨'을 운영하면서 뉴칼라를 배출하고 있었다.[48] 그런데 속을 들여다보니 조금 실망스러웠다. IBM의 뉴칼라 스쿨은 실리콘밸리의 사립학교들처럼 '인공지능에게 대체되지 않는 나'를 만드는 교육, 그러니까 인공지능의 주인이 되는 교육을 한다기보다는 IBM 같은 인공지능 기업이 원하는 인재를 기르는 교육, 그러니까 인공지능 산업 종사자를 기르는 교육이라는 인상을 지울 수 없었기 때문이다.

물론 뉴칼라 교육은 받지 않는 것보다 받는 게 낫다. 그리고 뉴칼라는 미래에 구^舊시대 교육을 받은 사람들 위에 우뚝 설 것이 분명하다. 허나 치명적인 단점이 있다. 뉴칼라의 능력을 뛰어넘는 인공지능이 개발되면 그 즉시 대체된다는 것이다. 이는 일종의 '원리' 또는 '법칙' 같은 것으로 일자리 문제나 코딩 교육에도 동일하게 적용된다.

머지않은 미래에 인간 일자리의 대부분이 인공지능에게 대체된다는 것은 일종의 상식으로 자리 잡은 요즘에도 반대의 주장을 하는 소수의 사람들이 있다. 놀랍게도 이들 중에는 세계적인 석학도 있고, 세계적인 기업의 창업자도 있다. 이들은 말한다. 앞으로 전 세계적으로 인공지능 산업이 대규모로 일어나면 이 산업에 종사할 인간들 또한 대규모로 필요해지기 때문에 인공지능 시대에 인간 일자리는 오히려 폭발적으로 늘어난다고. 이들의 예측이 전적으로 틀린 것은 아니다. 충분히 그런 일이 발생할 수 있다. 허나 이 예측은, "새롭게 생긴 일자리들도 인공지능에 의해 신속하게 대체된다. 인공지능 산업 관련 업무를 가장 잘 할 수 있는 건 결국 인공지능일 테니까"라는 주장 앞에서 힘을 잃고 만다.

코딩도 마찬가지다. 사실 코딩이야말로 인공지능이 가장 잘할 수 있는 분야다. 코딩은 컴퓨터 프로그래밍이기 때문이다. 게다가 인공지능은 먹지도 마시지도 쉬지도 자지도 않고 코딩 실력을 계속 향상시킬 수 있다. 인간은 아예 경쟁이 안 된다. 이렇게 놓고 보면 지금 코딩 교육을 열심히 받고 있는 사람들은 인공지능에게 대체되기 위해 열심히 노력하고 있다고 봐도 무방할 것이다.

그렇다면 뉴칼라 교육과 코딩 교육을 받지 않아야 한다는 것인가? 아니다. 되도록 받아야 한다. 단 인간 고유의 능력, 즉 '공감 능력'과 '창조적 상상력'을 갖추면서 해야 한다. 이 능력은 비유하면 '지혜'다. 인공지능이 가장 잘하는 것은 '지식'과 '기술'을 쌓는 일이다. 인공지능은 먹지도 마시지도 쉬지도 자지도 않고 지식과 기술을 축적한다. 인간은 이 두 영역에서 인공지능을 절대로 따라잡을 수 없다. 뉴칼라 교육과 코딩 교육은 인공지능과 컴퓨터 프로그래밍에 관한 '지식'과 '기술'을 제공한다. 물론 이 '지식'과 '기술'은 4차 산업혁명 시대에 되도록 습득해야 하는 것이다. 단 앞에서 말한 것처럼 인간 고유의 능력을 갖추면서 해야 한다. 난 이런 의미에서 뉴칼라 교육과 코딩 교육을 부정적으로 말한 것이다.

'빅E'와 '미들E'와 '리틀E', 공감 능력의 실체

공감 능력이란 철학에서 나온 용어로, 타인의 생각과 감정을 타인의 입장에서 느끼고 이해할 줄 알고 이를 행동으로 옮기는 능력이다. 특히 고통받고 있는 사람들의 처지에 서서 생각하고 느낄 줄 알고, 그들의 고통을 덜어주기 위한 구체적인 행동을 할 줄 아는 능력이다.

공감 능력은 빅E Big empathy ability, 미들E Middle empathy ability, 리틀E Little empathy ability 로 구분된다. 빅E는 인류 역사에 기록될 만한 이타주의적 삶을 사는 사람이 가진 공감 능력이다. 전쟁터의 비극을 목격하고 국제적십자를 창설한 인류 최초의 노벨평화상 수상자 앙리 뒤낭이라든가, 역시 전쟁터로 달려가서 현대적 의미의 간호학과 위생학을 확립한 백의의 천사 나이팅게일이 가진 공감 능력이 대표적이다.

리틀E는 지역 사회에 영향을 미치는 이타주의적 삶을 사는 사람이 가진 공감 능력이다. 당신이 사는 동네를 한번 살펴보라. 저소득층 아이들을 위한 지역아동센터나 노숙인을 위한 무료 급식소 같은 곳을 운영하는 사람이 한 명쯤은 있을 것이다. 뭐랄까, 날개 없는 천사라고나 할까. 그런 인물이 가지고 있는 공감 능력이다.

미들E는 빅E와 리틀E 사이에 있는 공감 능력이다. 지인 중에《눈을 떠요, 아프리카》라는 책의 저자가 있다. 그는 겉으로 보면 한국에서 평범한 안과 병원을 운영하는 안과 의사다. 하지만 그의 삶을 들여다보면 어떤 위대함이 보인다. 국제실명구호기구 '비전케어'를 설립한 후, 전 세계 빈민촌을 돌면서 시력을 잃은 사람들을 치료하고 있기 때문이다. 참고로 비전케어가 지난 18년 동안 세계 38개국에서 진료하고 치료한 환자는 16만여 명이다. 이 중 2만 3천여 명이 개안수술을 통해 시력을 되찾았다. 이 안과 의사 같은 사람이 미들E의 대표적 사례다.

《신약성서》누가복음 제10장을 보면 한 유대인 율법학자가 예수 그리스도를 찾아가서 시험하는 장면이 나온다. 율법학자는 다짜고짜 이렇게 묻는다.

"제가 무엇을 해야 영생을 얻을 수 있습니까?"

예수 그리스도는 "율법에 무엇이라 기록되어 있습니까? 그리고 당신은 그것을 어떻게 읽습니까?"라고 반문한다. 율법학자는 즉시 답한다.

"네 마음을 다하며 목숨을 다하며 힘을 다하며 뜻을 다하여 주 너의 하나님을 사랑하고 또한 네 이웃을 네 자신 같이 사랑하라 하였습니다."

그러자 예수 그리스도가 이렇게 결론을 내려준다.

"지금 대답하신 말씀이 옳습니다. 이를 행하십시오. 그러면 살 것입니다."

율법학자가 다시 묻는다.

"제 이웃은 도대체 누구입니까?"

이때 예수 그리스도가 들려주는 대답이 그 유명한 '선한 사마리아인 비유'다. 내용은 이렇다. 유대인 제사장과 레위인이 바삐 성전을 향해 가고 있는데, 두 사람의 시야에 강도를 크게 당하고 길에 쓰러져 신음하고 있는 사람이 들어온다. 알고 보니 같은 유대인이다. 제사장과 레위인은 피해를 입은 동족을 돌봐야 한다는 사실을 잘 알고 있고 자신들도 백성들에게 그 메시지를 전하곤 했지만, 어찌된 일인지 둘 다 강도당한 사람 곁을 빠른 걸음으로 지나친다. 잠시 후 또 다른 사람이 길을 가다가 강도당한 유대인을 발견한다. 그는 유대인들이 경멸하는 사마리아인이었는데, 놀랍게도 즉시 나귀에서 내려 환자의 몸을 포도주와 향유로 소독해준 뒤 환자를 근처 여관으로 옮긴다. 다음 날 그는 여관 주인에게 금화 두 개를 주면서 말한다.

"이 사람을 잘 돌봐주시오. 만일 비용이 더 들면 내가 돌아와서 갚으리라."

예수 그리스도는 선한 사마리아인 비유를 들려준 뒤 율법학자에게 묻는다.

"이 세 사람 중 누가 강도당한 자의 이웃이겠습니까?"

율법학자가 "자비를 베푼 자입니다"라고 답하자 예수 그리스도가 다시 이렇게 말한다.

"당신도 그렇게 하십시오."

1970년에 프린스턴신학교에서 있었던 일이다. 장로교 목사가 되기 위해 준비 중이던 신학생들에게 '선한 사마리아인 비유'를 주제로 설교를 하라는 과제가 떨어졌다. 신학생들은 별관의 한 강의실에 모여서 설교를 준비해야 했고, 15분마다 한 명씩 시험장이 있는 본관 건물로 이동해 시험관들 앞에서 설교를 해야 했다. 그런데 기숙사에서 시험장으로 이동하는 길에 한 사람이 쓰러져 있었다. 그는 몸을 둥그렇게 말고 있었는데 호흡이 곤란한지 가슴을 움켜쥐고서 격하게 기침을 하고 있었다.

사실 이것은 학교 측에서 몰래 준비한 '이타주의 실험'이었다. 길가에 쓰러져 있는 사람은 당연히 연기자였다. 실험 결과는 어떻게 나왔을까?

40명 중 34명이 유대인 제사장과 레위인처럼 쓰러진 사람을 못 본 체 지나쳤다. 그리고 시험관들 앞에서 "사람은 선한 사마리아인처럼 살아야 한다"고 설교했다. 오직 여섯 명의 학생만이 시험장으로 가던 발걸음을 멈추고 길에 쓰러져 있는 사람을 도와주었다.

길가에 쓰러져서 신음하고 있는 누군가를 그냥 지나친 34명의 학생들은 공감에 대한 지식과 기술은 가지고 있지만 공감 능력은 없는 사람들이다. 만일 이들에게 공감에 대한 지식이 없었다면 '선한 사마리아인'을 주제로 설교를 준비할 수 없었을 것이다. 또 그 지식을 말로 풀어내는 기술이 없었다면 '선한 사마리아인'을 주제로 시험관들 앞에서 설교할 수 없었을 것이다. 그런데 누누이 말했듯이 지식과 기술만 가진 사람은 인공지능에게 대체된다.

나머지 여섯 명의 학생은 어떨까? 이들도 인공지능에게 대체된다. 길가에 쓰러진 사람을 부축해서 병원에 데려가는 것은 앞으로 나올 인공지능 구호 로봇이 더 잘할 테니까 말이다.

하지만 여섯 명의 학생이 이 사건을 계기로 프린스턴신학교 내에 고통받는 사람들을 돕기 위한 단체를 만들고 실제로 지역 사회에 영향을 미치기 시작한다면,^{리틀} 더 나아가서 전 세계 신학교에 비슷한 단체를 만들어서 전 세계에 영향을 미치기 시작한다면,^{미들} 또는 인류의 역사에 영향을 미치는 위대한 이타주의적 삶을 살기 시작한다면,^빅 어떨까? 인공지능이 이 세 종류의 삶을 흉내라도 낼 수 있을까? 절대 불가능하다.

어떤 사람은 이렇게 말할지도 모르겠다.

"예수처럼 살라는 말이냐? 그래야 인공지능에게 대체되지 않는다는 소리냐?"

여기에 대한 내 대답은 "아마도 그렇다"는 것이다.

일전에 서울 마포구 합정동에 위치한 한 커피 가게에서 우리나라는 물론이고 세계적인 인공지능 전문가들을 찾아다니면서 취재하는 사람과 대화를 나눈 적이 있었다. 참고로 그는 기독교인이 아니었다. 그와 오랜 시간 이야기를 했는데 결론은 이랬다.

"모든 인간은 궁극적으로 예수처럼 살아야 할지도 모른다. 인공지능은 그런 삶을 흉내조차 낼 수 없을 테니까 말이다."

이야기의 방향이 심히 거룩한 쪽으로 간 것 같다. 공감 능력의 본질적인 의미에 대해 설명하려다 보니 이렇게 되었다.

창조적 상상력, '리틀C'의 땅을 걷고 '미들C'의 산을 올라라

창조적 상상력은 기존에 없던 것을 새로 만들어내거나 기존에 있던 것에 혁신을 일으키는 능력으로, 보통 빅C Big creative imagination, 미들C Middle creative imagination, 리틀C Little creative imagination 세 가지로 구분된다.

빅C는 인류 역사에 발자취를 남기는 수준의 창조적 상상력이다. 레오나르도 다 빈치라든가 미켈란젤로 같은 천재들이 발휘한 창조적 상상력이라고 보면 된다. 리틀C는 다중지능 이론으로 유명한 하버드대 교수 하워드 가드너의 설명을 빌려오자면 "일상적인 문제 해결 능력과 변화에 대한 적응력"이다.[49] 미들C는 빅C와 리틀C 사이에 있는 창조적 상상력이다.

나는 여기서 빅C는 다루지 않는다. 천재들의 창조적 상상력, 즉 인류 문명에 영향을 미치는 수준의 'Think'가 구체적으로 무엇인지, 그 능력은 어떻게 가질 수 있는지에 대해서는 이미 《리딩으로 리드하라》와 《생각하는 인문학》에서 900쪽 가깝게 설명했기 때문이다. 빅C를 다루지 않는 또 다른 이유가 있다. 이 책은 천재를 기르는 것을 목적으로 하는 인문 고전 독서법을 다루는 위 두 책과 달리, 평범한 사람이 인공지능에게 대체되지 않는 능력을 기르는 것을 목적으로 하고 있다. 즉 앞의 두 책이 천재들이 별처럼 빛나는 하늘을 향하고 있다면, 이 책은 평범한 사람들이 두 발 딛고 살아가는 대지를 향하고 있다.

현실적인 관점에서 볼 때도 평범한 사람들은 빅C보다는 미들C와 리틀C를 추구하는 게 옳다. 정신적으로 현실 세계를 초월하는 경지에 올라야 얻을 수 있는 빅C와 달리 미들C와 리틀C는 적절한 수준의 자기 교육만 거치면 누구나 어렵지 않게 가질 수 있기 때문이다. 물론 그렇다고 평범한 사람이 빅C를 추구하지 않아도 된다는 이야기가 아니다. 미들C와 리틀C는 빅C 안에서 더욱 다양해지고 깊어지고 풍부해지기 때문이다. 이렇게 놓고 보면 인공지능 시대에 우리가 필수적으로 갖추어야 할 지혜는 리틀C라는 땅을 잘 걷고, 미들C라는 산을 잘 타는 일이다. 물론 빅C라는 별의 빛을 받으면서.

기존에 없던 것을 새로 만들어내거나 기존에 있던 것에 혁신을 일으키는 창조적 상상력은 공감 능력을 통해 발휘된다. 빅C는 빅E를 통해, 미들C는 미들E를 통해, 리틀C는 리틀E를 통해 발휘된다. 각 사례를 보자.

알렉산더 그레이엄 벨의 어머니는 청각 장애인이었다. 벨은 그게 마음 아팠다. 어떻게든 어머니에게 도움이 되고 싶었다. 하여 청각 장애 극복을 위한 연구를 시작했다. 그러던 벨의 시야에 다른 청각 장애인들이 눈에 들어왔다. 벨의 관심은 '어머니의 청각 장애 극복'에서 '인류의 청각 장애 극복'으로 확장되었다. 이후 벨은 청각 장애와 언어 장애가 있는 아이들을 위한 학교를 세우고 자신의 삶을 장애 극복을 위한 발명 활동에 바쳤다. 그 결과 현대식 보청기의 기반이 되는, 전기장치가 부착된 최초의 보청기와 전화기까지 발명했다. 즉 벨의 인류 역사를 바꾼 위대한 발명^{빅C}은 인류의 장애 극복이라는 위대한 공감^{빅E}을 통해 이루어졌다.

퍼트리샤 무어는 요리를 사랑하던 할머니가 관절염 때문에 냉장고 문을 여닫는 게 힘들어지자 그만 요리를 포기하는 것을 보고, 자신이 다니던 디자인 회사에 이렇게 건의했다.

"노인들은 관절염 때문에 냉장고 문을 잘 못 열더라고요. 할아버지·할머니들한테는 새로운 문손잡이가 필요해요. 우리가 디자인해

보면 어떨까요?"

하지만 일언지하에 거절당하고 만다. 노인들을 위한 냉장고 문 손잡이를 스스로 디자인하기로 결심한 그녀는 스물여섯 살의 처녀 에서 관절염을 앓는 여든 살의 노인으로 변신했다. 그녀는 머리에 는 흰머리 가발을, 얼굴에는 라텍스로 만든 주름을, 눈에는 앞이 잘 보이지 않는 뿌연 안경을, 귀에는 잘 안 들리게 솜을, 팔목과 발목에 는 관절을 움직이기 어렵게 부목을, 허리에는 구부정해지게 붕대를, 다리에는 걷기 어렵게 철제보조기를 하고서 미국과 캐나다의 도시 116곳을 다녔다. 그렇게 그녀는 1979년부터 1982년까지 노인 아 닌 노인으로 살았다.

그녀는 이 경험을 바탕으로 어린아이부터 노인까지 누구나 편리 하게 쓸 수 있는 제품을 디자인하는, 새로운 디자인 문화^{보편적 디자인,} Universal Design를 창시했다. 참고로 그녀는 감자 깎는 칼, 소리 나는 주 전자, 양손잡이용 칼과 가위, 고무 손잡이가 달린 조리용품, 바퀴 달 린 가방, 계단 없는 저상버스 등을 디자인했다.

퍼트리샤 무어는 전화기를 발명한 벨이나 비행기를 발명한 라 이드 형제처럼 빅E를 발휘해서 세상에 없던 것을 만들어내지는 않 았다. 대신 그녀는 미들E를 발휘해서 미들C, 즉 기존에 있던 것들에 혁신을 일으켰다.

지인 중에 건축가가 있다. 내가 지금 살고 있는 목조 주택을 지을 때 인연이 닿은 사람이다.[50] 목조 주택은 시멘트 주택과 비교할 때 건강에 좋다는 장점이 있지만 관리가 까다롭다는 단점이 있다. 특히 물을 많이 쓰는 욕실에서의 누수 문제가 사람을 괴롭게 한다. 제아무리 방수 공사를 열심히 해도 목조 주택의 특성상 물과 자주 접촉하는 부분은 결국 조금씩 썩어 들어가기 때문이다. 불안한 집 주인은 마침내 나무가 썩는 기미가 보이면 많은 돈을 들여 방수 공사를 다시 하는 수밖에 없다. 나는 이 문제를 가지고 많은 건축가들과 이야기를 나누어봤지만 다들 방수 공사를 철저히 하는 것 말고는 방법이 없다고 했다. 건축 관련 책도 많이 찾아보고, 강의도 많이 들었지만 다들 같은 말만 반복했다. 하지만 그들을 믿고 집을 지은 사람들은 다들 욕실 누수 문제로 고통받고 있었다. 지인 건축가는 이 문제를 매우 쉬운 방법으로 풀었다. 그는 나무가 물먹기 쉬운 지점에 철판을 부착했다. 그리고 일반 입사들이 쓰는 것보다 5~6배가 비싼 수족관용 방수 페인트를 칠했다. 이게 전부였다. 내가 "이토록 멋진 방법을 어떻게 생각해냈느냐"라고 묻자 그는 답했다.

"집을 짓는 사람의 입장에서 생각하면 기존 방법 말고는 달리 도리가 없지요. 하지만 내가 지은 집에서 계속 살아갈 사람의 입장에서 생각하면 새로운 방법이 나옵니다."

내가 보기에 그는 건축 현장이라는 일상에서 만나는 문제를 새로운 방법으로 해결할 줄 아는 능력을 가진 사람이다. 즉 하워드 가드너 교수가 정의한 리틀C를 가진 사람이다. 그의 리틀C는 자신이 지은 집에서 오랜 시간 살아갈 사람의 입장에서 문제를 바라볼 줄 아는 능력에서 비롯되었다. 그런데 그의 공감 능력은 알렉산더 그레이엄 벨의 빅E처럼 인류에게 영향을 미치거나 퍼트리샤 무어의 미들E처럼 현대 디자인 문화에 영향을 미치는 수준은 아니다. 그저 자신이 사는 지역 사회 안에서 자신의 회사와 건축 계약을 한 소수의 사람들에게 영향을 미치는 정도다. 한마디로 그는 리틀E를 통해 리틀C를 발휘한 대표적인 사례라 할 수 있다.

인공지능은 타인의 생각과 감정을 타인의 입장에서 느끼거나 이해할 수 있는 능력, 즉 공감 능력이 없다. 그리고 공감을 통해 기존에 없던 것을 새로 만들어내거나 기존에 있던 것에 혁신을 일으키는 창조적 상상력을 발휘할 수도 없다.

한번 생각해보라. 어떤 인공지능이 청각 장애를 가진 어머니 때문에 가슴 아파하다가 전 세계 청각 장애인들의 아픔에 공감하고, 새로운 보청기에 이어 전화기까지 발명할 수 있겠는가? 관절염을 앓는 할머니에게 요리하는 기쁨을 되찾아주고 싶은 마음에 노인 분장을 하고서 무려 3년 넘게 116개에 달하는 도시를 다니고, 기존 디자인 문화에 혁신을 일으킬 수 있겠는가? 또 건축가가 아닌 건축주의 입장에서 목조 주택의 욕실 누수 문제를 바라보고, 작은 혁신을 일으킬 수 있겠는가? 절대로 불가능하다.

하여 세계적인 석학들과 인공지능 전문가들은 인공지능 시대에 인간이 갖춰야 할 필수적인 것으로 공감 능력과 창조적 상상력을 꼽고 있다. 그리고 선진국들은 오래전부터 학교와 직장 등에서 공감 능력과 창조적 상상력을 길러주는 프로그램을 운영하고 있다.

이쯤에서 이것을 생각해보자.

"공감 능력과 창조적 상상력을 갖추지 못한 사람들은 앞으로 어떻게 될까?"

프레카리아트, 한국인 99.997%의 미래

2017년의 일이다. 서울대학교 공과대학 유기윤 교수팀이 보고서를 발표했다. "미래의 도시에서 시민들이 어떻게 살아갈 것인가?"라는 제목이었다.[51] 여기서 유기윤 교수팀은 충격적인 예측을 했다. 2090년의 한국 사회는 인공지능 로봇이 대부분의 직업을 대체한 결과 한국인의 99.997%가 프레카리아트 Precariat가 된다고 말이다.[52]

프레카리아트란 '불안정한'이라는 뜻의 이탈리아어 프레카리오 precario와 '노동 계급'을 뜻하는 독일어 프롤레타리아트 proletariat의 합성어로, 이 용어를 널리 알린 영국 런던대학교 가이 스탠딩 교수에 따르면 다음 세 가지 특징을 가지고 있다.

1. 꿈과 열정이 없다.

2. 내가 하는 일의 가치를 깨닫지 못한다.

3. 먹고사는 문제로 평생 고통받는다.[53]

이 계급의 대표적 사례가 누구일까? 노숙인, 난민, 불법 외국인 노동자다.

그러니까 앞으로 약 70년 뒤에 한국인의 99.997%는 인공지능 때문에 난민 수준의 사회적·경제적 삶을 살게 된다는 게 유기윤 교수팀의 예측이다. 그런데 유기윤 교수팀만 이런 예측을 한 게 아니다. 세계적인 석학들과 미래 학자들도 비슷한 예측을 하고 있다. 대표적으로 예일대학교 로버트 실러 교수는 미래에는 인공지능에게 대체된 수십 억 명의 인류가 전 지구적인 빈민촌을 형성하며 살 것이라고 예측하고 있다.

어떤 사람들은 이렇게 말할지도 모르겠다.

"뭐라고? 70년 뒤라고? 그럼 나와는 큰 상관없겠는걸."

하지만 그렇지 않다. 한국인의 99.997%가 프레카리아트로 떨어지는 일은 이미 오래전부터 조용히 진행되어왔다. 서두에서도 언급했지만 우리나라는 인간 근로자 1만 명당 로봇 수가 세계 평균 69대보다 무려 462대나 많은 531대로, '로봇이 인간을 대체하는 비율' 세계 1위를 자랑하고 있다. 그렇다면 로봇에게 대체된 우리나라 사람들은 어떻게 되었을까? 프레카리아트가 되었을 가능성이 높다. 또 유기윤 교수팀이 집필한 《미래 사회 보고서》를 보면 알겠지만 한국인의 99.997%가 프레카리아트로 떨어지는 일은 2030년경부터 2070년경까지 급격하게 진행된다.[54] 그리고 2080년경부터 완만하게 진행되다가 마침내 2090년경에 완성된다. 한마디로 남은 시간이 얼마 없다. 앞으로 길어야 10년이다.

앞으로 10년 안에 당신은 '인공지능에게 대체되지 않는^{인공지능의 주인이 되는} 능력', 즉 공감 능력과 창조적 상상력을 가져야 한다. 그렇지 않으면 당신은 물론이고 당신 가족마저 프레카리아트로 떨어질 수 있다. 우리나라는 지난 몇 년 동안 꿈과 열정을 폄하하고 일의 가치를 부정하는 프레카리아트 문화가 횡행했다. 불행히도 이 잘못된 문화는 앞으로도 계속될 것 같다. 여기에 인공지능 공포마저 현실화되면 어떻게 될까? 아마도 유기윤 교수팀이 예측한 것보다 훨씬 빨리 국민의 99.997%가 프레카리아트로 떨어지게 될 것이다. 당신이 '인공지능에게 대체되지 않는^{인공지능의 주인이 되는} 나를 만드는 법'을 반드시 알아야 하는 이유다.

인공지능에게
대체되지 않는
나를 만드는 법 8

'에이트' 하라

EIGHT

에이트 01
디지털을 차단하라

2011년 10월의 일이다. 〈뉴욕타임스〉에서 구글·애플·마이크로소프트·인텔·IBM·HP 같은 IT 기업의 회장·사장·부사장 등 고위급 임원의 자녀들이 다니는 실리콘밸리의 유명 사립학교 '페닌슐라'를 취재한 기사를 내보냈다.[1] 이로 인해 미국인들은 인공지능의 메카라고 불리는 실리콘밸리에서 이루어지고 있는 '다른' 교육의 실체를 알게 되었다.

놀랍게도 최첨단 IT 기기로 가득할 것 같았던 이 학교는 IT 기기가 단 한 대도 없었다. 심지어 학생들은 인터넷 사용법도 잘 몰랐다. 대신 이 학교는 컴퓨터가 발명되기 이전 형태의 교실을 운영하고 있었다. 교사는 칠판 앞에서 분필을 들고 가르치고 있었고, 아이들은 종이책과 종이 노트로 공부하고 있었다. 책장에는 브리태니커 백과사전 전집이 꽂혀 있었고, 사물함에는 나무로 만든 장난감·인형·찰흙·바느질 도구 등이 가득했다.

도대체 실리콘밸리의 사립학교는 왜 이런 다른 교육을 하고 있는 걸까? 실리콘밸리의 또 다른 사립학교인 '그린우드'의 교사들과 학부모들의 이야기를 들어보자.[2]

"아이들이 자기 내면의 힘을 조절할 줄 아는 능력을 길러주기 위해서다. 스마트폰을 할 시간에 다른 아이들과 놀고 대화하면서 타인들과 공감하고 조화를 이루는 능력을 길러주기 위해서다."

– 베치 앤더슨^{입학처장}

"자기 자신에게 집중하고, 다른 사람들과 관계를 맺는 일에 집중하게 하기 위해서다. 그리고 밖에 있는 컴퓨터를 다루기 전에 내 안의 컴퓨터^{창조적 두뇌}를 다루는 법을 배우게 하기 위해서다."

– 아치 더글러스^{교장}

"모두가 IT 기술에 의존하고 있다. 이런 상황에서 아이에게 정말로 필요한 능력이 무엇인지 깊이 생각했다. 그것은 다른 사람들과 다르게 생각하는 힘이다. 이 능력은 절대로 기계가 키워줄 수 없다."

– 앤디 글라커^{학부모}

"디지털 기기가 전혀 없는 이 학교는 아이들의 내면에 있는 예술성을 키워줄 수 있다. 그것은 창조적 상상력으로 연결된다."

– 크리스 브루어^{학부모}

한마디로 실리콘밸리의 사립학교들은 공감 능력과 창조적 상상력을 길러주기 위해 다른 교육을 하고 있다. 참고로 내가 실리콘밸리의 교육을 다른 교육이라고 표현한 것은 우리나라처럼 미국도 오래전부터 전국의 공립학교 교실을 IT 교실로 만드는 프로젝트를 진행해왔기 때문이다. 하여 지금은 대부분의 공립학교가 전자칠판과 태블릿 PC 같은 IT 기기로 수업을 진행하고, 과제를 제출하게 한다. 참 안타까운 일이다. 실리콘밸리의 아이들은 지금 이 순간에도 인공지능의 주인이 되기 위한 능력을 착실하게 쌓고 있는데, 공립학교 아이들은 인공지능의 노예가 되는 길을 성실하게 걸어가고 있기 때문이다. 그것도 국가 주도의 교육을 통해서 말이다.

실리콘밸리 가정과 기업에는 IT 기기가 없다

아이들의 공감 능력과 창조적 상상력을 길러주기 위해 IT 기기를 철저하게 차단하는 것은 실리콘밸리의 가정 문화이기도 하다. 대표적인 사례들을 보자.

실리콘밸리의 상징이라고 할 수 있는 스티브 잡스는 자녀들에게 아이폰과 아이패드 같은 IT 기기를 전혀 주지 않은 것으로 유명하다. 잡스의 유일한 공식 전기를 집필한 월터 아이작슨에 따르면,

잡스는 집에서 IT 기기를 철저하게 금지하는 문화를 지키고 있었다.

실리콘밸리의 제왕이라 불리는 빌 게이츠는 자녀들에게 IT 기기 금지 기간을 정해두었는데, 무려 14년이었다. 그의 자녀들은 열다섯 살이 되어서야 비로소 컴퓨터와 스마트폰 등을 사용할 수 있었다. 하지만 이때도 사용 시간을 엄격하게 제한했다.

세계 최고의 IT 과학 기술 잡지 〈와이어드 Wired〉를 창간하고 IT 이상주의자이자 평론가로 세계적인 명성을 얻은 크리스 앤더슨은 집에서 자녀들의 IT 기기 사용을 엄격하게 제한했다. 그는 서재를 직접 만들고 온라인 쇼핑 대신 종이 카탈로그를 뒤적거리는 것을 즐기는 전형적인 아날로그주의자다.

"IT 기술은 스스로 진화하면서 문제를 해결한다"는 주장을 펼친 책을 집필, 실리콘밸리의 대표적인 IT 기술 찬양론자로 떠오른 케빈 켈리는 세 아이를 텔레비전·스마트폰·컴퓨터·노트북 같은 IT 기기가 전혀 없는 집에서 키웠다. 실리콘밸리의 대표적인 아날로그주의자인 그는 심지어 자동차 운전도 하지 않는다.

페이스북 공동창업자 숀 파커는 IT 기기를 사용하지 않는 것은 물론이고 페이스북을 비롯해 그 어떤 SNS도 하지 않는다.

트위터와 블로그의 공동창업자 에번 윌리엄스는 집에 IT 기기가 아예 없다. 대신 책으로 가득한, 거대한 서재가 있다.

실리콘밸리의 기업들은 임직원들의 공감 능력과 창조적 상상력을 위해 디지털을 차단하고 아날로그를 추구하는 문화를 가지고 있다. 데이비드 색스의 《아날로그의 반격^{The Revenge of Analog}》에서 소개하고 있는 바에 따르면 대표적으로 이렇게 하고 있다.[3]

- **전자 명함 대신 종이 명함을 주고받는다.** 전자 명함은 내 스마트폰을 몇 번 터치해서 상대방 스마트폰으로 전송하면 끝이다. 하지만 종이 명함은 그렇지 않다. 서로 눈을 바라보고 미소 지으면서 공손히 주고받아야 한다. 때론 악수하고 포옹까지 하면서 주고받는다. 한마디로 전자 명함은 기계와 인간이 접촉하게 하지만 종이 명함은 인간과 인간이 접촉하게 한다.

- **파워포인트 대신 종이 보고서로 발표한다.** 파워포인트는 보는 사람의 눈길을 잡아끄는 힘이 있다. 하지만 마음을 잡아끄는 힘은 없다. 종이는 시각적 매력은 없다. 하지만 갈수록 사람의 마음을 끈다. 사람은 기본적으로 종이의 냄새와 촉감을 좋아하기 때문이다. 한마디로 종이에는 인간을 인간답게 만들어주는 힘이 있지만 파워포인트는 그렇지 않다.

- **에버노트 대신 종이 수첩을 사용한다.** IT 프로그래머나 IT 디자이너의 창의성을 가장 잘 끌어내는 도구는 종이다. 스마트폰의 메모 앱은 도리어 창의성을 죽인다. 이 사실을 잘 알고 있는 실리콘밸리 사람들은 다들 몰스킨 같은 종이 수첩을 사용하고 있다. 에버노트사의 프로그래머와 디자이너도 마찬가지다. 참고로 에버노트사는 종이 수첩을 너무 좋아한 나머지 몰스킨사와 손잡고 고급 종이 노트를 제작하기도 했다.

- **무선 신호가 잡히지 않는 회의실을 운영한다.** 사람들은 IT 기기로부터 완벽하게 차단되었을 때 비로소 서로를 집중해서 바라본다. 그리고 서로의 말을 진심으로 귀 기울여 듣는다. 서로가 서로에게 진심으로 공감하는 분위기가 만들어지는 것이다. 고객의 마음을 사로잡는 창의적인 아이디어는 바로 이때 나온다.
- **원격 근무를 금지한다.** 원격 근무는 다른 사람들과의 연대를 끊게 만든다. 이는 공감 능력의 저하와 창의성의 상실로 이어진다. 창의성은 혼자 있을 때 생기지 않는다. 다른 사람들과 함께 먹고 마시고 즐기면서 대화하고 일할 때 생긴다. 창의성의 근원은 공감이기 때문이다.
- **활판 인쇄소를 운영한다.** 인간의 손길이 거의 필요하지 않은 컴퓨터 인쇄와 달리 활판 인쇄는 처음부터 끝까지 인간의 수고스러운 손길을 요구한다. 하지만 실리콘밸리 사람들은 이런 수고로운 과정을 통해 자기 안의 인간성을 발견하고 기뻐한다. 그리고 창조적 상상력을 더 잘 발휘한다.

소비자가 아닌 창조자의 입장에서 대하라

실리콘밸리는 우리가 사용하는 거의 모든 IT 기기를 만들어낸 곳이다. 게다가 1959년 세계 최초로 인공지능연구소를 설립한 곳이자 지금 이 순간에도 최첨단 인공지능 기술을 무서운 속도로 발전시켜나가는 곳이기도 하다. 여기 사람들은 IT 기기가 인간에게 미치는 영향에 대해서 그 누구보다 잘 알고 있고, IT 기기에 중독된 사람들이 인공지능 시대에 어떻게 될지에 대해서도 가장 잘 알고 있다. 또 인공지능이 무엇을 할 수 있고 무엇을 할 수 없는지에 대해서도 가장 잘 알고 있으며, 인공지능의 주인이 되려면 어떤 능력을 가져야 하는지에 대해서도 가장 잘 알고 있다. 실리콘밸리 사람들이 내린 결론은 이렇다.

"IT 기기를 차단하는 능력을 갖지 못한 사람들은 결국 IT 기기에 중독된다. 중독은 종속을 의미한다. 인공지능은 지금의 IT 기기보다 적게는 몇백 배, 많게는 수천수만 배의 중독성을 가질 것이다. IT 기기를 차단하는 능력을 갖지 못한 사람들은 인공지능도 차단하지 못할 것이고 마약 이상으로 중독될 것이다. 즉 현재 IT 기기에 중독되어 있는 사람들은 인공지능 시대가 열리자마자 인공지능의 노예로 전락할 것이다. 그것도 자발적으로 말이다. 반면 IT 기기를 차단할 줄 아는 사람들은 IT 기기를 접촉할 시간에 독서와 사색을 하고 예술과 자연을 접하고 다른 사람들과 진실하게 교류하면서 자기 안의 인간성과 창조성을 발견하고 강화해갈 것이다. 그런데 이런 능력을 가진 사람은 IT 시대인 지금도 거의 찾아볼 수 없지만 인공지능 시대에는 더 찾아보기 힘들 것이다. 때문에 이런 사람들은 인공지능 시대에 저절로 리더가 된다. 디지털이 아날로그를 흉내 낸 것에 불과하듯이[4] 인공지능은 인간을 흉내 낸 것에 불과하다. 인공지능은 기계에 종속되어 인간 고유의 능력인 공감 능력과 창조적 상상력을 상실한 사람은 얼마든지 대체할 수 있지만, 그 반대인 사람은 절대로 대체할 수 없다. 우리가 '컴퓨터를 꺼라. 스마트폰을 꺼라. 그러면 주위에 사람들이 있다는 사실을 알게 된다'[5]는 구호를 외치면서 IT 기기를 차단하는 문화를 만든 이유다."

실리콘밸리의 부모들과 사립학교가 아이들에게 평생 IT 기기를 금지하는 것은 아니다. 빠르면 중학교 1학년, 늦어도 고등학교 1학년 무렵이면 허락한다. 그런데 IT 기기를 그냥 주는 게 아니다. 다음 세 가지 과정을 밟게 해서 IT 개념과 IT 기기의 작동 원리를 깨우치게 하고 IT 문화를 통찰하게 한다. 그리고 기존 IT^{개념·기기·문화}에 혁신을 일으키거나 새로운 IT^{개념·기기·문화}를 창조할 수 있는 기초적인 능력을 기르게 한다. 한마디로 소비자가 아닌 창조자의 입장에서 IT 기기를 대하게 한다.

1. 철학적·수학적 관점에서 IT 기기를 보게 한다. 《생각하는 인문학》에서 자세히 밝혔지만, IT 개념은 철학과 수학의 교차점에서 탄생했다. 만일 우리나라 아이들처럼 IT 기기를 그저 도구적 관점에서만 바라본다면 어떻게 될까? IT 기기를 활용해서 온갖 일을 할 수 있다. 하지만 그뿐이다. 반면 IT 기기를 철학적·수학적 관점에서 바라본다면 어떻게 될까? 기존 IT 개념에 혁신을 일

으키거나 새로운 IT 개념을 창조하는 기초적인 힘을 가질 수 있다.

2. 컴퓨터나 스마트폰 등을 분해해서 IT 기기의 작동 원리를 탐구하고 이해하
게 한다. 이를 통해 아이들은 IT 기기를 과학적·기술적 관점에서 접근하는
능력을 가질 수 있고, 기존 IT 기기에 혁신을 일으키거나 새로운 IT 기기를
창조할 수 있는 기초적인 능력을 기를 수 있다.

3. IT 기기를 사용해서 SNS 등에 자신의 흔적을 남기는 행위 등이 자신의 미래
와 타인들과의 관계와 사회 등에 어떤 영향을 미칠지 등에 대해 깊이 사색하
게 하고, 이를 글로 쓰고 발표·토론하게 한다. 이를 통해서 아이들은 IT 문
화 전반에 대한 통찰력을 가질 수 있고, 새로운 IT 문화를 창조하는 기초적인
힘을 기를 수 있다.

실리콘밸리가 추구하고 있는 인공지능에게 대체되지 않는 나를
만드는 법 나를 인공지능의 주인으로 만드는 법은 다음 두 가지로 정리된다.

1. '인공지능 IT 기기을 차단하는 능력을 가진 나'를 만든다.
2. '새로운 인공지능 IT 기기을 창조할 수 있는 능력을 가진 나'를 만든다.

실리콘밸리 사람들은 인공지능의 창조자다. 아마도 그들은 인공
지능에게 대체되는 일이 거의 없을 것이다. 인공지능의 주인이 되는
일은 많겠지만 말이다. 이런 그들조차 인공지능 시대를 대비해서 IT

기기를 차단하고 아날로그적 삶을 사는 문화를 만들었다. 가정과 학교에서 IT 기기를 일절 허락하지 않고, 기업에서는 불편하기 짝이 없는 종이 수첩을 들고 다니고, 무선 신호가 잡히지 않는 회의실을 만들고, 원격 근무를 금지하는 사내 문화를 만들고, 활판 인쇄소까지 운영하고 있다.

당신은 어떤가? 아마도 앞으로 나올 인공지능의 능력이 100이라면 고작 0.0001 수준의 능력을 가진, 어쩌면 인공지능이라고 부르기도 힘든 인공지능을 탑재한 IT 기기에 중독되어 있을 가능성이 높을 것이다. 하루를 스마트폰으로 시작하고 스마트폰으로 끝내는 일상을 반복하고 있을 가능성이 높을 것이다. 그 대가로 당신은 여러 능력을 상실했을 것이다. 대표적으로 전화번호를 외우는 능력과 스스로 길을 찾아서 운전하는 능력, 그리고 사람들과 가슴을 열고 대화하고 공감하는 능력을 잃어버렸을 것이다. 한마디로 당신은 이미 여러 능력이 인공지능에게 대체되어 있는 상태라고 할 수 있다. 아직 본격적인 인공지능 시대가 열리지도 않았는데 말이다. 이쯤에서 두 눈을 감고, 가슴에 손을 얹고 스스로에게 이런 질문을 던져 보자.

"앞으로 나는 어떻게 하려고 지금 이렇게 살고 있는가?"

이제 당신이 새로운 문화를 만들 차례다. 하루 중 두세 시간만이라도 스마트폰을 끄고 독서하고 사색하고 성찰하는 시간을 갖기 바란다. 일주일에 한 번만이라도 사람들과 진심으로 대화하고 소통하는 시간을 갖기 바란다. 그동안 찾아보지 않아서 그렇지, 찾아보면 당신이 몸담고 있는 지역 사회 내에 대화하고 소통하는 모임이 적지 않음을 발견할 것이다. 주말이면 스마트폰을 서랍 속에 넣어두고 미술관·음악관·박물관 등으로 가라. 때론 자연 속으로 가라. 당신만의 아날로그 문화를 하나둘씩 만들어나가라. 그렇게 내면의 인간을 발견하고 경험하고 나누는 기쁨에 흠뻑 취하라. 당신이 진정으로 인간다워질 때 당신을 대체할 수 있는 기계란 존재할 수 없다.

에이트 02
나만의 '평생유치원'을 설립하라

"미래에 한국 인구의 99.997%가 프레카리아트로 전락한다"는 충격적인 내용의 보고서를 발표한 서울대학교 유기윤 교수팀은 같은 보고서에 미래 한국 사회의 계급 구조에 대해서 예측한 내용도 담았다. 여기에 따르면 미래 한국 사회는 네 계급으로 나뉜다.

제1계급 인공지성 플랫폼 소유주[0.001%]

제2계급 인공지성 플랫폼 스타[0.002%]

제3계급 인공지성

제4계급 프레카리아트[99.997%]

제1계급인 인공지성 플랫폼 소유주는, 자신이 소유한 세계적 기업을 인공지성 플랫폼으로 변화시킨 사람들을 의미한다. 이 계급의 특징은 비록 사업 분야에 한정되긴 했지만 인류 최고 수준의 공감 능력과 창조적 상상력을 가졌다는 것이다. 그 결과 세계 최고 수준의 인공지성들을 비서처럼 거느리고 있다는 것이다. 오늘날로 치면 구글·아마존·마이크로소프트·애플·페이스북 같은 기업의 창업자라고 생각하면 되겠다.

제2계급은 제1계급이 소유한 플랫폼 안에서 스타가 된 사람들이다. 오늘날로 치면 할리우드 스타 정도로 생각하면 되겠다.

제3계급은 인공지성이다. 이는 오늘날의 기업처럼 법인격法人格을 소유한 인공 생명체로서 스스로 진화하고 발전하는 지성을 소유한 정보 시스템이다. 한마디로 인공지능의 최종 발전 형태라고 생각하면 되겠다. 인공지성은 법인격을 가지고 있기에 오늘날의 기업이 그러하듯이 금융 거래가 가능하고 부동산 소유도 가능하다. 또 인공지능 로봇 임직원과 인간 임직원을 고용해서 사업을 하는 것도 가능하다. 어떤 사람들은 그게 무슨 말도 안 되는 소리냐고 할지도 모르겠다. 하지만 스탠퍼드대학교 법정보학센터 제리 캐플런 교수를 비롯해 많은 법학자들이 미래에 인공지능이 법인격을 갖출 것이라고 예측하고 있다.

제4계급은 오늘날의 자영업자·전문직 종사자·사무직 종사자·노동자 등 대부분의 직업군이 속하는 계급이다.

내가 유기윤 교수팀의 《미래 사회 보고서》에 나오는 '미래 한국 사회 계급 구조도'를 처음 접한 것은 약 1년 6개월 전이다. 나는 지난 1년 동안 이 계급 구조도를 두고 참으로 많은 사색을 했다. 그러던 어느 날 내 안에서 이런 깨달음이 반짝 떠올랐다.

"앞으로 제1계급, 즉 인공지성 플랫폼 소유주가 될 가능성이 가장 높은 사람들은 구글·아마존·마이크로소프트·페이스북 같은 기업의 창업자들일 것이다. 만일 내가 이 사람들의 공감 능력과 창조적 상상력의 원천에 대해서 알 수 있다면, 그 원천을 나 자신에게 적용해서 스스로를 바꿀 수 있다면, 이야말로 지상에서 가장 완벽한 인공지능에게 대체되지 않는 나를 만드는 법 아닐까?"

나는 당장 서점과 도서관으로 향했다. 그리고 책장을 헤집고 다녔다. 하루이틀이 아니었다. 두세 달 가까이 그렇게 했다. 놀랍게도 나는 그들이 가진 공감 능력과 창조적 상상력의 원천을 발견할 수 있었다. 여기에 더해 그 원천을 나에게 적용하는 법도 발견할 수 있었다.

'몬테소리 마피아'의 비밀

〈월 스트리트 저널〉로부터 "실리콘밸리의 미래를 알고 싶다면 페이스북이나 아이폰 앱이 아닌 이 사람을 보아야 한다"는 찬사를 받은 인물이 있다. 서배스천 스런이다. 그의 대표적인 경력은 이렇다. '스탠퍼드대학교 컴퓨터공학과 교수, 스탠퍼드대학교 인공지능연구소 소장, 구글 부사장, 구글 비밀연구소 소장, 인공지능 무인 자동차 개발, 구글 글래스·구글 스트리트 뷰 개발.'

구글 스트리트 뷰는 인류의 삶을 이미 어느 정도 바꿨고, 인공지능 무인 자동차는 미래 인류의 삶을 크게 바꿀 것이다. 이를 놓고 보면 _{비록 IT 분야에 한정되긴 했지만} 서배스천 스런은 인류 최고 수준의 공감 능력과 창조적 상상력을 가진 사람이다. 한마디로 그는 앞으로 인공지능 시대가 본격적으로 열리면 세계 최고 수준의 인공지능들을 비서처럼 거느리면서 단번에 제1계급으로 올라설 가능성이 큰 사람이다.

이런 서배스천 스런이 "나는 도저히 따라갈 수 없는 공감 능력과 창조적 상상력을 가졌다!"며 공개적으로 칭송한 인물이 있다. 서배스천 스런은 〈포브스〉, 〈월 스트리트 저널〉 등의 인터뷰에서 이렇게 고백했다.

"그는 근사한 식사 자리에 나를 자주 초대하곤 했습니다. 그런데 그때마다 완전히 미쳤다고 생각할 수밖에 없는 아이디어를 꺼내곤 했습니다. 그럼 나는 참지 못하고 이렇게 반박하곤 했지요. '이봐요, 그게 말이 된다고 생각해요? 그건 이 세상 누구도 실현할 수 없는 것이에요. 아이디어 자체가 결점투성이니까요.' 하지만 집에 와서 계산해보면 놀랍게도 그의 말이 맞았습니다. 나는 내가 틀렸음을 확인할 때마다 그에게 사과를 했습니다. '제가 틀렸습니다. 당신이 전적으로 옳습니다.' 이렇게 말이지요."

그 인물은 구글의 공동창업자 래리 페이지다.[6] 래리 페이지는 자신의 공감 능력과 창조적 상상력이 몬테소리 스쿨에서 비롯되었다고 밝혔다. 구글의 공동창업자 세르게이 브린도 동일한 고백을 했다.

"뭐라고? 몬테소리라고? 길을 가면 한 번쯤은 마주치게 되는 그 유치원이라고?"

이렇게 말하면서 잠시 두 눈을 의심했을 사람들을 위해 다시 한 번 말하겠다. 그렇다. 바로 그 몬테소리 유치원이다. 구글의 두 창업자를 오랫동안 지켜본 실리콘밸리의 CEO들이나 기자들도 같은 이야기를 하고 있다. 대표적으로 야후의 최고경영자 머리사 메이어와 세계적인 IT 잡지 〈와이어드〉는 이렇게 말했다.

"만일 당신이 몬테소리 교육 철학에 대해 모른다면 구글을 절대로 이해할 수 없다."

구글의 두 창업자뿐만이 아니다. 마이크로소프트 창업자 빌 게이츠, 애플 창업자 스티브 잡스, 아마존 창업자 제프 베이조스, 버진그룹 창업자 리처드 브랜슨, 위키피디아 설립자 지미 웨일스, 디지털 비즈니스 선구자 앤드루 맥아피, 컴퓨터 게임 개척자 윌 라이트와 요리 연구가 줄리아 차일드, 야후 CEO 머리사 메이어, 〈워싱턴 포스트〉지 발행인 캐서린 그레이엄, 미국 전 대통령 빌 클린턴과 버락 오바마 같은 인물들도 자신의 공감 능력과 창조적 상상력은 몬테소리 유치원에서 비롯되었다고 밝혔다. 사정이 이렇다 보니 서양에는 '몬테소리 마피아'라는 말이 있을 정도다. 어떤 한 분야에서 창조적인 성취를 이룬 사람들의 유년 시절을 살펴보면 어김없이 등장하는 게 몬테소리 유치원이어서 만들어진 말이라고 한다. 경영 전략과 리더십 분야의 세계적인 권위자 제프 다이어와 할 그레거슨은 무려 8년 동안 서양의 창조적인 기업가들을 연구한 뒤 이들 중 상당수가 '몬테소리 스쿨' 출신이며, 이들의 공감 능력과 창조적 상상력은 몬테소리 교육 덕분이었음을 밝히기도 했다.[7]

인공지능 시대의 리더를 기르는 교육

물론 몬테소리 스쿨을 다녔다고 해서 모두가 창조적인 인재가 되는 것은 아니다. 몬테소리 교육의 창시자 마리아 몬테소리 교육 철학의 핵심인 '자유', '몰입', '성취' 등의 가치를 내면화하고 실천하는 아이가 창조적 인재가 된다. 구글의 두 창업자를 보자. 두 사람은 몬테소리 스쿨 시절 자신이 공부하고픈 주제를 자유롭게 선택했고, 교사들은 그 선택을 존중하고 지지해주었다. 학교가 정해준 주제가 아니라 자기가 스스로 정한 주제를 공부하다 보면 누구나 신나게 집중하고 즐겁게 몰입할 수밖에 없다. 집중과 몰입은 성취로 이어진다. 아이는 성취를 통해 두 가지를 얻게 된다. 첫째, 자신의 잠재력을 깨닫는 기쁨. 둘째, 친구들과 어른들의 칭찬과 격려를 받는 기쁨. 이는 새로운 공부 주제를 정하고 여기에 더 깊이 집중하고 몰입하고픈 욕구로 연결된다. 그렇게 아이는 새로운 공부를 시작하고, 더 깊은 집중력과 몰입력을 갖게 된다. 참고로 마리아 몬테소리는 이 과정을 가리켜서 '반복'이라 불렀다. 래리 페이지와 세르게이 브린은 몬테소리 스쿨 시절 만난 몬테소리 교육 철학의 핵심 가치들을 내면화했고 이를 평생 실천했다. 만일 두 사람이 몬테소리 스쿨을 그냥 다니기만 했다면, 서배스천 스런 같은 사람이 "나는 감히 비교도 할 수 없다!"는 수준의 공감 능력과 창조적 상상력을 가질 수 있었을까? 절대 아니다.

래리 페이지와 세르게이 브린의 유년 시절을 연구해보면 두 사람은 부모로부터 인공지능 시대의 리더가 되기 위한 교육을 철저하게 받았던 게 아닌가 하는 생각이 든다. 물론 두 사람이 태어난 해는 아직 컴퓨터도 제대로 보급되지 못했던 1973년이니 나의 이런 생각은 조금 무리한 게 아닌가 싶긴 하지만 말이다. 아무튼 내가 이런 생각을 하게 된 이유는 두 사람의 부모가 인공지능에 깊은 조예가 있었던 것으로 여겨지기 때문이다.

래리 페이지의 아버지는 미시간 주립대학교 컴퓨터공학·인공지능학 교수였고, 어머니는 같은 대학교에서 컴퓨터 프로그래밍을 가르치던 강사였다.[8] 아버지는 인공지능 학계에서 활발하게 활동했던 것으로 보인다. 당시 학계에서 그를 두고 "인공지능 분야에서 두각을 드러냈다"는 평가를 내렸던 것을 보면 말이다. 어머니도 인공지능에 대해서 어느 정도 지식을 갖고 있었던 것으로 추정된다. 오늘날도 그렇지만 당시에도 컴퓨터 전문가들은 대부분 인공지능에 대해서 기본적인 지식을 가지고 있었던 것을 생각해보면 말이다.

세르게이 브린의 부모는 둘 다 수학자였다. 두 사람은 본래 소련^현_{러시아}에서 살았는데, 공산당의 핍박이 심해지자 세르게이 브린이 여섯 살이던 무렵 미국으로 이민을 갔다. 이후 아버지는 메릴랜드대학교의 수학과 교수가 되었고 어머니는 NASA의 과학자가 되었다. 마틴 데이비스의 《수학자, 컴퓨터를 만들다The Universal Computer》와 《생각하는 인문학》 등을 읽어보면 알겠지만 컴퓨터·인공지능 개발을 주도한 사람들은 수학자다.[9] 한마디로 수학자는 누구나 마음만 먹으면 컴퓨터·인공지능 전문가가 될 수 있다. 세르게이 브린의 아버지는 아들을 컴퓨터와 인공지능의 세계로 이끈 장본인으로 알려져 있다. 이를 놓고 보면 그는 인공지능에도 깊은 지식을 가지고 있었다고 판단된다. 세르게이 브린의 어머니가 당시 세계 최고 수준의 인공지능 지식을 소유하고 있었음은 의심의 여지가 없다. NASA는 실리콘밸리 이상으로 인공지능 관련 지식과 기술을 보유하고 있는 곳인데, 그녀는 그곳에서 과학자로 일했기 때문이다.

래리 페이지와 세르게이 브린의 부모는 아들이 미래에 인공지능 시대를 살아갈 것임을 확신했던 것 같다. 또 아들을 인공지능 시대의 리더로 키우려면 어떤 능력을 길러줘야 하는지에 대해서도 깊이 연구했던 것 같다. 그리고 다음 두 가지 결론을 내렸던 것 같다.

1. 가정에서 인공지능 지식·기술 교육을 체계적으로 한다.
2. 공감 능력과 창조적 상상력을 가장 잘 길러준다고 판단되는 몬테소리 교육을 받게 한다.

만일 그렇지 않다면 서로 얼굴 한 번 본 적 없었던 래리 페이지와 세르게이 브린이 이미 십대 초반에 부모가 선물해준 컴퓨터를 마치 장난감처럼 가지고 놀면서 인공지능 프로그램을 만들기 시작했다는 사실을 설명할 수 없다. 그리고 래리 페이지와 세르게이 브린의 부모가 마치 약속이나 한 듯이 아들을 몬테소리 스쿨로 보낸 이유도 설명할 수 없다.

몬테소리 교육의 핵심 가치인 '자유', '몰입', '성취'를 발 빠르게 수용해 기업 문화로 정착시킨 곳은 지구상에서 인공지능에 가장 민감한 실리콘밸리다. 구글은 물론이고 스페이스X·우버·넷플릭스

·드롭박스·길리어드 사이언스^{타미플루 개발 기업} 같은 실리콘밸리의 혁신 기업들은 공통적으로 "당신은 이미 지혜로우니 알아서 하라!"를 표어로 내걸 정도로 임직원에게 무한에 가까운 자유를 주고자 노력하고 있다. 왜 그럴까? 창의적인 아이디어를 도출해내고, 프로젝트에 몰입하고, 동료들과 깊게 소통하는 능력은 임직원이 누리는 자유에 비례한다는 사실을 일찌감치 깨달았기 때문이다. 그리고 이런 창의성과 몰입·소통 능력은 탁월한 성취로 이어지고, 기업의 수익을 기하급수적으로 증대시킨다는 사실 또한 잘 알고 있기 때문이다. 하지만 과연 그뿐일까? 나는 아니라고 생각한다. 앞에서 말한 것처럼 실리콘밸리는 인공지능이 만들 미래에 대해 가장 잘 알고 있는 곳이다. 여기 경영자들은 "도대체 어떤 기업 문화를 만들어야 임직원을 인공지능에게 대체되지 않는 존재로 만들 수 있을까?"를 놓고 늘 치열하게 사색하고 연구하고 있다. 자신의 기업에 그런 문화를 정착시켜야 인공지능 시대에 생존하고 번영할 수 있기 때문이다.

이쯤에서 유의해야 할 점이 있다. 인공지능에게 대체되지 않는 나를 만드는 힘은 몬테소리 교육에 있다기보다는 유치원에 다니는 나이대의 아이들에게 있다는 사실이다. 그럼 나는 왜 지금껏 몬테소리 교육을 강조했던 걸까? 그것은 몬테소리 교육이 유치원 아이들의 공감 능력과 창조적 상상력을 가장 잘 이끌어낸다는 평가를 받고 있기 때문이다. 한마디로 유치원 아이들의 공감 능력과 창조적 상상력이 '달'이라면 몬테소리 교육은 그 '달'을 가장 잘 가리키는 손가락이라고 할 수 있다.

MIT에는 '미디어랩'이라는 연구소가 있다. 월드와이드웹^{www}, 터치스크린, GPS, 전자책, 웨어러블 컴퓨터, 가상현실, 3차원 홀로그램 등을 개발한 곳이다. 한마디로 세계 최고 수준의 공감 능력과 창조적 상상력이 일상처럼 발휘되는 곳이라고 할 수 있다. 그런데 MIT 미디어랩의 미첼 레스닉 교수에 따르면 이는 미디어랩만의 특별한 교육 프로그램을 통해 만들어지는 것이라고 한다. 그것은 '평생유치원^{LLK}'이라는 프로그램인데, 청소년과 성인으로 하여금 유치원 시절 자신이 습득했던 놀이·학습 방식을 다시 경험하게 함으로써 유년 시절 자신의 내면에 충만했던 공감 능력과 창조적 상상력을 회복시키는 것을 목적으로 하고 있다.

미첼 레스닉은《미첼 레스닉의 평생유치원$^{Lifelong\ Kindergarten}$》에서 유치원 아이들의 놀이·학습 방식은 '상상-창작-놀이-공유-생각'을 반복하는 것이라고 밝히고 있다. 예를 들면 이렇다.[10]

- 선생님이 읽어주는 "장화 신은 고양이"를 들으면서 장화 신은 고양이를 자유롭게 상상한다.
- 자신이 상상한 장화 신은 고양이를 도화지에 그리거나 찰흙으로 만들어본다. 이때 아이들은 자연스럽게 새로운 이야기를 추가한다. 예를 들면 고

양이는 날개 달린 장화를 신었고 덕분에 자유롭게 하늘을 날아다닐 수 있다거나 허리에 찬 검劍은 사실은 사탕 마법봉이어서 한 번 휘두르면 사탕이 막 쏟아진다는 식의 이야기 말이다. 아이들은 이런 과정을 놀이로 생각하고 즐긴다. 즉 유치원 아이들에게 창작은 곧 놀이다.

· 아이들은 친구들에게 자신이 추가한 새로운 이야기를 들려주고 자신이 만든 작품을 보여주면서 즐거운 시간을 보낸다. 아이들은 이런 공유를 통해서 새로운 이야기를 더 생각해낼 수 있고, 작품에 새로운 것들을 더 추가할 수 있다. 공유가 새로운 창작을 유도하는 것이다.

· 교사가 아이들의 작품을 보면서 새로운 생각거리를 던져준다. 예를 들면 "고양이가 하늘을 날려면 장화에 달린 날개는 얼마나 커야 할까?"라든가 "사탕 먹고 이를 닦지 않으면 이가 썩을 수 있으니까 마법봉을 휘두를 때 치약과 칫솔이 함께 나오게 하면 어떨까?" 하는 식으로 말이다. 그러면 아이들은 이를 바탕으로 새로운 상상을 하고 이는 다시 창작놀이과 공유로 이어진다.

청소년과 성인이 유치원 아이들의 놀이·학습 방식을 실천하려면 어떻게 해야 할까? 또 부모와 교사가 아이에게 적용하려면 어떻게 해야 할까? 미첼 레스닉은 여기에 대해서도《미첼 레스닉의 평생유치원》에서 친절하게 알려주고 있다. '학습자를 위한 10가지 도움말'과 '학부모와 교사를 위한 10가지 도움말'이 그것이다.[11] 참고로 여기서는 10가지 도움말의 제목만 소개한다. 더 자세한 내용을 알고 싶다면 《미첼 레스닉의 평생유치원》을 보기 바란다.

1. 간단하게 시작하라.

2. 좋아하는 것을 하라.

3. 뭘 할지 모르겠으면 이렇게 저렇게 해보라.

4. 실험해보는 것을 두려워하지 마라.

5. 같이할 친구를 찾고, 아이디어도 공유하라.

6. 남의 것을 모방해 아이디어를 얻어도 괜찮다.

7. 아이디어를 기록으로 남겨라.

8. 만들고, 분해하고, 그리고 다시 만들어보라.

9. 많은 일이 잘못되어도 포기하지 마라.

10. 자신만의 학습 도움말을 만들어라.

– 학습자를 위한 10가지 도움말

1. **상상** 아이디어를 불러일으킬 예제를 보여주라.

2. **상상** 어질러보라고 권하라.

3. **창작** 여러 다양한 재료를 제공하라.

4. **창작** 뭘 만들든지 받아들여라.

5. **놀이** 결과가 아닌 과정을 강조하라.

6. 놀이 창의적 프로젝트를 하는 시간을 늘려라.

7. 공유 아이들을 서로 엮어주는 역할을 하라.

8. 공유 협력자로 참여하라.

9. 생각 본질적 질문을 하라.

10. 생각 자신의 생각을 공유하라.

– 학부모와 교사를 위한 10가지 도움말

현대적 의미의 인공지능 개념을 창시하고, 촉각을 느끼고 물건을 집고 들어 올리는 로봇 팔과 '시각 스캐너'라는 로봇 눈을 발명한 사람이 있다. 인공지능의 아버지라 불리는 마빈 민스키다. 그는 1959년 MIT에 인공지능연구소를 세우고 MIT 인공지능 프로젝트를 진행했다. 그러다가 1985년에 MIT 미디어랩을 만들었다.

인공지능의 아버지라 불리는 사람의 영향을 받아서일까? MIT 미디어랩은 실리콘밸리 이상으로 최첨단 인공지능 지식과 기술을 보유하고 있다. 그리고 우리의 상상을 뛰어넘는 인공지능을 개발하고 있다. 사람의 생각까지 읽는다는 인공지능 웨어러블 디바이스 '알터에고 AlterEgo', 세계 최초의 사이코패스 인공지능 '노먼 Norman', 공포소설을 쓰는 인공지능 소설가 '셸리 Shelley' 등이 대표적이다.

이런 미디어랩에서 왜 '평생유치원'이라는 교육 프로그램을 만들었을까? 그리고 왜 연구원들로 하여금 이 교육 프로그램을 이수하게 할까? 나는 이렇게 대답하고 싶다.

"그들은 인공지능이 만들어나갈 미래에 대해서 잘 알고 있다. 공감 능력과 창조적 상상력을 가진 사람은 인공지능의 주인이 될 수 있지만 그렇지 못한 사람은 인공지능의 노예가 된다는 사실을 잘 알고 있다. 하여 그들은 레오나르도 다 빈치나 미켈란젤로 같은 천재들조차 뛰어넘는, 인류 최고 수준의 공감 능력과 창조적 상상력을 가진 유치원 아이들에게 주목했다. 그리고 유치원 아이들의 놀이·학습 방식에 기반한 교육 프로그램을 만들었다."

MIT 미디어랩의 창의·소통 교육 프로그램인 '평생유치원'의 교육 철학은 놀랍게도 마리아 몬테소리의 교육 철학과 상당 부분 일치한다. 전 세계적으로 4,200만 명의 회원이 가입해 있는, 빌 게이츠와 구글이 '세상을 바꿀 교육'이라는 찬사를 보내며 거액을 후원한, 무료 온라인 교육기관 칸 아카데미^{Khan Academy} 창설자 살만 칸이 설립한 칸랩 스쿨^{Khan Lab School}도 마찬가지다. 이 학교는 1년 학비만 2,800만 원에 달하는 고급 사립학교로 인공지능 시대의 리더를 기르는 것을 목적으로 하고 있는데, 철저하게 몬테소리 방식으로 교육하고 있다.

이렇게 놓고 보면 몬테소리 교육의 핵심인 '자유', '몰입', '성취'는 인공지능 시대를 살아갈 사람이 반드시 추구해야 하는 가치임이 분명하다.

200년 전, '칼 비테 교육법'에 숨겨진 진실

이쯤에서 내 뇌리를 강렬하게 스치는 한 인물이 있다. 칼 비테다. 그는 근현대 유치원 교육과 홈스쿨링 교육에 거대한 영향을 미쳤다. 특히 유치원을 창설한 프뢰벨과 유아 교육에 혁명을 일으킨 마리아 몬테소리에게 큰 영향을 미쳤다. 프뢰벨과 몬테소리의 교육 철학은 칼 비테에 뿌리를 두고 있다고 해도 과언이 아니다. 내가《리딩으로 리드하라》와《내 아이를 위한 칼 비테 교육법》에서 지겹게 이야기 했던 그를 여기서 다시 언급하는 것은 그가 인공지능 역사에도 영향을 미쳤기 때문이다.

위의 두 책을 읽은 사람이라면 칼 비테가 미숙아 또는 저능아로 태어난 자신의 아들에게 오늘날의 한국 교육과 '다른' 교육을 시켰고, 그 결과 그의 아들은 고작 아홉 살에 6개 국어를 유창하게 할 수 있었고, 열 살에 라이프치히대학교에 입학했고, 열세 살에 기젠 대학교에서 철학 박사 학위를 받았고, 열여섯 살 때 하이델베르크대학교에서 법학 박사 학위를 받자마자 베를린대학교 법대 교수가 되었고, 이후 유럽을 대표하는 천재로 행복하게 살다가 세상을 떠났다는 사실을 잘 알고 있을 것이다.

그리고 칼 비테는 교육의 성자라 불리는 페스탈로치의 강력한 권유로《칼 비테 교육법》이라는 책을 저술해서 당시 유럽에 센세이션을 일으켰지만 유럽의 귀족들은 칼 비테가 세상을 떠나기가 무섭게 유럽 전역에 뿌려진《칼 비테 교육법》을 수거해서 전량 폐기했다는 이야기도 들어보았을 것이다.

여기에 더해 세상에서 잊힌 줄 알았던《칼 비테 교육법》은 19세기 후반에 하버드 레오 위너 교수에 의해 우연히 하버드 도서관 서고에서 발견되었는데, 레오 위너가 두 딸과 아들에게 칼 비테식 교육을 시킨 결과 두 딸은 각각 열두 살과 열네 살에 하버드에 입학했고, 아들은 열두 살에 태프트대학교에 입학한 뒤 열네 살에 하버드 대학원에 들어가 4년 만에 철학 박사 학위를 받고 하버드대 교수를 거쳐 MIT 교수로 일하면서 '인공두뇌학'이라는 새로운 학문을 창시했다는 사실과 레오 위너 교수의 소개로《칼 비테 교육법》을 만나고 자녀에게 '칼 비테식 교육'을 했던 다른 교수들 역시 자녀를 모두 십대 초반에 하버드에 보냈다는 사실 또한 익히 알고 있을 것이다.

그렇다면 칼 비테는 인공지능에 어떤 영향을 미쳤을까? 레오 위너 교수의 아들 노버트 위너가 MIT에서 교수로 일할 때다. 어느 날 월터 피츠라는 청년이 연구 조수가 되고 싶다며 그를 찾아왔다. 노버트 위너는 월터 피츠의 천재성을 알아채고 바로 고용했다.

그런데 알고 보니 이 청년이 워런 매컬러[12]와 인공신경망에 관한 논문을 쓴 게 아닌가. 당시엔 아직 컴퓨터도 발명되지 않았는데, 두 사람은 놀랍게도 인공지능에 대한 논문을 쓴 것이다. 이에 깜짝 놀란 노버트 위너는 월터 피츠를 폰 노이만에게 소개하였고, 폰 노이만은 월터 피츠와 워런 매컬러의 논문을 참고해서 최초의 프로그램 내장형 컴퓨터 '에드박^{EDVAC}'을 만들게 되었다. 참고로 오늘날 우리가 쓰고 있는 스마트폰과 PC는 에드박에 뿌리를 두고 있다.

2016년 월터 피츠와 워런 매컬러의 인공신경망을 탑재한 인공지능이 세상에 선을 보였다. 알파고다. 만일 노버트 위너가 월터 피츠를 세상에 알리지 않았다면 인공신경망에 관한 논문은 빛을 보기 어려웠을 것이고, 알파고도 탄생하지 못했을 것이다. 한편으로 노버트 위너는 사이버네틱스^{인공두뇌학}를 창조했다. 사이버네틱스는 컴퓨터·인터넷·로봇·인공지능 등 IT 산업 전반에 거대한 영향을 미쳤다. 그러니까 노버트 위너의 사이버네틱스가 없었다면 오늘날의 알파고도 없었을 가능성이 높다. 아니 있었더라도 지극히 불완전했을 것이다. 한마디로 노버트 위너는 알파고 탄생의 숨은 주역이다.

구글은 래리 페이지와 세르게이 브린의 주도로 알파고를 만들었다. 앞에서도 말했지만 두 사람은 자신들의 창조적 상상력과 공감 능력의 원천으로 몬테소리 교육을 들었다. 그리고 몬테소리는 칼 비테에게 거대한 영향을 받았다. 이렇게 놓고 보니 이런 도식이 형성되는 것 같다.

칼 비테 ┬ 레오 위너 – 노버트 위너, 월터 피츠 – 알파고
       └ 몬테소리 – 래리 페이지, 세르게이 브린 – 알파고

나에게는 칼 비테의 교육 철학과 방법이 날것 그대로 담긴《칼 비테 교육법》을 전 국민에게 읽히고 싶다는 강렬한 열망이 있다.《칼 비테 교육법》에는 실리콘밸리와 MIT가 추구하는 공감 능력과 창조적 상상력의 원천이 있다고 믿기 때문이다. 하여 나는 인공지능 시대 필독서로《칼 비테 교육법》을 추천한다. 사실 나는 이 책을 쓰기 2년 전부터 인공지능에게 대체되지 않는 나를 만들기 위해서 반드시 읽어야 하는 도서로《칼 비테 교육법》을 강력하게 추천했다. 전국으로 강의를 다니면서《칼 비테 교육법》을 읽어야 한다고 목이 터져라 외치고 또 외쳤다. 이 책을 쓰는 와중에도 몸이 달아올라서 유튜브 '이지성TV'를 통해 이야기하고 또 이야기했다.

이쯤에서《칼 비테 교육법》번역서의 진실을 알리고 싶다. 레오 위너 교수는《칼 비테 교육법》이 세상에 온전하게 알려지는 것을 원하지 않았다. 하여 독일어 원전의 3분의 1을 삭제한 불완전한 영어 번역서를 세상에 내놓았다. 반면 자신은 독일어 원전으로 아들을 교육했다. 친구 교수들에게도 독일어 원전을 줬다.

레오 위너가 편집하고 번역한 영어판《칼 비테 교육법》은 1970년대에 일본으로 넘어갔다. 일본은 이 교육법에 열광했다. 이후 칼 비

테 교육법은 일본 교사들과 부모들의 필독서로 자리 잡았다. 하지만 일본에는 아직까지도 《칼 비테 교육법》 독일어 원전 완역서가 없는 것으로 알고 있다.[13]

2000년대 초반에는 중국에서 칼 비테 열풍이 불었다. 이후 중국은 세계에서 칼 비테 번역서를 가장 많이 출간하는 국가가 되었다. 허나 독일어 원전을 완전히 번역한 책을 내놓은 게 아니라 레오 위너의 영어 편집판이나 일본어판을 중국어로 번역해서 내놓은 것으로 알고 있다. 그런데 '독일어 원전→영어 번역→일본어 번역→중국어 번역'이라는 복잡한 과정을 거치다 보니 뭔가 애매한 부분이 많았다. 중국은 이를 자체 창작(?)으로 해결한 것 같다. 중국어 번역서에는 칼 비테가 직접 쓴 독일어 원전에는 없는 내용이 심심찮게 등장한다.

우리나라는 어떨까? 내가 출판 전문가들과 알아본 바에 따르면 두 가지 종류의 번역서가 있다. 레오 위너의 불완전한 영어 편집판을 우리말로 번역한 것과 중국어판 《칼 비테 교육법》을 우리말로 번역한 것. 둘 중 어느 번역서가 많이 팔렸을까? 후자다. 그러니까 우리나라 독자들은 대부분 지난 10년 동안 '독일어 원전→영어 번역→일본어 번역→중국어 번역→우리말 번역'이라는 참 복잡한 과정을 거친 《칼 비테 교육법》을 읽어온 것이다.

나는 독일어 원전을 완역한 번역서를 우리나라에 내놓고 싶었다.

하여 출판 전문가들과 함께 200년 전 독일어를 번역할 수 있는 능력을 가진 번역가를 섭외하고, 기적처럼 《칼 비테 교육법》 원서 파일을 구해서[14] 2017년 최초의 독일어 원전 완역서 《칼 비테 교육법》김일형 옮김, 차이정원을 세상에 내놓았다.

《칼 비테 교육법》을 대놓고 홍보하는 것 같아 미안한 마음이 든다. 하지만 이렇게라도 알리지 않으면 안 될 것 같아서 실례를 무릅쓰고 이야기를 했다. 부디 나의 충심을 알아주길 바란다. 《칼 비테 교육법》을 실제 교육에 적용하는 방법에 대해서는 《내 아이를 위한 칼 비테 교육법》에 자세히 밝혔다. 관심 있는 사람은 일독하기를 권한다.

인공지능은 유년 시절이 없다

피터 스킬먼은 노키아 최고경영자 시절 특별한 실험을 했다. 디자이너들로 이루어진 팀, 공학자들로 이루어진 팀, 경영대학원생들로 이루어진 팀, 건축가들로 이루어진 팀, 변호사들로 이루어진 팀, 유치원 아이들로 이루어진 팀 등 여섯 개 팀을 상대로 삶지 않은 스파게티 면 20가닥, 1미터짜리 투명 테이프 1개, 얇은 노끈 한 타래, 적당한 크기의 마시멜로를 주고 정해진 시간 안에 가장 높은 탑을 쌓게

했다. 단 탑의 꼭대기에는 마시멜로가 있어야 했다. 즉 협동성^{공감 능력}과 창의성^{창조적 상상력}을 비교하는 실험을 한 것이다. 결과는 유치원 아이들의 승리였다. 유치원 팀은 변호사 팀의 1.5배, 경영대학원생 팀의 3배나 높은 탑을 쌓았다.[15]

당신에게도 유치원생 시절이 있었다. 그때 당신은 인류 최고 수준의 공감 능력과 창조적 상상력을 소유하고 있었다. 당신은 세상에 물들어가면서 두 능력을 잃어버렸다. 이제 되찾을 때다. 당신 안의 어린아이를 다시 발견하라. 그 아이와 대화하라. 그 아이와 마음껏 노래하고 춤추라. 때론 놀이터로 가라. 거기서 아이들과 함께 놀아라. 그러면서 배워라. 자유롭게 마음껏 노는 법을! 그렇게 당신이 당신 안의 어린아이를 다시 만날 때 당신의 공감 능력과 창조적 상상력은 자연스럽게 회복된다. 비록 어른이어도 언제나, 언제까지나 내면에 유년 시절의 자기 자신을 갖고 있는 사람은 인공지능에게 대체될 수 없다. 인공지능은 유년 시절이 없기 때문이다. 그러니 힘써 다시 아이가 되라.

에이트 03
'노잉'을 버려라, '비잉' 하고 '두잉' 하라

혹시 1초에 30만 킬로미터를 이동하는, 빛을 정지시키는 기술이 개발되었다는 소식을 들은 적이 있는가? 빛을 저장·보관하는 기술과 정지시킨 빛을 다시 흐르게 하는 기술이 개발되었다는 소식은? 지금으로부터 약 18년 전인 2001년 1월, 하버드에서 이 기술들을 개발하는 데 성공했다. 하버드는 도대체 왜 이런 기술들을 개발했던 걸까? 양자역학 원리로 작동하는 양자컴퓨터quantum computer 상용화를 위해서다.

양자컴퓨터는 슈퍼컴퓨터가 10억 년 걸릴 계산을 1분 안에 할 수 있다. 한마디로 꿈의 컴퓨터다. 양자컴퓨터는 놀랍게도 인공지능 딥블루가 체스 경기에서 인간 챔피언을 이겼던 1997년에 개발되었다. 그것도 인공지능 딥블루를 만들었던 IBM에서 개발했다.

양자컴퓨터는 '큐비트'라는 단위를 쓴다. 1997년 IBM에서 만든 것은 2큐비트였다. 과학계에 이런 말이 있었다.

"50큐비트가 특이점이다."

50큐비트 양자컴퓨터가 개발되면 그때부터 인류는 양자컴퓨터의 시대로 진입하게 된다는 의미였다. 그런데 2017년 IBM에서 50큐비트를 개발했다. 2018년에는 구글에서 72큐비트를 개발했다.

양자컴퓨터가 5큐비트에서 50큐비트까지 가는 데 고작 3년이 걸렸다.[16] 지금 50큐비트인 양자컴퓨터가 100큐비트가 되면 성능이 1천조 배 향상된다.[17] 1천 배가 아니다. 1천조 배다. 한마디로 우리는 지금 SF 같은 세상에서 살고 있다.

다행인지 불행인지 양자컴퓨터는 아직 상용화되지 않았다. IBM, 마이크로소프트, 구글 같은 IT 기업들은 빠르면 2025년, 늦어도 2035년 무렵이면 양자컴퓨터가 상용화된다고 예측하고 있다. 양자컴퓨터가 상용화되면 무슨 일이 벌어질까? 인공지능혁명이 일어난다. 뭐랄까, 인공지능 대중화가 이루어진다고나 할까?

일단 인공지능 개발 비용이 크게 하락한다. 지금 우리나라에서는 인공지능 의사 '앤서'를 개발하고 있다. 비용이 얼마일까? 무려 357억 원이다. 양자컴퓨터가 상용화되면 인공지능 개발 비용은 어떻게 될까? 적게는 100분의 1, 많게는 1만분의 1로 하락할 가능성이 있다. 인공지능 개발 비용이 상상을 초월할 정도로 저렴해지면,

어떻게 될까? 인공지능의 가격도 놀라운 수준으로 떨어진다. 즉 우리는 미래에 자동차를 사듯이 아니 TV나 냉장고를 사듯이 인공지능 로봇을 구입할 가능성이 높다.

여기에 더해 인공지능 전력 소비량이 큰 폭으로 하락한다. 앞서 말했지만 양자컴퓨터는 슈퍼컴퓨터가 10억 년 동안 계산할 것을 1분에 끝낼 수 있다. 이는 무엇을 의미하는가? 미래에 양자컴퓨터를 탑재한 인공지능 로봇의 전력 소비량이 현재의 10억분의 1 수준일 가능성이 크다는 것이다. 한마디로 지금 컴퓨터나 냉장고에 들어가는 전기 요금 수준으로 인공지능 로봇을 쓸 수 있다는 뜻이다.

과연 이뿐일까? 아니다. 인공지능의 지능이 폭발적으로 향상된다. 아마도 양자컴퓨터를 탑재한 인공지능은 IQ 1만을 가볍게 돌파할 것이다. 한마디로 인류 지능의 시대가 종말을 맞이하는 것이다.

어떤 과학자들은 이런 예측까지 하고 있다. 인공지능이 500만 큐비트 양자컴퓨터를 탑재하면 생각과 감정과 마음을 갖기 시작할 수도 있다고 말이다. 과연 그런 시대가 올까? 기계가 '지능'만이 아닌 '생각'과 '감정'과 '마음'까지 갖는 시대 말이다.

하버드가 버린 것과 취한 것

하버드는 빛을 정지·저장·보관시키는 것은 물론이고 다시 흐르게 하는 기술을 개발해서 양자컴퓨터 기술에 혁신을 일으켰다. 만일 하버드가 이 기술들을 개발하지 못했다면 양자컴퓨터는 상용화의 길을 걸을 수 없었을 것이다. 여기에 더해 하버드는 매우 저렴한 비용으로 제작할 수 있는 인공근육까지 개발했다. 한마디로 하버드는 앞으로 대중화될 새로운 인공지능의 두뇌와 몸을 만드는 프로젝트를 진행 중이다. 이뿐만이 아니다. 하버드는 인공지능 윤리 과목을 개설, 학생들을 가르치고 있다. 즉 하버드는 인공지능 시대를 과학적·기술적·정신적·문화적 차원에서 철저하게 준비하고 있다.

그렇다면 하버드는 학생들을 인공지능에게 대체되지 않는 인공지능의 주인이 되는 존재로 만들기 위해서 어떤 교육을 하고 있을까? 하버드 의대와 경영대학원을 보자.

하버드 의대는 최근 설립 237년 만에 처음으로 교육 개혁을 단행했다. 기존 방식의 교육으로는 인공지능에게 대체되는 의사를 배출할 수 있을 뿐 인공지능의 주인이 될 수 있는 의사는 배출할 수 없다는 게 이유였다. 이를 위해서 하버드 의대는 '플립러닝 flipped learning'을 도입하고, MIT와 '헬스 사이언스 테크놀로지 MD 프로그램'을 만들었다. 그리고 교육 과정을 이렇게 바꾸었다.

1학년 기초의학 및 임상의학

2학년 임상실습

3~4학년 심화 연구

하버드 경영대학원도 최근 설립 100년 만에 처음으로 교육 개혁을 단행했다. 핵심은 노잉 Knowing 위주의 교육을 비잉 Being 및 두잉 Doing 위주로 바꾸는 것이었다. '비잉'은 자기 인식을 통해 조직 구성원과 고객에게 깊은 영향을 미치는 가치와 신념 등을 만드는 것을 의미하고 '두잉'은 기존 기술에 혁신을 일으키거나 새로운 사업을 창조하는 것을 뜻한다. 즉 하버드 경영대학원은 지난 100년 동안 추구해왔던 지식 Knowing 교육을 공감 능력 Being과 창조적 상상력 Doing을 기르는 교육으로 바꾸었다. 교육 시스템 자체를 인공지능의 주인이 되는 경영자를 배출하는 것으로 바꾼 것이다.

하버드 의대 교육개혁의 핵심인 플립러닝은 교과서와 강의가 사라진 수업을 의미한다. 그럼 교수와 학생들은 수업 시간에 무엇을 할까? 토론을 한다. 학생들은 집에서 미리 공부해온 내용을 중심으로 열띤 토론을 하고, 교수도 학생들 사이에 앉아서 함께 토론한다. 물론 이 토론은 1~3차 산업혁명 시대에 하버드가 즐겨했던 논쟁 위주의 토론이 아니다. 인공지능은 절대 가질 수 없는 공감 능력을 기르는 것을 목적으로 하는 대화 위주의 토론이다.

하버드 경영대학원은 본래 교과서도 강의도 없는 수업을 운영했다. 대신 실제 경영 사례를 놓고 교수와 학생들이 함께 토론하는 수업을 했다. 그러니까 프랑스 와인 명문가의 경영 사례라든가, 인도 빈민가의 병원 경영 사례 등이 담긴 경영 사례집을 읽고 분석한 뒤 강의실에 모여서 "내가 만일 이곳의 마케팅 담당자라면 어떻게 할 것인가?"라든가 "내가 만일 이곳의 경영자라면 어떻게 할 것인가?" 등을 놓고서 깊이 있는 토론을 했다. 그런데 이는 1~3차 산업혁명 시대에 하버드가 즐겨했던 '노잉' 위주의 토론이었다. 하여 하버드 경영대학원은 이를 4차 산업혁명 시대에 맞는 비잉 및 두잉 위주의 토론으로 바꾸었다. 하버드 의대의 플립러닝이 추구하는 토론을 도입한 것이다.

이쯤에서 밝혀야 할 사실이 있다. 본래 플립러닝은 미국의 고등학교 교사 존 버그만과 에런 샘스가 시합 등으로 수업에 자주 빠지는 운동부 학생들을 위해서 만들었다. 두 교사는 자신들의 수업을 동영상으로 녹화한 뒤 운동부 학생들에게 제공했다. 운동부 학생들은 집에서 동영상으로 수업을 들었고, 학교에 와서는 동영상 내용을 바탕으로 질의응답과 토론을 했다. 교과서와 교사의 강의가 필요 없는 새로운 형태의 수업을 한 것이다. 결과는 놀라웠다. 학생들의 소통 능력과 협동 능력이 크게 향상됐고, 시험 성적 또한 크게 상승했다.

여기에는 교육학적 근거가 있다. MIT의 사회심리학자 커트 레빈

이 세운 국립교육연구소^{National Training Laboratories}에서 발표한 '학습 피라미드'에 따르면 주입식 강의를 들은 학생들은 강의 내용을 5% 밖에 기억하지 못하지만, 학생들끼리 서로 소통하고 협력하는 수업, 즉 서로가 서로를 가르치는 형태의 수업에 참여한 학생들은 수업 내용을 90% 이상 기억한다고 한다. 즉 플립러닝 형태의 수업이 주입식 강의 형태의 수업보다 학습 효율이 무려 18배나 높은 것이다.

이 책의 주제에 맞는 질문을 하나 던져보겠다.

"존 버그만과 에런 샘스는 운동부 학생들을 인공지능 시대의 리더로 만들기 위해 플립러닝을 만들었던 걸까? 미국 국립교육연구소의 학습 피라미드는 어떤가? 인공지능에게 대체되지 않는 인재를 만들기 위한 학습 피라미드인 걸까?"

아니다. 존 버그만과 에런 샘스의 플립러닝과 미국 국립교육연구소의 학습 피라미드는 3차 산업혁명 시대의 교육 시스템하에서 3차 산업혁명 시대에 맞는 인재를 길러내기 위해 만들어졌다. 한마디로 플립러닝을 제아무리 열심히 한다고 해도 인공지능에게 대체되지 않는 나를 만들기는 어렵다. 그런데 우리나라는 이 사실을 간과하고 있는 것 같다. 초·중·고 교실이나 대학 강의실에 플립러닝을 도입하기만 하면 4차 산업혁명 시대에 맞는 인재들을 배출할 수 있다고 믿고 있는 것 같다. 그래서 전국적으로 플립러닝 열풍이 불 듯한 조짐이 보이고 있다. 하지만 앞에서 이야기했듯이 절대 그렇지 않다. 인공지능 때문에 강의를 폐지하고 플립러닝을 도입한 하버드·스탠퍼드·듀크대 의대 등도 그렇게 생각하고 있지 않다.

그렇다면 하버드·스탠퍼드·듀크대 등 세계 최고의 의대들은 왜 강의를 폐지하고 플립러닝을 도입한 걸까? 기존 강의식 교육은 공감 능력을 길러줄 수 없지만 플립러닝의 토론식 교육은 가능하기 때문이다. 그런데 앞에서 말했듯이 이 의대들은 인공지능의 주인이 되는 인간 의사를 배출하고자 플립러닝을 도입했다. 그렇다면 이 의대들이 추구하는 공감 능력은 무엇일까?

인간 의사와 인공지능 의사가 공존하는 미래의 병원을 상상해보자. 아마도 의료 행위는 거의 대부분 인공지능 의사가 할 것이다. 인간 의사보다 몇 배는 우월할 테니까 말이다. 그렇다면 인간 의사는 무엇을 할 수 있을까? 인공지능 의사에게는 없는 인간적·사회적 공감 능력을 발휘해서 환자와 마음에서 우러나는 대화를 할 수 있을 것이다. 그렇게 환자의 마음에 위로와 안정과 희망을 줄 수 있을 것이다.

그런데 이것을 생각해보자. 그런 공감 가득한 대화는 의사보다는 상담가나 성직자가 더 잘할 수 있지 않을까? 그렇다면 병원에 굳이 인간 의사가 있어야 할 필요가 있을까? 상담가나 성직자가 있는 게 더 낫지 않을까? 그렇다면 이런 의사는 어떤가? 인공지능 의사들을 부하처럼 거느리면서 병원을 경영하고 진료를 지휘하는 인간 의사

말이다. 이런 의사에게는 인공지능은 절대 가질 수 없는 어떤 능력이 있어야 할 것이다. 그것은 무엇일까?

인공지능 의사는 기존 의료 지식과 기술을 완벽하게 학습하고 진료에 적용할 수 있다. 1초 전에 발표된 지식과 기술도 그렇게 할 수 있다. 하여 인공지능 의사는 지식 위주의 교육을 받은 인간 의사를 압도하고 대체할 수 있다. 하지만 인공지능 의사에게는 창조적 상상력이 없다. 한마디로 새로운 의료 지식과 기술을 만들거나 기존 의료 지식과 기술에 혁신을 일으킬 수 없다. 하여 인공지능 의사는 창조적 상상력을 가진 인간 의사에게 종속된다. 이렇게 놓고 보면 인공지능의 주인이 되고자 하는 의사가 가져야 하는 공감 능력은 새로운 의료 지식과 기술의 창조나 기존 의료 지식과 기술의 혁신을 유발하는 것이어야 한다. 한마디로 앞으로 인간 의사는 인간적·사회적 공감 능력도 당연히 가져야 하겠지만 이를 창조적 공감으로 발전, 승화시키는 능력[18]과 실제로 창조와 혁신을 일으키는 능력을 가져야 할 것이다. 하여 하버드 의대는 플립러닝을 통해 인간적·사회적 공감을 창조적 공감으로 발전, 승화시키는 능력을 기르고 '헬스 사이언스 테크놀로지 MD 프로그램'과 심화 연구 과정[3~4학년]을 통해 의료 지식과 기술에 창조와 혁신을 일으키는 능력을 기를 수 있게 한 것이다. 하버드 경영대학원이 노잉 위주의 토론을 비잉 및 두잉 위주의 토론으로 바꾼 것도 같은 이유다. 이 사실을 잘 알아야 한다. 그래야 플립러닝을 인공지능에게 대체되지 않는 나를 만드는 도구로 사용할 수 있다.

하버드 교육혁명이 추구하는 인간 고유의 능력을 가진 대표적인 존재는 누구일까? 천재다. 물론 어떤 천재들의 인간관계 능력은 형편없었다. 하지만 그런 천재들조차 인류 전체를 향한, 시대를 초월한 위대한 공감 능력은 가지고 있었다. 만일 그렇지 않았다면 그들은 절대로 불멸의 업적을 남길 수 없었을 것이다.

나는 앞에서 인공지능 천재 서배스천 스런이 구글의 공동창업자 래리 페이지를 가리켜서 "나는 비교도 안 될 천재"라며 공개적으로 칭송했다는 이야기를 했다. 그렇다면 래리 페이지는 누구를 칭송했을까? 니콜라 테슬라다. 즉 천재다.

만일 미래 인류 사회가 4계급으로 나뉜다면 래리 페이지는 거의 100% 확률로 제1계급이 될 것이다. 아니 제1계급 중에서도 상위 1%에 속할 것이다. 아니 래리 페이지를 비롯해 세계적인 IT 기업 창업주들은 제1계급의 상위 1%가 될 준비를 지금 이 순간에도 착실히 하고 있다. 이들에게는 공통점이 있다. 천재를 공감 능력과 창조적 상상력의 원천으로 삼고 있다는 것이다. 이들은 하버드가 이제 시작한 인공지능의 주인이 되는 교육을 오래전부터 스스로 해오고 있었다고 할 수 있다.

레오나르도 다 빈치와 아인슈타인의 '생각' 공부법

구글의 공동창업자 래리 페이지와 세르게이 브린도 한 수 가르침을 받았다는, 실리콘밸리의 진정한 천재 빌 게이츠와 스티브 잡스를 보자. 두 사람은 각각 레오나르도 다 빈치와 아인슈타인을 원천으로 삼았다.

빌 게이츠는 스물다섯 살에 레오나르도 다 빈치의 천재성의 원천이었던 10가지 특별한 공부법을 자신에게 적용해 빌 게이츠의 모든 성취의 근원이라 불리는, 그 유명한 'Think Week생각 주간'를 만들었다. 마이크로소프트 경영자 시절에는 어땠을까? 집무실에 레오나르도 다 빈치의 초상화를 걸어놓고는 하루에도 수백 번씩 마음속으로 대화를 했다. 그렇게 빌 게이츠는 레오나르도 다 빈치를 원천삼아 우리가 아는 빌 게이츠가 되었다.

스티브 잡스는 아인슈타인의 초상화를 침실에 걸어놓고 하루의 시작과 끝을 함께했다. 그렇게 그는 시간과 공간에 관한 인류의 관점을 하루아침에 바꾼 아인슈타인의 'Think문명적 의미의 생각'를 자신의 창조적 공감 능력과 창조적 상상력의 원천으로 삼고 살았다. 그리고 어느 날 세상에 아이폰과 아이패드를 들고 나왔고, 우리가 아는 스티브 잡스가 되었다.

다음은 레오나르도 다 빈치와 아인슈타인의 10가지 '생각' 공부법이다. 세부적인 내용과 두 천재의 창조적 공감 능력 및 상상력의 원천이었던 '도서 목록'은《생각하는 인문학》을 참고하라.

자기 암시를 하라.

원전을 읽어라.

원전을 필사하라.

홀로 사색하라.

잠들기 전 사색하라.

지식 – 사색 – 적용 노트를 써라.

작가와 함께하라.

도서관을 사랑하라.

인문학 서재를 만들어라.

인문 고전 저자의 생각을 극복하라.

– 레오나르도 다 빈치의 '생각' 공부법

이미지로 생각하라.

고전 음악을 사랑하라.

도서관에서 사색하라.

작가처럼 생각하라.

자기 머리로 생각하라.

생각을 글로 표현하라.

생각을 실천하라.

토론하라.

청강을 완성하라.

겸손하라

– 아인슈타인의 '생각' 공부법

나는 앞에서 IBM, 마이크로소프트, 구글 같은 IT 기업들이 빠르면 2025년, 늦어도 2035년 무렵이면 양자컴퓨터가 상용화될 것이라 예측한다고 했다. 그리고 앞으로 인공지능은 양자컴퓨터를 탑재하게 되고 IQ가 1만을 돌파한다고 했다. 이는 무슨 의미인가? 양자컴퓨터 상용화 시대가 열리면 인공지능의 본격적인 인간 대체 시대 또한 열린다는 것이다. 내가 앞에서 인공지능에 의한 전문직의 대체가 본격적으로 이루어지는 시점을 2035년으로 잡은 이유가 여기에 있다. 이는 또 무엇을 의미하는가? 양자컴퓨터가 상용화되기 전에 인공지능은 절대로 가질 수 없는 인간 고유의 능력을 갖지 못하면 큰일날 수 있다는 것이다. 잘못하면 프레카리아트로 떨어질 수 있다는 것이다.

당신이 닮고 싶은 천재를 한 명 정하라. 그 천재의 초상화를 구해서 침실에 걸어두라. 매일 마음속으로 그와 대화하라. 그에 관한 책들을 찾아 읽어라. 그가 자신의 창조적 영감을 키우기 위해서 읽었던 책들도 찾아 읽어라. 시간이 허락한다면 그가 태어나서 자랐던 곳과 그가 왕성하게 활동했던 장소들도 찾아가보라. 매일 또는 며칠마다 한 번씩 시간을 정해놓고 천재처럼 생각하고 천재처럼 느끼고 천재처럼 행동해보라. 그렇게 천재의 창조적 공감 능력과 창조적 상상력의 원천을 당신 것으로 만들기 위해 노력하라. 그러다 보면 당신은 자신도 모르게 창조적 공감 능력과 창조적 상상력을 갖출 것이다. 기억하라. 빌 게이츠도, 스티브 잡스도 그렇게 IT 천재가 되었다.

인공지능은 결국 인간을 흉내 낸 것에 불과하다. 인공지능은 인간 중에서도 천재를 흉내 내고자 한다. 하지만 천재의 지적 능력 정도나 흉내 낼 수 있을 뿐 창조적 능력은 흉내조차 낼 수 없다. 아니 인공지능은 '천재의 창조'가 무엇인지조차 모른다. 하여 천재는 인공지능이 영원히 가 닿을 수 없는 별로 남을 것이다.

인공지능 시대에도 인간 천재는 계속 나타날 것이다. 그들은 새로운 인공지능을 상상하고, 창조할 것이다. 그렇게 천재는 인공지능의 주인을 넘어 인공지능의 위대한 창조자가 될 것이다. 그러니 당신도 힘써 천재를 추구하라.

천재의 창조적 공감 능력과 창조적 상상력의 원천을 만나는 시간을 가져라. 그렇게 천재라는 별의 빛이 당신의 내면 위에 흐르게 하라.

당신이 닮고 싶은 천재는 누구인가?

에이트 04
생각의 전환, '디자인 씽킹' 하라

더그 디츠라는 사람이 있다. MRI 자기공명영상장치를 개발한 사람이다. 어느 날 그는 매우 우쭐한 마음으로 자신이 개발한 MRI가 설치된 병원을 방문했다가 충격을 받았다. 한 병든 소녀가 MRI 검사기 안으로 들어가는 것을 한사코 거부하다가, 마취 주사를 반강제적으로 맞고 검사기 안으로 실려 들어가는 것을 목격했기 때문이다. 이후 그는 어린이 환자의 90% 이상이 MRI 기계 공포증으로 인해 마취 주사를 맞지 않고서는 검사 자체가 불가능하다는 사실을 알고 더 큰 충격에 사로잡힌다.[19]

하지만 다행스럽게도 그는 충격만 받고 끝나지 않았다. 그는 "어떻게 하면 어린이들이 마취 주사를 맞지 않고 MRI 검사를 받게 할 수 있을까"를 놓고 고민하기 시작했다. 그러던 어느 날 스탠퍼드대 D Design 스쿨을 알게 되고, 그곳에 등록해서 일주일 동안 '디자인 씽킹'을 배우게 되었다.

짧지만 강렬한 배움의 시간을 마치고 현장으로 돌아온 그는 회사에 출근하는 대신 어린이집으로 향했다. 그리고 그곳에서 어린이들과 대화하고 놀면서 오랫동안 잃어버렸던 내면의 '동심'을 다시 일깨웠다. 한편으로 그는 유아 심리학자, 유치원 교사, 소아과 의사 등 전문가들을 만나서 깊게 배웠다. 그는 어린이들과 공감할 수 있는 능력을 갖기 위해 모든 노력을 했다. 그 결과 그는 어린이들이 MRI 기계를 자신을 잡아먹기 위해 입을 벌리고 있는 커다란 괴물이라고 생각하기 때문에 MRI 검사기 속으로 들어가는 것을 무서워한다는 사실을 알게 되었다.

어린이들이 기계에 대해 갖고 있는 두려움의 원인을 정확히 파악한 그는 "어떻게 하면 어린이들이 마취 주사를 맞지 않고 MRI 검사를 받을 수 있을까?"라는 질문을 "어떻게 하면 어린이들이 MRI 기계를 친근하게 느낄 수 있을까? 신나고 즐거운 얼굴로 MRI 검사기 안으로 들어가게 할 수 있을까?"로 바꾸었다. 그리고 스탠퍼드대 D 스쿨의 '디자인 씽킹' 3~5단계를 적용, 문제를 해결했다.

더그 디츠의 비결은 두 가지였다. 첫째, MRI 검사기를 어린이들이 좋아하는 우주선, 해적선 등으로 디자인했다. 기계 자체를 새로 디자인한 것은 아니었다. 기계 표면에 우주선 또는 해적선을 연상시키는 사진과 조형물을 붙였다. 둘째, 촬영 기사들에게 '우주선을 타고 떠나는 신나는 모험' 등의 대본을 나눠주고 어린이들에게 읽어주게 했다. 그러자 어린이들은 특유의 상상력을 발휘해서 MRI 검사기 안으로 들어가는 것을 우주선에 탑승하는 것으로, MRI 검사기 속에서 누워 있는 시간을 우주선 안에 누워서 우주를 여행하는 시간으로 받아들였다.

이렇게 MRI 기계를 어린이들이 좋아할 수 있도록 디자인하고, MRI 검사기 안으로 들어가는 경험을 두렵고 무서운 무엇에서 신나고 즐거운 무엇으로 바꿔주자 마취 주사를 맞지 않고서는 MRI 검사를 할 수 없었던 어린이들의 비율이 제로에 가까이 줄었다.[20] 이뿐만이 아니었다. 많은 어린이가 MRI 검사를 마치자마자 깡충깡충 뛰면서 이렇게 말했다.

"엄마, 너무 재미있었어요. 우리 여기 또 놀러 와요!"

4차 산업혁명의 요람, 스탠퍼드대 D스쿨

'AI Artificial Intelligence'라는 말을 처음 만든 존 매카시가 MIT에 이어 스탠퍼드에 인공지능연구소를 세울 무렵, 그러니까 1962년의 일이다. HP를 만든 빌 휼렛과 데이비드 패커드가 멘토로 모셨을 정도로 뛰어난 공학자였던 프레더릭 터먼은 당시에 스탠퍼드대에서 교무처장으로 일하고 있었다. 어느 날 그는 스탠퍼드대의 한 젊은 교수에게 전화를 걸어서 이렇게 물었다.

"존 매카시가 기계디자인과 기계공학에 능한 사람을 필요로 하고 있는데 자네가 적격일 것 같네. 어떤가?"[21]

버나드 로스는 잠시 망설였지만 이내 "네, 터먼 교수님. 좋습니다"라고 대답했고, 얼마 뒤 존 매카시의 인공지능연구소에 합류했다.[22] 버나드 로스는 그렇게 스탠퍼드 인공지능연구소의 핵심 연구원으로 활약하면서 '로봇공학'이라는 새로운 학문을 창조한 주역들 중 한 명이 되었고 후일 데이비드 켈리, 래리 라이퍼와 함께 스탠퍼드대 D스쿨을 만들었다.

스탠퍼드대 D스쿨의 핵심은 디자인 씽킹Design Thinking, 즉 생각을 디자인하는 것이다. 기존 사고를 인간 중심의 사고로 새롭게 디자인해서 인간의 삶에 영향을 미치는 거의 모든 것에 혁신을 일으키는 것이다.[23] 그런데 디자인 씽킹이 처음부터 이런 의미를 가졌던 것은 아니다. 용어 자체에서 느껴지듯이 처음엔 산업 디자이너들이 제품을 디자인할 때 하는 사고 과정 정도를 의미했다. 그런데 MIT 교수 존 아널드와 카네기멜론대 교수 허버트 사이먼이 디자인 씽킹을 각각 "인간 경험에 기반한 창의적 사고", "현 상황을 더욱 낫게 변화시키기 위해 하는 인간의 모든 사고"로 정의하면서 오늘날의 의미가 되었다.[24]

잠깐 존 아널드와 허버트 사이먼 이야기를 하고 가자.

존 아널드는 MIT에서 디자인 씽킹 개념에 혁신을 일으킨 뒤 스 탠퍼드대로 전근, 기계공학과 경영학, 두 학과를 오가면서 학생들을 가르치다가, 버나드 로스에게 스탠퍼드대로 와서 기계공학과 교수로 일하면 어떻겠느냐는 제안을 했다.[25] 버나드 로스는 존 아널드에게 깊은 존경심을 갖고 있던 터라 이미 컬럼비아대 조교수로 채용되었음에도 불구하고 미국을 횡단하는 기차를 타고 스탠퍼드대로 갔다.[26] 그런데 앞에서도 말했듯이 스탠퍼드대 기계공학과는 스탠퍼드 인공지능연구소와 로봇공학이 탄생하고 발전하는 데 큰 역할을 했다. 이는 존 아널드 역시 스탠퍼드대 인공지능연구소와 로봇공학의 탄생 및 발전에 적지 않은 영향을 미쳤음을 의미한다.

허버트 사이먼은 1969년에 출간한 《인공 과학의 이해The Sciences of the Artificial》에서 디자인 씽킹을 "현 상황을 더욱 낫게 변화시키기 위해 하는 인간의 모든 사고"로 정의했는데, 이는 디자인 씽킹의 개념을 근본적으로 바꾼 사건이었다. 그래서 오늘날 여러 전문가들이 허버트 사이먼을 디자인 씽킹의 현대적 개념을 만든 사람으로 인정하고 있다. 그런데 허버트 사이먼은 앨런 뉴얼과 함께 최초의 인공지능 프로그램인 '논리이론가'를 만든 사람이다. 그리고 존 매카시, 마빈 민스키 등과 함께 최초로 인공지능 학회를 연 사람이다. 한마디로 허버트 사이먼은 인공지능의 아버지라 불려도 손색이 없다고 할 수 있다.

스탠퍼드대 D스쿨의 디자인 씽킹에 큰 영향을 미친 존 아널드, 허버트 사이먼, 버나드 로스는 인공지능의 세계에 깊이 몸담았거나 인공지능 역사에 직간접적인 영향을 미쳤다. 한마디로 디자인 씽킹은 인공지능과 밀접한 연관이 있다. 그렇다면 D스쿨의 디자인 씽킹은 인공지능에게 대체되지 않는 나를 만드는 강력한 도구가 될 수 있을까?

나는 이 질문에 대한 답을 찾기 위해 D스쿨의 디자인 씽킹이 인공지능으로 대표되는 4차 산업혁명에 미친 영향을 찾아보았다. 그랬더니 놀라운 사실이 나왔다. D스쿨은 4차 산업혁명의 요람 같은 곳이었다. 4차 산업혁명을 주도한 실리콘밸리의 IT 기업들은 D스쿨의 디자인 씽킹을 기본적인 사고 도구로 사용하고 있었다. 그리고 스탠퍼드대 D스쿨을 실질적으로 설립한 래리 라이퍼와 데이비드 켈리는 디자인 씽킹이야말로 인간 공감에 기반한 창의적 혁신을 가장 잘 일으킬 수 있는 도구라고 말하고 있었다. 한마디로 D스쿨의 디자인 씽킹은 인공지능은 절대 가질 수 없는 인간 고유의 능력인 공감 능력과 창조적 상상력을 가장 잘 이끌어낼 수 있는 무엇이었다.

스탠퍼드대 D스쿨의 디자인 씽킹은 다음 5단계로 구성되어 있다.

1단계 공감하기|Empathize

2단계 문제를 새롭게 정의하기|Define

3단계 문제 해결을 위한 아이디어 내기|Ideate

4단계 시제품 만들기|Prototype

5단계 시험하고 검증하기|Test

그런데 이 5단계는 고정적인 것이 아니다. 버나드 로스의 말을 빌리면 4단계까지 갔다가 다시 2단계로 돌아가거나 특정 단계를 몇 번이고 반복할 수도 있다.[27]

1단계 '공감하기'는 관찰·대화·체험 등을 통해서 상대방의 마음을 이해하고 깨닫는 행위다. 더그 디츠가 어린이 환자들의 마음을 알기 위해 어린이집에서 어린이들을 관찰하고 어린이들과 대화하면서 어린이들의 문화를 깊이 체험했던 것을 생각해보면 되겠다.

2단계 '문제를 새롭게 정의하기'는 '공감하기'를 통해서 이해하고 깨달은 상대방의 입장에서 문제를 새롭게 바라보고 정의하는 행위다. 더그 디츠는 '공감하기'를 통해 어린이들의 입장에서 MRI 기계와 MRI 검사를 바라보았다. 그리고 문제는 MRI 기계나 MRI 검사 자체가 아니라 어린이들이 기계와 검사에 대해 느끼는 감정임을 깨달았다. 그 결과 문제를 "어떻게 하면 어린이들이 마취 주사를 맞지 않고 MRI 검사를 받을 수 있을까?"에서 "어떻게 하면 어린이들이 MRI 기계를 친근하게 느낄 수 있을까? 신나고 즐거운 얼굴로 MRI 검사기 안으로 들어가게 할 수 있을까?"로 새롭게 정의할 수 있었다.

3단계 '문제 해결을 위한 아이디어 내기'는 말 그대로 문제를 해결하기 위한 아이디어를 도출하는 과정을 의미한다. 스탠퍼드대 D 스쿨의 설립자 중 한 명인 데이비드 켈리는 톰 켈리와 공저한 《유쾌한 크리에이티브 Creative Confidence》에서 창의적인 아이디어를 도출하는 22가지 방법에 대해 조언하고 있다. 이 중 대표적인 10가지를 나열하면 다음과 같다.

1. 최고의 노력을 기울여라.

2. 아이디어를 떠올리는 데 도움이 되는 환경을 만들어라.

3. 잠재의식을 활용하라.

4. 브레인스토밍을 하라.

5. 아이디어 노트를 써라.

6. 사람들과 즐겁게 대화하라.

7. 이미 문제를 해결했다고 생각하라.

8. 스토리 보드를 활용하라.

9. 마인드맵을 활용하라.

10. 비주얼 씽킹을 하라.

이 단계에서는 위 방법들 중 일부를 사용해도 좋고 모두를 사용해도 좋다.[28] 더그 디츠도 이 방법들을 사용해서 MRI 기계를 우주선 또는 해적선으로 디자인하고, MRI 촬영기사로 하여금 어린이 환자들에게 우주선 또는 해적선을 타고 떠나는 모험 이야기를 들려주게 하겠다는 아이디어를 도출해냈다.

4단계 '시제품 만들기'는 아이디어를 직접 테스트 제품으로 만들어보는 것을 의미하고, 5단계 '시험하고 검증하기'는 테스트 제품을 시험하고 검증해서 완벽한 제품으로 만드는 것을 의미한다. 더그 디츠가 어린이들이 좋아할 만한 여러 종류의 스티커들과 조형물들을 만들고, 이를 MRI 기계들에 붙인 뒤 어린이들의 반응을 보고나서 최종적으로 '해적선 MRI'와 '우주선 MRI'로 정한 것을 생각해보면 되겠다.

디자인 씽킹을 무용지물로 만드는 다섯 가지

스탠퍼드대학교의 창조적 혁신과 D스쿨의 디자인 씽킹은 사실 우리나라에 알려진 지 제법 오래됐다. 정부에서는 이미 1999년 벤처 기업가 등을 스탠퍼드대로 보내서 창조적 혁신을 배우게 하는 'SEIT 한국·스탠퍼드 협력 사업 프로그램'[29]을 만들었고, 또 2014년에는 스탠퍼드대 D스쿨로 직접 보내서 디자인 씽킹을 배우게 하는 과정이 담긴 '글로벌 기업가정신 프로그램'을 만들었다. 정부에서도 이렇게 했는데 기업과 대학 등은 어땠을까? 2000년대 중반부터 참으로 열심히 학습하고 실천했다. 덕분에 이제 스탠퍼드대 D스쿨의 디자인 씽킹은 우리나라에서 누구나 배우고 사용할 수 있는 무엇이 되었다. 이쯤에서 이런 질문을 던지고 싶다.

"그런데 우리나라는 왜 그동안 어떤 창조도 혁신도 일으키지 못했던 걸까? 그리고 인공지능으로 대표되는 4차 산업혁명의 주류가 되기는커녕 그 거대한 흐름에서 처참하게 뒤처지고 있는 걸까?"

스탠퍼드대 기계공학과 래리 라이퍼 교수는 D스쿨의 설립자 중한 명이다. 그는 D스쿨의 두뇌라고 할 수 있는 사람인데, 2000년대 중반부터 우리나라를 직접 방문해서 디자인 씽킹을 전파하고 있다. 그는 위 두 질문에 이렇게 답했다.

1. 부모는 자녀가 안정적인 길만 가기를 바라고 자녀는 성인이 되어서도 부모에게 의존하는, 특유의 가족 문화 때문이다.[30]

2. 사고가 한국 교육 시스템의 틀 안에 갇혀 있기 때문이다.[31]

3. 자신의 내면에 이미 창의성이 존재한다는 사실을 믿지 않기 때문이다.[32]

4. 창조적 인재가 되겠다는 절박한 마음이 없기 때문이다.[33]

5. 공감과 대화에 기반한 협력 문화가 없기 때문이다.[34]

한마디로 한국 사회 특유의 '틀'을 깨뜨리지 않는 한 제아무리 스탠퍼드대 D스쿨의 디자인 씽킹을 열심히 배워봤자 창조적 공감을 할 수도, 창조적 혁신을 일으킬 수도 없다는 것이다. 한국인은 획일화된 가정에서 태어나서 '공부' 중심의 획일화된 가정 교육을 받다가 획일화된 학교에 들어가서 역시 '공부' 중심의 획일화된 학교 교육을 받는다. 그리고 획일화된 대학에 들어가서 '학점'과 '취업' 중심의 획일화된 교육을 받다가 획일화된 직장에 취직해서 '일' 중심의 획일화된 삶을 산다. 그렇게 한국인은 대한민국이라는 거대한 기계 구조 안에서 기계 아닌 기계로 살아간다. 그 결과 한국인은 래리 라이퍼 교수가 지적한 디자인 씽킹을 무용지물로 만드는 다섯 가지 요소를 모두 갖추고 있다.

3차 산업혁명 시대까지는 기계처럼 살아도 괜찮았다. 아니 오히려 기계처럼 살수록 학교와 사회에서 더 인정받았다. 하지만 알다시피 4차 산업혁명부터는 다르다. 지금 기계처럼 살아가는 사람들은 그들보다 더 나은 기계, 즉 인공지능에게 대체된다.

당신의 삶을 돌아보라. 꿈·희망·자유·창의·개성·믿음·소망·사랑 …. 당신은 당신을 가장 인간답게 만들어주는 가치들을 얼마나 추구하면서 살았는가? 아마도 추구한 적이 거의 없을 것이다. 아니 추구할 시간이 거의 없었을 것이다. 학교 성적을 올리느라, 입시 공부를 하느라, 학점과 스펙을 쌓느라, 취직 준비를 하느라 말이다. 사회에 나와서는 어땠는가? 직장에서 살아남기 위해 학창 시절은 비교도 할 수 없는 일 중심적인 삶을 살았을 것이다. 그렇게 당신은 자의 반 타의 반으로 인간이기를 거부하고 기계의 삶을 살았다. 하지만 앞으로는 지금처럼 살면 안 된다. 당신은 비교도 할 수 없는 학습 능력과 업무 능력을 가진 기계들이 지금 당신이 몸담고 있는 일터로 밀려들어올 것이기 때문이다.

우리 사회는 어떤가? 여태껏 우리 사회는 인류 역사상 가장 기계적인 사회가 되기 위해 노력해왔다. 덕분에 최단 기간에 경제적 성공을 이루었다. 하지만 인공지능 시대가 열리면서 그 성공의 공식은 깨졌다. 이제 우리 사회는 새로운 성공의 시대를 준비해야 한다. 인간 중심의 사회로 변화해야 한다. 가정과 학교는 물론이고 기업과 정부도 인간 중심으로 바뀌어야 한다. 그렇게 하지 않으면 우리 사회에 미래란 없다.

하루에 한 시간만이라도 일주일에 하루만이라도 외부의 목소리가 아닌 내면의 목소리에 귀 기울이는 시간을 갖길 권한다. 학교·직장·사회의 리듬이 아닌 당신 자신의 리듬에 맞춰서 생각하고 꿈꾸고 움직이는 시간을 갖길 권한다. 그런 시간들이 축적되다 보면 당신은 자연스럽게 인간성을 회복할 수 있을 것이다. 아니 당신이 기계가 아니고 인간임을 깨달을 수 있을 것이다. 바로 그 순간이 당신이 인공지능을 이기는 순간이다. 인공지능의 노예로 살아갈 미래가 인공지능의 주인으로 살아가는 미래로 바뀌는 순간이다.

당신이 인간 본연의 가치를 회복하면 당신은 저절로 한국 특유의 가족 문화와 한국 교육의 틀을 벗어나게 될 것이다. 당신은 자유로워질 것이고, 내면의 창조성을 발견하게 될 것이다. 그리고 내면의 창조성을 발휘해서 자신을 완성하고 사회를 변화시키고 싶다는 절박한 마음을 갖게 될 것이다. 당신은 자신과 같은 절박함을 가진 사람들을 찾아 나서게 될 것이고, 그들과 창조적으로 협력하게 될 것이다. 바로 그때 스탠퍼드대 D스쿨의 디자인 씽킹이 훌륭한 무기가 되어줄 것이다.

디자인 씽킹은 기계 같은 삶을 사는 사람을 위한 것이 아니다. 디자인 씽킹은 매일 매 순간 인간답게 살기 위하여 치열하게 노력하는 사람을 위한 것이다. 그런 사람만이 진정한 공감을 할 수 있고, 진정한 혁신을 일으킬 수 있기 때문이다. 그러니 이제 기계의 길을 버리고 인간의 길을 가라.

에이트 05
인간 고유의 능력을 일깨우는 무기, 철학하라

나는 앞에서 이렇게 말했다.

"2014년 무렵의 일이다. 인공지능 켄쇼가 월 스트리트의 심장이라 불리는 골드만삭스에 입사했다. 당시 골드만삭스에는 월 스트리트 최고의 트레이더 600명이 근무하고 있었다. 하지만 켄쇼가 근무를 시작한 지 얼마 안 되어 598명이 해고당했나. 켄쇼가 그들이 한 달 걸려서 할 일을 몇 시간 만에 끝냈기 때문이다. 인공지능의 파괴적 능력을 경험한 골드만삭스는 회사의 정체성을 '금융 투자'에서 '인공지능'으로 바꾸었다. 그리고 2015년 이렇게 선언했다. '우리는 인공지능 기업이다!' 이후 월 스트리트의 금융 투자 회사들은 골드만삭스를 따라 하기 시작했다. 그 결과 지금 월 스트리트에서는 인간이 하던 일의 약 90%를 인공지능이 대신하고 있다."

골드만삭스 CEO가 "우리는 인공지능 기업이다!"라고 선언한 지

약 4년 뒤인 2018년의 일이다. 미국 역사상 벤치마크 benchmark 대비 최장기 초과 수익을 기록한[35] 월 스트리트의 전설적인 투자자 빌 밀러가 존스홉킨스대 철학과에 7,500만 달러, 그러니까 약 875억 원을 기부했다.[36] 그는 "왜 하필 철학과냐"고 묻는 사람들의 질문에 이렇게 답변했다.[37]

"나는 존스홉킨스대에서 철학 박사 과정을 밟고 투자 세계에 입문했다.[38] (…) 나는 박사 과정 시절 체계적으로 배운 철학적 사고법을 투자에 적용해서 기록적인 수익을 올릴 수 있었다. 지금 월 스트리트의 주류는 인공지능이다. 하지만 나는 여전히 철학에 기초한 인간의 투자를 옹호한다. (…) 가장 성공적인 투자는 투자자가 철학적 탐구와 통찰을 통해 새롭게 변화하는 세상의 구조와 현실을 이해할 때 가능하다고 믿기 때문이다."

빌 밀러는 인공지능이 점령한 월 스트리트에서 인공지능에게 대체되기는커녕 서울대학교 유기윤 교수팀이 《미래 사회 보고서》에서 예측한 제1계급처럼, 인공지능들을 비서같이 거느리면서 최고의 실적을 올리고 있다. 한마디로 그는 인공지능의 주인으로 살고 있다. 그리고 그 비결로 인간만이 할 수 있는 '철학'을 들고 있다.

물론 어떤 사람들은 이렇게 반문할 수도 있다.

"앞으로 인공지능이 철학을 하지 않는다는 보장이 있을까요?"

하지만 하버드 이야기를 할 때 밝혔듯이 이런 질문은 이제 고작

72큐비트에 불과한 양자컴퓨터가 500만 큐비트를 돌파할 즈음에 하는 게 옳다. 그런데 양자컴퓨터가 500만 큐비트를 돌파할 가능성은 현재로선 거의 없어 보인다. 아니 가능하다 하더라도 앞으로 최소 100년은 걸릴 것 같다. 문제는 인공지능이 500만 큐비트 양자컴퓨터를 탑재한다고 하더라도 바로 감정을 느낀다거나 생각을 할 수 있는 게 아니라는 데 있다. 그럼 왜 일부 과학자들은 500만 큐비트를 주장하는 걸까? 인공지능이 적어도 500만 큐비트 양자컴퓨터를 탑재해야 그때부터 비로소 "인공지능이 인간처럼 감정을 느낀다거나 생각을 할 수도 있지 않을까?"라는 질문이 SF적 의미가 아닌 과학적·기술적 의미를 가진다고 보기 때문이다.

실리콘밸리의 천재들은 왜 철학에 빠졌을까

빌 밀러 이야기로 돌아가자. 월 스트리트의 전설 빌 밀러는 자신의 투자 경험을 통해서 인공지능을 이길 수 있는 최고의 무기가 철학이라고 확신한 것 같다. 그리고 철학도들이 자신처럼 투자자로 변신해서 인공지능을 이기는 월 스트리트의 새로운 전설들이 되기를 간절히 소망하고 있는 것 같다. 그래서 모교 철학과에 7,500만 달러라는 천문학적인 금액을 흔쾌히 기부한 것 같다.

이쯤에서 재미있는 사실을 하나 덧붙이고 싶다. 인공지능 켄쇼를 만들어서 월 스트리트를 초토화시킨 켄쇼 테크놀로지 창업자 대니얼 내들러도 어릴 때부터 철학과 문학에 깊이 빠졌던 사람이다. 그는 하버드 시절 최초의 철학자 탈레스에 관한 논문을 쓰기도 했다. 그가 인문학도에서 인공지능 개발자로 변신한 것도 인공지능을 통해서 자신의 철학을 현실에 구현해보고 싶었기 때문이다. 아마도 대니얼 내들러도 빌 밀러처럼 인공지능을 이길 수 있는 최고의 무기가 철학이라고 인식하고 있을 것이다. 적어도 나는 그렇게 생각한다.

피터 틸이라는 이름을 들어본 적이 있는가? 그는 현재 실리콘밸리에서 스티브 잡스와 일론 머스크를 뛰어넘는 미래 설계자라고 불리는 사람이다. 그는 마크 저커버그로부터 "틸로 인해 페이스북이 탄생할 수 있었다. 그는 내 삶의 최고 조언자다"라는 칭송을 받았는가 하면 실리콘밸리의 천재들로부터는 "우리들의 대부"라 불리고 있다.[39] 한마디로 그는 실리콘밸리의 스승이다. 실리콘밸리가 어떤 곳인가? 인공지능의 본산이다. 피터 틸이 인공지능 본산에서 인공지능 기업 창업자들의 멘토가 될 수 있었던 비결은 간단하다. 인공지능이 가져올 미래에 대해서 누구보다 잘 알고 있었기 때문이다.

세계 최대 온라인 결제 서비스 기업인 페이팔 PayPal을 창업해서 유튜브, 링크트인, 테슬라 등을 탄생시켰던 피터 틸은 2004년 빅데이터 분석 기업 팰런티어^{Palantir}를 창업했다. 이미 페이팔 시절부터 인공지능을 활용해서 최고의 실적을 올린 바 있었던 그는 팰런티어에도 인공지능을 적극 활용했다. 덕분에 팰런티어는 기하급수적 성장을 했고, 현재는 CIA와 FBI를 비롯해 전 세계의 국가 정보기관을 고객으로 두고 있다. 그런데 팰런티어의 CEO는 창업 초기부터 지금까지 피터 틸이 아닌 앨릭스 카프가 맡고 있다.[40] 도대체 앨릭스 카프는 어떤 탁월한 능력을 갖고 있기에, 실리콘밸리에서 사업 파트너를 가장 지독하게 평가한다는 피터 틸의 선택을 받을 수 있었을까? 여기에 대해서 피터 틸은 이렇게 대답했다.

"앨릭스 카프에게는 철학하는 능력이 있기 때문이다."

앨릭스 카프는 현존하는 최고의 철학자 중 한 명인 위르겐 하버마스 밑에서 직접 철학을 배웠다. 물론 그렇다고 그가 철학만 한 것은 아니다. 그는 철학 박사 학위를 받자마자 스타트업으로 놀라운 성공을 거두었을 만큼 탁월한 경영 능력을 갖고 있다. IT 기술과 인공지능에 정통함은 두말할 것 없다.

여기서 잠깐 우리나라 이야기를 하자면 우리나라 기업계가 지난 10여 년 동안 철학^{인문학}을 열심히 공부했음에도 불구하고 별다른 혁신을 일으키지 못한 것은 철학^{인문학}을 지식적으로만 접근했기 때문이다. 뭐랄까, 철학^{인문학}서를 읽고 철학^{인문학} 강의를 듣고. 이 두 가지에만 치중했다고나 할까? 우리나라 기업계의 철학^{인문학} 열풍은 실리콘밸리에서 온 것이라도 생각해도 무방하다. 그렇다면 실리콘밸리의 기업가들은 우리나라 기업가들처럼 철학^{인문학}을 '공부'하고 있을까? 아니다. 실리콘밸리의 기업가들은 철학^{인문학}을 자신의 사업과 IT 기술에 직접적으로 적용하고 있다. 뭐랄까, 그들은 철학자이면서 CEO이면서, IT 과학자이자 IT 기술자라고나 할까? 그들이 경영 자문을 구하는 철학자들도 마찬가지다. 대학이라는 울타리에 갇힌 채 죽은 지식만 파고드는 철학자가 아니라 지금 눈앞에서 살아 움직이는 지식, 즉 기업 경영, IT, 인공지능 등에 관해 탁월한 지식을 갖춘 철학자에게 경영 자문을 구한다.

피터 틸은 실리콘밸리의 인공지능 천재들이 스승으로 받드는 사람이다. 그리고 "인공지능 시대에 우리는 무엇을 준비해야 하는가?"와 "특히 경영자는 무엇을 준비해야 하는가?"라는 질문에 가장 훌륭한 답을 줄 수 있는 사람이다. 그는 "오직 철학!"이라고 외치고 있다. 실제로 그는 자신의 인공지능 빅데이터 기업 팰런티어에 철학자를 CEO로 앉혔고, 팰런티어를 전 세계 국가 정보기관이 찾는 기업으로 성장시켰다. 마치 빌 밀러가 월 스트리트에서 그랬듯이 피터 틸과 앨릭스 카프는 인공지능은 절대로 가질 수 없는 인간 고유 능력인 철학적 사고를 통해 인공지능을 비서처럼 거느리면서, 지금 이 순간에도 실리콘밸리의 새로운 기록을 써나가고 있다. 두 사람뿐만이 아니다. 실리콘밸리의 기업가들은 모두 철학을 하고 있다. 특히 인공지능 관련 기업 경영자일수록 치열하게 철학을 하고 있다. 인간 고유의 공감 능력과 창조적 상상력을 극대화시킬 수 있는 도구, 그 어떤 강력한 인공지능도 무찌를 수 있는 최고의 무기가 철학이기 때문이다. 덕분에 지금 철학은 실리콘밸리에서 새로운 전성기를 맞이하고 있다.

그 학교들이 철학을 교육의 핵심으로 삼은 이유

1. NASA와 구글이 투자한, 인공지능 시대의 지배자를 만드는 것을 목표로 하는 '싱귤래리티대학교'.
2. 인공지능 시대의 리더를 길러내기 위해 강의를 폐지한 뒤 새로운 교육 과정을 도입하고 있는 하버드·스탠퍼드·예일 같은 '세계 최고의 명문 대학들'.
3. 인공지능 시대에 맞는 인재를 길러내기 위해 IT 기기를 금하는 교육 과정을 가진 '실리콘밸리의 사립학교들'.
4. 영화 〈아이언맨〉의 실제 주인공이자 전기차 제조업체 테슬라 모터스와 민간 우주 탐사업체 스페이스X의 창업자 일론 머스크가 실리콘밸리의 사립학교 교육으로는 인공지능 산업의 1인자, 즉 조만장자가 되는 법을 가르칠 수 없다며 자녀들을 실리콘밸리의 사립학교에서 모두 퇴학시킨 뒤 세운 폐쇄형

사립학교 '애드 아스트라'.

5. 인공지능 시대에 맞는 새로운 교육 과정을 적용 중인 '미국·유럽의 사립학교들'과 인공지능 시대를 맞이해서 150년 만의 교육 개혁을 단행한 '일본의 국공립학교들'.

이 학교들의 공통점은 무엇일까? 교육 과정의 초점이 철학하는 인간을 길러내는 것에 맞춰져 있다. 물론 정도의 차이는 있다. 일론 머스크가 세운 애드 아스트라는 아예 철학자를 길러내고 싶어 하는 것 같다는 인상을 준다. 그 정도로 강력하게 철학을 추구하고 있다. 반면 다른 학교들은 애드 아스트라만큼은 아니다.

잠깐 애드 아스트라 이야기를 하고 가자. 이 학교는 모든 게 비밀에 싸여 있다. 일론 머스크가 공개를 원하지 않고 있기 때문이다. 하긴 인공지능들을 비서처럼 거느릴 제1 계급 중에서도 최고 위치에 오를 존재를 키워내는 것을 목적으로 하고 있는 학교가 교육 과정 등을 만천하에 공개하고 있다면 그게 오히려 이상한 일일 것이다.

그런데 최근 이 학교에서 어떤 교육을 하고 있는지가 조금 밝혀졌다. 싱귤래리티대학교 공동설립자이자 민간 달 탐사 프로젝트로 유명한 엑스프라이즈 재단 회장 피터 디아만디스가 애드 아스트라를 방문한 뒤 언론 인터뷰를 했고, 애드 아스트라의 공동설립자이자 교장인 조슈아 단도 언론 인터뷰를 했기 때문이다. 두 사람이 밝힌 애드 아스트라는 이렇다.

"일론 머스크의 다섯 자녀를 포함, 31명의 아이들이 다니고 있다.[41] 일곱 살부터 열네 살까지고 평균 나이는 열 살이다. 실리콘밸리의 IT 기술, 특히 인공지능 기술 발달에 맞춰 매년 교육 과정을 새로 만든다. 학년은 존재하지 않는다. 대신 팀team이 존재한다. 성적 평가는 없다. 숙제도 거의 없다. 모든 교육 활동은 소크라테스식 대화법으로 진행된다. 인공지능 중심의 미래 사회에서 인류가 곧 당면할 문제들을 시뮬레이션하고 이에 대한 해결책을 철학적 대화와 토론으로 도출해내는 게 교육 과정의 핵심이다.[42] 여기에 더해 기업가정신·리더십·수학·과학·공학·인공지능·로봇 등을 배운다. 교내에서 '아스트라'라고 하는 가상 통화를 사용한다. 경제를 배우기 위해서다. 체육·음악·외국어는 배우지 않는다."

앞에서 언급한 학교들의 이야기로 돌아가자. 이 학교들이 인공지능 시대의 새로운 교육으로 철학을 선택한 이유는 간단하다.[43] 철학은 인간 고유의 능력인 공감 능력과 창조적 상상력을 일깨우는 최고의 도구다. 즉 철학하는 인간은 인공지능에게 대체될 일이 없다. 아니 인공지능의 지배자가 된다. 이는 역으로 말하면 철학하는 능력을 갖지 못한 인간은 인공지능에게 대체된다는 것이다. 아니 인공지능의 노예가 된다는 것이다.

학교의 존재 목적은 지知·정情·의意를 갖춘 전인적全人的 인간을 길러내는 것이다. 아니 이런 이상적인 교육 표어를 내걸고 사회에 실질적으로 도움이 되는 인간을 길러내는 것이다. 과거에는 기존에 있던 지식과 기술을 잘 습득하기만 하면 누구나 사회에 도움이 되는 사람이 될 수 있었다. 하지만 미래에는 다르다. 공감 능력과 창조적 상상력을 가져야 한다. 선진국의 학교들이 4차 산업혁명 시대를 맞이해서 철학을 교육의 핵심으로 삼은 이유다.

이쯤에서 이런 질문을 던져보자.

"빌 밀러 같은 월 스트리트의 승자들, 피터 틸 같은 실리콘밸리의 천재들, 선진국의 미래형 학교들이 추구하는 '철학'은 어떤 것일까? 우리가 알고 있는 '철학'과 같은 것일까? 아닐까?"

나는 스티브 잡스를 연구할 때부터 이 질문을 나 자신에게 던졌고, 답을 찾기 위해 많은 노력을 기울였다. 그리고 마침내 《생각하는 인문학》에 이렇게 썼다.

"고대 그리스 철학자들에게 '생각'은 영원히 변하는 일 없이 영원히 존재하는 진리의 세계를 인식하는 행위였다. 그들은 이 행위를 일러 '노에시스^{νόησις}'라 칭했다. 그리고 오직 철학하는 사람만이 노에시스를 할 수 있다고 선언했다. 그렇게 그들은 노에시스를 통해 찬란한 고대 그리스 문명을 건설했다. (…) 고대 로마의 아우구스티누스는 고대 그리스의 '노에시스'에 해당하는 '코기토^{cogito}', 즉 철학적 사고를 통해 약 1천 년에 달하는 중세 유럽 문명의 문을 열었고, 데카르트 역시 코기토를 통해 근대 유럽 문명의 문을 열었다. 그리고 라틴어의 코기토에 해당하는 영어 'think'는 현대 유럽 문명과 현대 미국 문명을 만들었다. 인문학적 의미의 think는 단순한 생각이 아니다. 새로운 인류 문명을 창조하거나 기존 인류 문명을 개선하는 행위다."

진짜 철학하는 방법, 트리비움

빌 밀러 같은 월 스트리트의 승자들, 피터 틸 같은 실리콘밸리의 천재들, 선진국의 미래형 학교들이 추구하는 '철학'은 우리가 알던 그 철학이 아니다. 인류 문명을 새롭게 창조하거나 개선할 수 있을 정도의 생각을 하는 능력이다. 물론 모두가 이런 거대한 생각을 할 수는 없다. 사실 이런 수준의 생각을 할 수 있는 존재는 플라톤이나 아리스토텔레스 같은 천재 철학자 정도일 것이다. 이건 다른 누구보다 빌 밀러나 피터 틸 같은 사람들이 더 잘 알고 있다.

그렇다면 이들이 현실적으로 생각하는 인공지능으로부터 나를 지키는 무기로서의 '철학'은 무엇일까? 새로운 문명을 창조하거나 기존 문명에 혁신을 일으킨 위대한 철학자들의 생각 시스템 위에서 "새로운 지식과 기술을 창조하거나 기존 지식과 기술에 혁신을 일으키는 생각을 할 수 있는 능력"이다.

철학적 사고 능력은 트리비움Trivium을 통해서 기를 수 있다. 트리비움은 '셋'을 뜻하는 라틴어 'tri'와 '길'을 뜻하는 라틴어 'vium'의 합성어로 철학인문학을 하는 세 가지 길, 즉 문법학·논리학·수사학을 의미한다.

'문법학'은 철학서를 읽고 내용을 이해하는 것, '논리학'은 철학서에서 터득한 철학자의 사고법을 도구 삼아 내 생각을 하는 것, 즉 내 논리를 만드는 것, '수사학'은 내 생각을 글로 쓰고 나누는 것, 즉 다른 사람들의 공감을 얻는 것이라고 이해하면 되겠다.[44]

하버드·MIT 같은 세계 최고 대학들, 실리콘밸리의 사립학교들, 미국·유럽의 미래형 사립학교들, 일본의 인공지능 시범학교들이 트리비움 중에서도 가장 중요하게 생각하는 것이 있다. 수사학이다. 특히 글쓰기에 중점을 두고 있다.

지금 당장 종이와 펜을 꺼내서 '행복'을 주제로 글을 써보라. 갑자기 머리가 아파질 것이다. 그동안 그리 깊게 생각하지 않았던 행복의 의미에 대해서 깊게 파고들어야 하기 때문이다. 어디 이뿐인가. 펜을 들기 전에는 생각지도 못했던 다양한 질문들, 예를 들면 "감각적 행복과 정신적 행복, 둘 중 무엇이 진정한 행복인가", "내가 진정으로 행복해지려면 어떤 생각을 해야 하고 무슨 행동을 해야 하며 누구와 함께해야 하는가", "내가 추구하는 행복이 내

주변의 사람들 또는 내가 속한 공동체가 추구하는 행복과 차이가 있다면 나는 어떻게 해야 하는가"등등을 스스로에게 스스럼없이 던지고 답을 얻기 위해 분투하는 자기 자신과 마주할 것이다. 여기에 더해 내가 쓴 글을 다른 사람들에게 읽어주고 그들의 공감과 지지를 얻어야 한다고 생각해보자. 글을 쓰는 내내 머리와 가슴에 불이 날 것이다. 자신도 모르게 가상의 인물들을 눈앞에 놓고, 온 마음을 다해 그들을 설득하면서 글을 쓰게 될 것이다. 한마디로 트리비움의 수사학을 실천하면 자신도 모르게 다음 네 가지 능력을 기르게 된다.

1. 깊게 생각하는 능력.
2. 생각논리를 정밀하게 다듬는 능력.
3. 생각논리을 알기 쉽게 표현히는 능력.
4. 다른 사람들과 공감하는 능력.

눈치 빠른 사람은 이미 알아차렸을 것이다. 첫 번째와 두 번째는 창조적 상상력을 길러주고, 세 번째와 네 번째는 공감 능력을 길러준다. 즉 트리비움의 수사학을 하는 것만으로도 인공지능은 절대로 가질 수 없는 인간 고유의 능력을 기를 수 있다. 그래서 미국·유럽·일본의 미래형 학교들이 수사학을 교육 과정의 핵심으로 삼고 있다.

당신의 미래는 철학에 달려 있다

당신이 지금까지 했던 철학은 철학서를 읽고, 내용을 파악하고, 토론하는 정도였을 것이다. 한마디로 철학자에 대한 지식을 쌓고 나누는 것이었다. 하지만 미래에는 인공지능이 그걸 더 잘하게 된다. 아니 당신은 비교도 할 수 없을 정도로 완벽하게 할 것이다.

이제 당신은 진짜 철학을 해야 한다. 철학자들의 사고법을 도구삼아 자신의 머리로 스스로 생각할 수 있어야 한다. 아니 철학자들의 사고법을 뛰어넘어 자신만의 사고법을 창조할 수 있어야 한다. 당신의 내면에서 논리적으로 다듬어진 생각들을 설득력 있게 글로 쓸 수 있어야 하고, 당신의 글을 사람들과 가슴으로 나눌 수 있어야 한다.

일본 정부가 150년 만에 단행한, 인공지능 교육혁명의 핵심은 철학적^{인문학적} 사고 능력을 길러주는 것이다. 이를 위해 선택한 교육법이 트리비움, 특히 수사학이다. 일본 정부는 이렇게 밝혔다.

"새로운 생각을 하고 타인과 공감하는 능력은, 자신의 생각을 글로 쓰고 다른 사람들과 나누는 교육을 통해서 길러진다. 앞으로 국가와 개인의 생존과 번영은 이 두 능력에 달렸기 때문에 절박한 심정으로 임하고 있다."

당신에게는 어떤 절박감이 있는가? 미래를 향한 절박감 말이다.

아직 절박감이 없다면, 만들어라. 그리고 온 힘을 다해 미래를 바라보라. 인공지능이 대다수 인류를 지배하는 정해진 미래 말이다. 그 미래는 이미 당신 곁에 와 있다. 아직 널리 퍼지지 않았을 뿐이다. 철학하라! 오직 철학하라! 당신의 미래는 철학에 달려 있다!

엑스프라이즈 재단 회장 피터 디아만디스, 싱귤래리티대학교 학장 살림 이스마일, 마이크로소프트 CEO 사티아 나델라, 스탠퍼드대 D스쿨 공동창업자 버나드 로스 등 실리콘밸리의 천재들은 다음 세 주제를 깊이 생각하고, 글로 쓰고, 다른 사람들과 나누기를 권하고 있다.[45]

1. 나는 누구인가?

2. 나는 왜 사는가?

3. 나는 무엇을 위해 살아야 하는가?

그리고 이 세 질문을 이렇게 확장시켜보기를 권한다.

1. 나는 이 일을 왜 하는가?

2. 내가 속한 조직은 무엇을 위해 존재하는가?

3. 인류 사회의 공존과 발전을 위해서 우리 조직이 해야 할 일은 무엇인가?

CEO들에게는 다음 세 주제를 깊이 생각하고, 글로 쓰고, 임직원들과 나누기를 권하고 있다.

1. 미래에 나에게 가장 큰 영향을 미칠 IT 기술, 특히 인공지능 기술은 무엇인가?
2. 내가 앞으로 진지하게 연구하고, 준비해야 할 미래형 조직의 모습은 무엇인가?
3. 새롭게 형성된 미래 사회에서 경영자로서 직면할 문제들과 해결책은 무엇인가?

　　일본이 2020년부터 전격적으로 도입하는 국제 바칼로레아는 다음 여섯 가지 주제에 대해서 생각하고, 대화하고, 토론하고, 글로 쓰고, 나누기^{공감하기}를 권하고 있다. 아니 이 여섯 가지 주제를 가지고 교사와 학생들이 사고, 대화, 토론, 쓰기, 나누기를 통해 스스로 교과서를 만들고 학습하는 교육 과정을 제시하고 있다.[46]

1. 나우리는 누구인가?
2. 나우리는 어떤 장소와 시대에서 살아가고 있는가?
3. 나우리는 스스로를 어떻게 표현해야 하는가?
4. 만물은 어떻게 기능하고 있고, 세계는 어떻게 움직이고 있는가?
5. 나우리는 어떻게 스스로를 조직하고, 사회를 체계화할 수 있는가?
6. 내우리가 지구에서 다른 생물들, 다른 사람들과 공존하려면 어떻게 해야 하는가?

에이트 06
바라보고, 나누고, 융합하라

　의과대학에서 소설 창작을 가르친다면, 의대생들이 수업 시간에 소설을 집필한다면 믿을 수 있겠는가? 미국 컬럼비아 의대는 그렇게 하고 있다. 미래에 의사가 갖춰야 할 필수적인 능력이 환자의 심적·육체적 두려움과 고통에 공감하고 환자와 질병을 창의적으로 대하는 것인데, 소설 창작이 이를 잘 키워줄 수 있다고 믿기 때문이다.

　일본 인공지능 교육혁명의 뿌리인 프랑스 바칼로레아는 철학과 더불어 문학이 필수다. 프랑스 학생들은 시·소설·수필·희곡 같은 문학 작품을 읽고 소화한 뒤 소논문을 쓴다. 그리고 이를 다른 학생들과 나눈다. 트리비움의 수사학에 입각한 문학 교육을 받고 있는 것이다. 학교 시험과 대학 입시에도 문학이 등장한다. 학생들은 문학 작품을 읽고 분석한 뒤 자신만의 상상력을 동원해서 소논문을 쓴다. 시험관이 제시한 문학 작품 발췌문을 읽고, 시험관의 질문에 답하는 구술시험도 있다. 학생과 시험관이 일종의 문학 토론을 한다고 보면 될 것이다. 가장 창의적인 분석을 하고, ^{창조적 상상력이 가장 뛰어나고} 이를 글로 가장 잘 쓰고, ^{자신의 창조적 생각을 가장 잘 표현하고} 가장 잘 설명한 ^{공감 능력을 가장 잘 발휘한} 학생이 가장 좋은 점수를 받고 가장 좋은 대학에 진학한다.

인공지능 교육 프로젝트 STEAM, MINT, 4C 등을 운영 중인 독일·미국·영국·호주·핀란드 등도 마찬가지다. 철학과 함께 문학을 필수적으로 가르치고 있다. 물론 교육 방식은 트리비움을 따르고 있다. 그중에서도 수사학에 중점을 두고 있다.

미국·유럽·일본의 CEO들이 인공지능 시대를 앞두고 자기계발 차원에서 가장 심혈을 기울이고 있는 분야가 철학·문학이다. 대표적으로 실리콘밸리는 지금 철학·문학의 전성시대를 맞이하고 있다. 철학자와 문학가가 할리우드 스타 부럽지 않은 인기를 누리고 있다. 물론 이들이 하고 있는 철학·문학은 우리가 알고 있는 그 철학·문학이 아니다. 철학자와 문학가 또한 우리가 알고 있는 그 철학자와 문학가가 아니다. 미래를 통찰하고 시대 변화를 주도하고자 하는 CEO들에게 영감을 주는, 공감 능력과 창조적 상상력을 혁신적으로 성장시키는, CEO를 4차 산업혁명 시대의 리더로 만들어주는 철학·문학이다. IT 철학과 인공지능 윤리 등은 물론이고 기업 경영과 기업 문화 등에 정통한 철학자와 문학가다.

예일대 의대의 미술 수업과 서양 사립학교의 역사 수업

아마도 당신은 그동안 문학 작품을 읽었을 것이다. 그런데 읽기만 하고 끝났을 것이다. 당신만의 독창적인 분석을 한다거나 의견을 갖는다거나 하는 일은 거의 없었을 것이다. 당신의 창의적인 분석과 의견 등을 글로 쓰고 이를 다른 사람들과 나누는 일은 더더욱 없었을 것이다. 하지만 앞으로는 그렇게 해야 한다. 내면의 공감 능력과 창조적 상상력을 일깨우기 위해서 말이다.

그런데 여기서 문제가 생긴다. 우리나라 문학은 공감 능력이나 창조적 상상력과는 거리가 멀다. 문학가나 문학 작품이 그렇다는 의미가 아니다. 문학 독서 문화가 그렇다는 의미다. 우리나라 사람들은 대부분 고등학교 졸업과 동시에 문학에서 졸업하지 않는가? 대학 입학 이후에도, 사회에 나와서도 문학 작품을 꾸준히 읽는 사람들의 독서 문화가 내면의 공감 능력과 창조적 상상력을 일깨우는 것과는 거리가 있어 보인다. 뭐랄까, 초·중·고 시절의 입시 문학 문화에서 크게 벗어나지 않는다고나 할까. 더 큰 문제는 독서법 강의 등을 하는 독서 전문가라는 사람들조차 그렇다는 것이다. 이런 환경에서 인공지능은 절대로 가질 수 없는 인간 고유의 능력을 기르는 문학 독서를 할 수 있을까? 아마도 불가능할 것이다. 나는 우리나라 같은 환경에서 "어떻게 하면 내면의 공감 능력과 창조적 상상력을 일깨우는 문학 독서를 할 수 있을까"를 놓고 오랜 시간 사색하고 연구했다. 그리고 두 가지 방법을 찾아낼 수 있었다.

예일대학교 의과대학에는 최고로 꼽히는 수업이 있다. 놀랍게도 의학 수업이 아니다. 미술 수업이다. 의대생들은 교수와 함께 미술관으로 가서 미술 작품을 정밀하게 관찰한 뒤 이를 다른 학생들과 나눈다. 그런데 이 과정은 독자가 문학 작품을 정밀하게 읽은 뒤 자신만의 관점으로 작품을 분석하고 이를 다른 독자들과 나누는 과정과 유사하다. 한마디로 예일대 의대의 미술관 수업은 문학 수업을 미술관으로 옮겨놓은 것과 비슷하다고 할 수 있다. 뭐랄까, 미술과 문학의 융합이라고 할까. 예일대 의대가 이런 수업을 하는 이유는 간단하다. 단순히 의학 지식과 기술만 습득한 학생은 환자를 기계처럼 대하는 의사가 될 가능성이 높지만, 미술관 수업을 병행한 학생은 환자와 창의적으로 공감하고 소통하는 의사가 될 가능성이 높다고 판단하기 때문이다.

미국과 유럽의 사립학교들, 특히 기독교 고전 학교들의 교육 방식은 트리비움이다. 나는 이 학교들의 역사 교육을 중점적으로 연구한 적이 있는데, 교사가 아이들에게 아직 배우지 않은 어떤 역사적 사건의 결말을 상상하게 하고 이를 글로 쓰고 발표하게 한 뒤, 진짜 역사의 결말과 비교해보게 하는 수업이 가장 인상적이었다. 그러니까 교사가 아이들에게 "청나라 화승총 부대도 패배시킨 러시아 '플린트 락 머스킷' 부대가 조선 조총 부대와 전투를 벌인다면, 어떤 결과가 나올까?"라는 질문을 던진 뒤 아이들로 하여금 그 결과를 자유롭게 상상하게 하고, 이를 글로 쓰고 발표하게 한 뒤 실제 역사, 즉 '나선정벌羅禪征伐'의 결과를 알려주고 이와 비교하게 하는 것이다. 자신이 잘 모르는 역사적 사건의 결말을 상상해보는 데는 강력한 문학적 상상력이 필요하다. 그 당시 사람들의 머릿속과 마음속에 들어가야 하기 때문이다. 이 과정 자체가 공감 능력과 창조적 상상력을 크게 발전시킨다. 여기에 더해 실제 일어난 역사적 사건의 결말과 비교하는 과정을 거치면 어떻게 될까? 공감 능력과 창조적 상상력이 세밀해지고 정밀해진다. 한마디로 역사와 문학의 융합이라고 할 수 있는데, 이는 인공지능 시대에 인간이 반드시 갖춰야 할 인간 고유의 능력을 기르는 데 최고의 효과를 발휘한다.

나는 내면의 공감 능력과 창조적 상상력을 일깨우는 문학 독서로 예일대 의대의 미술관 수업과 서양 사립학교들의 역사 수업을 권하고 싶다. 어떤 사람들은 이렇게 말할지 모르겠다. 그건 미술이고 역사지 어떻게 문학일 수 있겠느냐고 말이다. 하지만 나는 단언하고 싶다. 그런 생각은 3차 산업혁명 시대에나 통하는 것이라고. 4차 산업혁명 시대에는 문학을 보는 관점 자체부터 다르게 가져야 한다고.

지금 당장 미술관으로 달려가서 작품 하나를 정하고 마음을 다해 오래 바라보라. 작가의 의도와 작품의 메시지는 굳이 파악하지 않아도 좋다.[47] 그저 정성을 다해 깊이 바라보라. 그리고 집으로 돌아와서 아무 문학 작품이나 펴들고 읽어보라. 당신의 내면에서 어떤 변화가 일어남을 느낄 수 있을 것이다. 문학 작품을 새로운 눈으로 읽고 있는 당신을 발견할 것이다. 그 변화와 새로움을 시·소설·수필·희곡 등의 형태로 노트에 적어보라. 그리고 믿을 만한 사람들과 나눠보라. 이게 앞으로 당신이 해야 할 문학이다. 아니 인공지능 시대에 필수적으로 해야 할 미술과 문학의 융합이다.

미술과 문학의 융합을 경험했다면 서점이나 도서관으로 달려가서 아무 역사책이나 한 권 집어 들어라. 되도록 당신이 전혀 모르는 시대 또는 국가의 역사에 관한 책을 골라라. 예를 들면 중세 중동의 역사나 베트남 또는 케냐의 역사에 대해 서술한 책을 고르는 것이다. 첫 페이지부터 정성스럽게 읽어라. 그러다가 중요한 사건이 나오면 결론 앞에서 멈춰라. 잠시 책을 덮고 그 사건의 결말이 어떻게 되었을지 구체적으로 상상하라. 그리고 이를 글로 쓴 뒤 다시 책을 펼치고 실제 역사와 비교하라. 되도록 이 전체 과정을 다른 사람들과 함께하고, 나눠라. 그렇게 당신의 공감 능력과 창조적 상상력을 정밀하게 발전시켜라. 이게 4차 산업혁명이라는 거대한 파도를 타고 더 멀리 잘 가고자 하는 당신이 해야 할 역사와 문학의 융합이다.

인공지능은 '트롤리 딜레마'를 판단하지 못한다

인공지능 기술이 발달할수록 중요해지는 게 있다. 윤리·도덕적 판단이다. 방금 이 문장을 읽고 이렇게 생각한 사람들이 있을 것이다.

"아니, 인공지능 기술이 발달할수록 인간은 실직자가 되고 더 나아가 난민 수준의 삶을 살게 된다는데, 그렇다면 인공지능 자체가 거대한 악麁이라고 할 수 있는데, 무슨 윤리·도덕적 판단이 중요해진다는 말인가? 진정으로 윤리와 도덕을 생각한다면 지금이라도 인공지능 개발을 멈추는 게 맞는 것 아닌가?"

나도 그렇게 생각한다. 인공지능에 관한 자료를 보면 볼수록 인류의 미래가 암담하게 느껴지기 때문이다. 물론 인류는 인공지능으로 인해 새로운 문명 시대를 맞이할 것이다. 전에 없던 풍요와 편리를 누릴 것이다. 하지만 그게 무수히 많은 평범한 사람들의 희생 위에서 이루어지는 것이라면 과연 의미가 있을까? 나는 무의미하다고 생각한다. 나의 이런 생각과 달리 인공지능 기술 발달은 가속화될 것이다. 그리고 준비하지 못한 대다수의 인류는 안타까운 미래를 맞이할 것이다. 그 정해진 미래 앞에서 내가 할 수 있는 일이라곤 미래의 위험을 경고하고, 그 대비책을 알리는 것이다.

인공지능 기술이 발달할수록 윤리·도덕적 판단이 중요해지는 이유는 인공지능 기술 발달에 따른 윤리·도덕적 문제를 해결하지 못하면 인공지능 산업을 크게 일으키기가 어려워지기 때문이다.[48] 구글이 기술 개발을 주도하고 있는 인공지능 자율주행차를 보자. 사실 자율주행차 기술은 거의 완성되었다고 해도 과언이 아닐 정도다. 안정성 등에 있어서도 인간보다 낫다는 평가를 받고 있다. 그런데 우리는 왜 도로에서 자율주행차를 찾아볼 수 없는 것일까? 윤리·도덕적 문제가 아직 해결되지 않았기 때문이다.[49]

실리콘밸리를 뜨겁게 달궜던 논문, "인공지능 자율주행차가 누군가를 살해하도록 설계되어야 하는 이유"에 나오는 문제를 보자.[50] 이 논문은 영국의 윤리·도덕 철학자 필리파 풋이 제안한 '트롤리 딜레마 Trolley dilemma'를 자율주행차에 적용했는데, 다음 세 가지 상황을 가정하고 있다.

1. 직진하면 열 명을 치고, 급히 방향을 틀면 한 명을 친다.
2. 직진하면 한 명을 치고, 급히 방향을 틀면 운전자가 중상을 입거나 사망한다.
3. 직진하면 여러 명을 치고, 급히 방향을 틀면 운전자가 중상을 입거나 사망한다.

이 상황 앞에서 인공지능은 각각 어떤 판단을 내려야 할까? 여기에 대해 많은 석학들이 의견을 제시했다. 하지만 그 누구도 세 가지 상황이 마주한 윤리·도덕적 문제를 완벽하게 해결하지 못했다. 앞으로도 이 문제가 완벽하게 해결되는 일은 없을 것이다. 물론 인공지능 자율주행차는 이 문제의 해결 여부와 상관없이 도로를 주행하기 시작할 것이다. 하지만 인공지능 자율주행차 제조사들이 여기에 대해 완벽한 답까지는 아니더라도 지금 수준의 답들을 훌쩍 뛰어넘는 어떤 훌륭한 답을 내놓지 못한다면, 인공지능 자율주행차가 전 세계의 도로를 뒤덮는 일은 일어나기 힘들 가능성이 높다. 한마디로 실리콘밸리는 인공지능의 윤리·도덕적 문제를 철저히 산업적 관점에서 접근하고 있다. 실리콘밸리에서 철학^{윤리·도덕학}이 전성기를 맞이하고 있는 것에는 이런 이유도 있다.

한편으로 이는 무엇을 의미하는가? 미래에는 인공지능이 마주할 윤리·도덕적 문제를 미리 헤아려 짐작하고, 이를 해결하는 능력을 가진 기업과 인재가 인공지능 산업의 리더가 된다는 것이다. 그래서 구글·마이크로소프트·애플 등 세계적인 인공지능 기업들과 하버드·스탠퍼드·MIT 같은 세계적인 대학들이 인공지능 윤리연구소 등을 세우고 인공지능의 윤리·도덕적 문제 해결에 주력하고 있다. 그리고 선진국의 미래형 학교들이 윤리·도덕 철학을 교육 과정의 핵심 중 하나로 삼고 있다. 특히 인공지능 산업의 1인자를 키워내고자 하는 목표를 가진 일론 머스크의 애드 아스트라는 아예 교육 과정 전체를 인공지능 중심의 미래 사회에 필요한 윤리·도덕적 문제를 미리 예측하고 이에 대한 판단 능력을 기르는 내용으로 도배하다시피 하고 있다.

실리콘밸리에서 문학은 윤리·도덕적 문제를 미리 예측하고 이에 대한 판단 능력을 기르는 도구로 사용되고 있다. 대표적으로 스탠퍼드대 D스쿨의 공동창립자 버나드 로스 스탠퍼드대 교수가, 스탠퍼드대 D스쿨에서 진행하고 있는 존 스타인벡의 《분노의 포도》 문학 수업을 보자. 버나드 로스의 《성취습관The Achievement Habit》에 따르면, 그는 수강생들에게 미국 대공황기에 평범한 미국 가정들이 빈민으로 몰락하는 과정을 사실적으로 그린 소설 《분노의 포도》에서 발췌한 '트랙터 경작'을 읽게 한다.

내용은 이렇다. 주인공이 감옥에서 나와 집에 돌아와보니 가족들은 물론이고 마을 사람들이 다들 떠날 준비를 하고 있다. 지주地主인 은행이 대리인들을 보내서 앞으로는 기계로 농사를 지으면 되기 때문에 소작농이 필요 없으니 떠나라고 통보했기 때문이다. 실제로 은행은 트랙터 한 대를 보내서 농사를 짓게 하는데, 이 트랙터가 소작농 100명이 하는 일을 해낸다. 한마디로 마을 사람들은 새롭게 발명된 기계 한 대 때문에 졸지에 실업자가 되고, 정든 고향을 떠나야 하는 것이다. 그런데 씁쓸하게도 트랙터의 운전수는 같은 마을 사람이다. 이에 분노한 마을 사람들 중 한 명이 트랙터 운전수에게 왜 이런 일을 하느냐고 따지자, 그는 이렇게 변명한다.[51]

"하루에 3달러를 주거든요. 나도 처자식이 있는 몸입니다. 식구들이랑 먹고살아야지요."

마을 사람이 기막혀 하면서 "자네가 하루 3달러를 버는 통에 스무 집 식구들이 굶고 있고, 100명 넘는 사람들이 마을을 떠나서 길거리를 헤매는 처지로 전락했다"고 하니까, 트랙터 운전수는 냉정하게 대꾸한다.

"그건 어쩔 수 없는 일이예요. 시대가 바뀌었다고요. 이제 트랙터가 없으면 농사를 지을 수 없는 시대라고요."

그러고는 트랙터를 몰고 가서 "당신 집을 무너뜨리고 농지로 만들겠다. 그러면 일당을 더 받을 수 있다"고 협박한다. 마을 사람이 "그러면 난 널 총으로 쏘겠어!"라고 하자 트랙터 운전수는 "그래봤자 소용없다"며 "당신만 살인죄로 교수형을 받을 것이고 은행은 다른 트랙터 운전수를 보내서 당신 집을 무너뜨릴 것이다"라고 대답한다.

아무튼 마을은 이렇게 트랙터 한 대로 초토화되고, 사람들은 입에 풀칠이라도 하고자 타지로 간다. 주인공도 가족과 함께 일자리가 넘친다는 캘리포니아로 떠난다. 하지만 막상 캘리포니아에 도착해보니 또 다른 생존 지옥이 펼쳐진다.

버나드 로스 교수는 D스쿨 학생들에게 '트랙터 경작'을 읽게 한 뒤 이렇게 질문한다.

"만일 당신이 소설 속의 트랙터 운전수 같은 상황에 처해 있다면, 그러니까 트랙터를 운전하는 것 말고는 가족을 부양할 더 나은 방법이 없다면 어떻게 하겠습니까? 기꺼이 트랙터를 운전하겠습니까? 아니면 트랙터를 운전하지 않겠습니까? 물론 어떤 선택을 해야 좋을지 몰라 그저 갈팡질팡하고만 있을 수도 있겠지요. 어떻습니까? 당신은 이 세 경우 중 어디에 해당될 것 같습니까?"

그리고 이렇게 덧붙인다.

"이 이야기는 전형적인 윤리·도덕적 문제를 대변하고 있습니다. 트랙터 운전수는 자신이 하는 일이 마을 사람들의 삶을 파괴하고 있다는 사실을 잘 알고 있지요. 하지만 그도 가족을 부양하기 위해서는 트랙터를 모는 것 말고는 달리 방법이 없습니다. 결국 그는 자기 합리화와 자기 정당화를 선택합니다. 자신이 트랙터를 몰지 않더라도 토지의 소유자인 은행은 다른 누군가를 보내서 트랙터를 운전시킬 거라는 것이지요. 사실 이런 식의 자기 합리화와 정당화는 우리 일상에서 흔히 일어나고 있습니다."

다음으로 이어지는 것은 인간의 자기 합리화와 자기 정당화를 윤리·도덕적으로 어떻게 판단할 것인가에 대한 토론이다. 여기서부터는 우리가 흔히 떠올릴 수 있는 미국 명문 대학의 토론식 수업이 이루어진다고 보면 되겠다.

나는 스탠퍼드대 D스쿨의 '문학 작품《분노의 포도》를 활용한 윤리·도덕적 문제의 판단력 및 해결력 기르기' 수업을 접하면서 우리나라의 현실을 돌아보게 되었고 두 가지 충격을 받았다.

첫째,《성취습관》이 미국에서 출간된 해는 2015년이다. 내가 이글을 쓰고 있는 해는 2019년이다. 즉 스탠퍼드대학교에서는 이미 4년 전부터 문학 작품을 활용해서 인공지능의 윤리·도덕적 문제에 대한 해결 능력을 키우는 수업을 해오고 있었다. 아니, 아니다. 버나드 로스가 이 수업을 시작하고, 체계화를 시키고, 이 수업이 세상에 알려지고, 출판사들의 주목을 받고, 출간 계약을 하고, 집필을 시작하고 등등까지 생각하면 적어도 8~10년 전부터 이 수업이 시작되었음을 추측해볼 수 있다. 그런데 우리나라는 그동안 무엇을 했는가? 아니 지금은 어떤가? 무엇을 하고 있는가? 아니, 아니다. 차라리 이런 질문이 적절하리라. 지금 우리나라는 여기에 대해서 알고나 있는가? 안타까운 이야기지만 인공지능에 대해 공부를 하면 할수록 우리나라는 인공지능이라는 새로운 거대한 문명의 흐름에서 한참 뒤처진 것 같다. 이미 후진국이 된 것 같다.

둘째, 만일《분노의 포도》에 나오는 은행이 미래 사회의 어떤 조직을 상징한다면, 거대 인공지능 기업일 가능성이 높다. 그리고 트랙터 운전수는 그 기업들의 직원일 가능성이 높다. 만일 가까운 미래에 실제로 거대 인공지능 기업들이 생긴다면 스탠퍼드대 D스쿨을 거쳐간 사람들은 어떻게 될까? 아마도 거대 인공지능 기업에 들어가서 사회를 인공지능 중심으로 재편하는 일을 맡을 가능성이 높다. 스탠퍼드대 D스쿨은 이 사실을 매우 잘 알고 있는 것 같다. 그렇지 않다면 인간의 윤리·도덕적 문제를 다루는 그 많은 문학 작품 중에서도 하필 《분노의 포도》, 그것도 '트랙터 경작' 부분만 콕 찍어서 교육하는 것을 달리 설명할 길이 없다.

어쩌면 인류의 지배 계급은 새로운 문명 시대의 사회 구조를 이미 오래전에 설계해놓은 것은 아닐까? 그리고 스탠퍼드대 D스쿨 같은 교육기관을 통해서 암암리에 새로운 사회 구조를 만들 존재들을 배출해내고 있는 것은 아닐까? 물론 나의 이런 생각이 음모론적인 것임을 잘 안다. 허나 지금 인공지능을 둘러싼 선진국들의 움직임, 특히 실리콘밸리의 움직임은 음모론적 관점에서 보지 않으면 이해 자체가 불가능할 정도다. 우리나라는 이런 움직임에서 철저하게 소외되고 있다. 아니 이런 움직임이 있다는 것조차 모르고 있다.

여기까지 이야기하고 나니 문학은 인공지능 산업의 도구로 전락한 것 같다. 꼭 그렇지는 않다. 앞에서 이야기한 것처럼 문학은 철학과 함께 인공지능은 절대로 가질 수 없는 인간 고유의 능력인 공감 능력과 창조적 상상력을 길러주는 최고의 무엇이기 때문이다. 그리고 문학은 인공지능이 마주한 윤리·도덕적 문제의 본질적인 부분을 다루는 데도 활용되고 있다. 대표적으로 아이작 아시모프가 1942년에 출간한 SF 소설 《런어라운드 ^{Runaround}》에서 제시한 로봇 3원칙[52]은 오늘날 인공지능이 마주한 거의 모든 윤리·도덕적 문제의 원천이 되고 있다. 안타까운 사실은 우리나라는 선진국과 달리 인공지능이 마주한 윤리·도덕적 문제에 영감을 주는 문학 작품이 전무하다시피 하다는 점이다.

인공지능은 윤리·도덕적 문제를 판단하고 해결하는 능력이 없다. 이는 인간의 영역이다. 윤리·도덕적 문제를 판단하고 해결하는 능력을 기르고 싶다면 철학, 특히 윤리·도덕학과 문학의 융합을 추구하라. 예를 들면 아리스토텔레스의 저작인 《니코마코스 윤리학》의 관점으로 도스토옙스키가 집필한 《죄와 벌》을 읽어보라. 그리고 《죄와 벌》이 다루고 있는 윤리·도덕적 문제들을 인공지능 시대의 인류가 마주할 윤리·도덕적 문제들에 대입해보고, 여기에 대한 해결책을 구체적으로 제시해보라. 나는 감히 말하고 싶다. 이게 앞으로 당신이 추구해야 할 철학과 문학의 융합이라고. 아니 이미 시작된 인공지능 시대에 인공지능 강국 중국과 일본 사이에 끼어 있는 우리나라가 반드시 추구해야 할 철학과 문학의 융합이라고 말이다.

에이트 07
문화인류학적 여행을 경험하라

조지 앤더슨의 《왜 인문학적 감각인가You Can Do Anything》를 보면 IBM에 특채로 들어가서 인공지능 왓슨 개발 프로젝트에 투입된 올리버 미커의 이야기가 나온다. 아마도 당신은 앞의 문장을 읽으면서 무의식중에 생각했을 것이다.

"인공지능, 그것도 세계 최고 수준의 의사들에게 깊은 좌절감을 안겨준 인공지능 의사 왓슨의 개발에 참여했다니, 올리버 미커는 어마어마한 인공지능 전문가인가 보구나."

허나 놀랍게도 올리버 미커는 IBM에 입사했을 당시 인공지능에 대해서 아는 게 거의 없었다. 그렇다면 IBM은 도대체 그를 왜 뽑았던 걸까? 그리고 왓슨 개발팀에 왜 넣었던 걸까? 그에게는 문화인류학적 여행을 한 경험이 있었다.

문화인류학적 여행이란 적게는 몇 개월, 많게는 몇 년 동안 현지에 거주하면서 현지인들의 삶에 깊게 녹아드는 여행을 말한다. 뭐랄까, 나와 전혀 다른 환경에서 전혀 다른 삶을 살아온 사람들의 진짜 문화를 온몸으로 경험한다고나 할까. 이런 여행을 한 번이라도 제대로 하면 인간을 바라보는 관점이 근본적으로 바뀐다.

세계 수재들이 '미네르바 스쿨'을 택하는 이유

2014년 개교한 미네르바 스쿨은 하버드·예일·스탠퍼드보다 들어가기 어려운 대학으로 유명하다. 실제로 미네르바 스쿨과 하버드·예일·스탠퍼드 등에 동시 합격한 학생들은 보통 미네르바 스쿨을 선택한다. 설립된 지 고작 5년밖에 되지 않은2019년 기준 이 대학이 이토록 강렬한 존재감을 드러내고 있는 것은 교육 과정이 철저하게 인공지능 시대의 리더를 기르는 데 맞춰져 있기 때문이다. 물론 하버드·예일·스탠퍼드 등도 인공지능 시대의 리더를 기르는 교육 과정을 운영하고 있다. 하지만 대학의 전체적인 시스템과 분위기는 3차 산업혁명 시대를 벗어나지 못했다. 미네르바 스쿨은 모든 것이 4차 산업혁명 시대를 향해 있다. 하여 지금 미래를 냉정하게 내다보고 있는 세계의 수재들은 하버드·예일·스탠퍼드 대신 미네르바 스쿨을 선택한다.

미네르바 스쿨의 교육 과정은 문화인류학적 여행 그 자체라 해도 과언이 아니다. 이 대학의 기숙사는 한국^{서울}, 미국^{샌프란시스코}, 영국^{런던}, 독일^{베를린}, 대만^{타이베이}, 아르헨티나^{부에노스아이레스}, 인도^{하이데라바드}에 있다. 학생들은 4년 동안 이 도시들에서 거주하면서 현지 문화와 산업을 배운다. 물론 인문학·수학·과학·인공지능 등도 배운다. 교육 방식은 하버드 의대가 2019년에 도입한 플립러닝이다.[53]

미네르바 스쿨이 학생들로 하여금 4년 동안 문화인류학적 여행을 하게 하는 이유는 간단하다. 문화인류학적 여행을 하다 보면 자신도 모르게 서로 다른 문화를 가진 사회들을 연결하는 능력을 갖게 되는데, 이 문화 연결 능력이 인공지능은 절대 가질 수 없는 인간 고유의 능력인 공감 능력과 창조적 상상력을 크게 길러줄 수 있다고 판단하기 때문이다.

제프리 다이어와 할 그레거슨의 연구는 미네르바 스쿨이 판단을 지지하고 있다. 두 사람은 경영 전략과 리더십 분야의 세계적인 권위자인데, 애플이나 아마존 같은 세계적인 기업의 창업주 25명, 혁신적인 제품을 발명했거나 창조적인 기업을 세운 사람 500명, 창의적이고 혁신적이라는 평가를 받는 기업 임원 3천 명을 무려 8년 동안 연구한 것으로 유명하다. 이 세 그룹, 그러니까 3,525명의 공통점은 무엇일까? 공감 능력과 창조적 상상력이 탁월하다는 것이다.[54] 그렇다면 이들의 공감 능력과 창조적 상상력의 원천은 어디서 비롯되었을까? 여기에 대해서 두 사람은 이렇게 설명했다.

"그들은 문화인류학자처럼 관찰하는 사람들이다. 그들의 공감 능력과 창조적 상상력은 문화인류학에 기반을 두고 있다."[55]

제프리 다이어와 할 그레거슨이 연구한 창조적 혁신가들은 대부분 문화인류학적 여행을 한 경험이 있는 사람들이다. 대표적으로 스티브 잡스는 애플을 창업하기 전 인도에서 약 8개월 동안 문화인류학적 여행을 했다. 후일 잡스는 이때의 인도 여행이 자신의 삶에 큰 영향을 미쳤다고 고백했다.

IBM은 왜 인공지능 문외한인 직원을 채용했을까

올리버 미커 이야기로 돌아가자. 그는 대학 시절 인문학부 교수의 제안으로 한 학기 동안 베트남에 가서 살게 되었는데 이때 인생을 바라보는 관점이 근본적으로 바뀌었다. 베트남에 가기 전까지만 해도 그는 로펌 변호사를 꿈꾸는 전형적인 미국 대학생이었다. 뭐랄까, 삶의 무대를 자신이 태어나고 자란 국가, 즉 미국 이상으로 확장할 생각이 없는 사람이었다. 하지만 베트남에서 현지인들과 어울리면서 세상에는 다양한 형태의 삶이 있고, 자신이 마음먹기에 따라 얼마든지 새로운 형태의 삶을 살 수 있음을 알게 되었다. 미국이라는 사회의 틀에 자신을 맞추고 기계처럼 살아가는 것이 최선의 삶이 아닐 수도 있음을, 자신이 편안함을 느끼는 어떤 사회에서 물 흐르듯 자연스럽게 살아가는 게 어쩌면 인간다운 삶일 수 있음을 깨닫게 된 것이다.

교환 학기를 마치고 미국으로 돌아온 그는 졸업하자마자 다시 베트남으로 향했다. 그리고 4년을 거주했다. 올리버 미커는 베트남에서 어떻게 살았을까? 그 흔한 장기 여행자들처럼 살았을까? 그러니까 9박 10일 여행을 999박 1천 일로 늘린 게 전부인, 철저하게 관광 위주인 그런 삶을 살았을까? 아니다. 그는 현지에 깊이 녹아들었다. 그는 교환 학기 시절에도 호찌민과 보응우옌잡 장군의 리더십을 리 아이어코카^{미국 자동차 산업의 전설로 불리는 기업가}의 리더십과 비교하는 논문을 썼을 정도로 현지 역사와 문화를 통해 자신이 속한 사회를 바라보는 일에 열심이었는데, 이번엔 아예 현지인들로 가득한 베트남 회사에 취직했다. 그리고 베트남의 기업 문화를 연구했다. 단순히 직장 생활과 연구 활동만 한 것은 아니었다. 미국의 프랜차이즈 기업을 베트남에 들여오는 일까지 했다. 그렇게 그는 자신이 태어나고 자란 사회와 여행생활자로 몸담은 사회를 문화인류학적으로 치열하게 연결시키면서 입체적으로 성장했다.

IBM은 올리버 미커의 문화인류학적 여행 경험을 높이 샀다. 그리고 그에게 IBM의 인공지능 프로젝트와 비즈니스 프로젝트를 연결하는 일을 맡겼다. 그가 서로 다른 조직 문화를 가지고 있는 베트남 기업과 미국 기업을 문화적으로 잘 연결시켰던 것처럼, 티셔츠와 청바지 차림으로 일하는 인공지능 개발자들 세계와 정장 차림으로 일하는 비즈니스맨들의 세계를 조화롭게 연결시킬 수 있는 적임자라고 판단했기 때문이다. IBM의 예측은 적중했다. 올리버 미커는 문화인류학적 여행 경험을 십분 활용해서 IBM 인공지능 개발팀에 스스로를 잘 연결시켰다. 덕분에 그는 IBM 인공지능 프로젝트에 대해 어쩌면 담당자들보다 더 잘 아는 사람이 되었고, IBM에 입사하기 전의 자신처럼 IBM 인공지능 프로젝트에 대해서 잘 모를 수밖에 없는 사업가들과 투자자들을 잘 연결시킬 수 있는 지혜를 갖추게 되었다. 그렇게 그는 인공지능과 비즈니스를 연결하는 프로젝트를 훌륭하게 수행했고, 이후 더 큰 프로젝트를 맡게 되었다.

여행자가 아닌 생활인으로, 이방인이 아닌 현지인으로

나는 지난 8년 동안 매해 서너 차례 이상 문화인류학적 여행을 했다. 다만 나의 여행 기간은 길어야 보름 정도였다.

"아니 적어도 몇 개월은 현지에서 거주해야 문화인류학적 여행이라고 해놓고! 자기는 고작 보름 정도 있어놓고 문화인류학적 여행을 했다니! 이 무슨!"

이렇게 생각할 사람들을 위해 설명하자면, 문화인류학적 여행의 본질은 현지에 얼마나 오래 있었느냐가 아니라 현지인들과 얼마나 밀접한 인간관계를 맺었느냐다. 그리고 이를 통해 자신을 얼마나 바꾸었느냐다. 그런데 상식적으로 다른 나라에서 온 사람이 현지인들과 친구 또는 가족처럼 지내려면 기본적으로 몇 달은 필요할 것이다. 그래서 나는 '적게는 몇 개월'이라고 한 것이다. 그렇다면 비록 현지에서 단 며칠을 머물렀지만 현지인들과 깊은 인간관계를 맺고 이를 통해 세상과 인간을 바라보는 관점을 변화시킨 사람은 어떨까? 문화인류학적 여행을 한 것일까, 아닐까? 당연히 전자다.

나의 여행이 특별했던 것은 현지에서 10~30년씩 살면서 현지인들을 위해 자신의 모든 것을 조건 없이 내어주면서 살아온 사람들, 그러니까 선교사들과 함께했기 때문이다 이들과 현지에서 함께하는 하루는 상상을 초월할 정도로 깊고 풍부하며 강렬하다. 선교사들과 오랜 세월 가족 이상의 관계를 맺고 살아온 현지인들이 여행자를 처음부터 가족으로 받아들여주기 때문이다.

최근에 나는 아프리카를 여행했다. 아프리카에 지은 학교들이 많은데 그중 몇 개를 보고 싶었기 때문이다. 해발 1,800미터 높이의 고산 지대에 위치한 마사이족이 사는 지역을 여행했을 때의 일이다. 이때 나는 현지 선교사와 함께하지 못했다. 본래 그는 공항에서부터 나와 함께하기로 했었지만 갑작스럽게 일이 생겨서 다른 나라로 출장을 간 상태였다. 다행히도 공항에는 그가 보낸 현지인들이 와 있었다. 더 다행히도 그들의 리더는 우리말을 나보다 더 맛깔스럽게 구사하고 있었다. 선교사가 그들에게 부탁한 것은 단 하나였다.

"한국에서 작가가 한 명 올 텐데, 나처럼 대해 달라!"

나는 마을에 도착하자마자 마치 급류에 휘말리듯 현지인들의 삶 속으로 휘말려 들어갔다. 마사이 전사들은 나에게 전통 마사이 복장을 입혀주고 손에 창을 쥐어주고 마사이 노래를 불러주더니, "형제!"라고 불렀다. 그들뿐만이 아니었다. 유치원 아이들부터 노인들까지, 그러니까 온 마을 사람들이 나를 가족으로 받아들여줬다. 고작 단 하루 만에 말이다. 다음 날엔 마을의 역사와 문화에 대해서 배웠고, 그다음 날엔 마을이 처한 현실적인 문제들―학교 증축, 정수 시설 확충, 청년 사역자 한국 유학, 아동 일대일 결연 등―을 놓고 함께 논의했다. 그리고 그다음 날엔 지역 리더들의 모임에 합류, 그들과 함께 하나님을 예배하고 일대일로 교제를 나누었다. 그렇게 나는 단 며칠 만에 그 지역에서 최소 몇 년은 살아야 도달할 수 있는 어떤 지점에 도달하게 되었다. 그들과의 교류는 지금도 이어지고 있다. 나는 한국에 돌아와서 마사이족과 긴밀한 유대 관계를 가지고 있는 마구구 마을에 학교[56]를 지었고, 마사이족 유치원 교육을 담당하고 있는 한 젊은 여성 리더의 불가능한 결혼을 지원하는 일에 동참했고, 다른 여러 프로젝트에 관여했다. 참고로 이 모든 교류와 지원은 내가 부대표로 있는, 운영진이 모두 자원봉사자인 관계로 운영비가 '0원'인, 후원금을 100% 현지로 보내는 드림스드림[57]이라는 비영리 단체가 있었기에 가능했다.

우리나라는 문화인류학적 여행의 불모지다. 아니 문화인류학적 여행이라는 게 있고, 이게 인공지능에게 대체되지 않는 나를 만드는 강력한 방법 중 하나라는 사실조차도 모르고 있다. 이제 우리나라의 여행 문화는 바뀌어야 한다. 문화인류학적 여행이 주류로 자리 잡아야 한다.

인공지능 로봇이 여행을 한다고 가정해보자. 어떤 여행을 인간보다 더 잘할 수 있을까? 우리나라 여행의 양대 산맥이라고 할 수 있는 패키지 여행과 배낭 여행이다. 인공지능 로봇은 먹지도 마시지도 쉬지도 자지도 않으면서 여행할 수 있다. 전 세계 패키지 여행사들의 여행 스케줄을 학습, 가장 이상적인 패키지 여행을 할 수 있고, 인간 배낭 여행자는 감히 엄두도 못 낼 아마존 오지의 식인종 마을 등은 물론이고 해저와 달나라까지 여행할 수 있다.

인공지능 로봇이 절대 할 수 없는 여행은 무엇일까? 문화인류학적 여행이다. 물론 인공지능 로봇도 다른 나라의 도시에서 오랫동안 머물 수는 있다. 하지만 그 도시의 사람들과 인격적인 교류를 할 수 없기에 현지 사회와 문화에 깊게 녹아들 수 없다. 그리고 이런 경험을 통해 자신이 태어나고 자란 사회의 문화와 현지 사회의 문화를 내면적으로 연결시키는 일도 할 수 없다. 이는 공감 능력과 창조적 상상력의 영역이기 때문이다. IBM 같은 세계적인 인공지능 기업이 문화인류학적 여행 경험을 한 인재를 뽑고, 미네르바 스쿨 같은 인공지능 시대에 특화된 대학이 문화인류학적 여행을 핵심 교육 과정으로 삼고, 인공지능 교육 프로젝트 STEAM, MINT, 4C 등을 운영 중인 독일·미국·영국·호주·핀란드 등의 학교들이 문화인류학적 여행을 교육 과정으로 편성한 이유다.

당신에게 간절히 부탁하고 싶은 게 있다. 일생에 한 번은 문화인류학적 여행을 해보라. 여행자가 아닌 생활인으로, 이방인이 아닌 현지인으로 다른 나라에서 적게는 몇 달, 많게는 몇 년을 살아보라. 물론 대부분의 한국인들에게 이런 여행이 거의 불가능에 가깝다는 사실을 잘 알고 있다. 해외에서 여행자로 한 달 살기도 꿈같은 이야기인데 생활인으로 최소 몇 달을 살라니, 나도 말해놓고 아차 싶었다. 어쩌다가 우리는 이토록 시간적·경제적 여유가 없는 사회에서 살게 되었는지 모르겠다. 하지만 전 세계적으로 놓고 보면 그래도 우리는 참 좋은 사회에서 살고 있다는 사실로 위안을 삼자. 우리나라도 언젠가는 선진국이 될 테고, 그땐 문화인류학적 여행이 보편적인 여행 문화로 자리 잡게 될 것이라는 희망도 갖자.

사실 나는 아무런 대책 없이 문화인류학적 여행을 해보라고 말한

게 아니다. 나는 오래전부터 폴레폴레^{팬카페} 회원들과 문화인류학적 여행^{서번트 투어}을 해왔다. 해외 빈민촌에 학교를 짓고, 회원들과 함께 비행기를 타고 날아가서 현지인들과 함께 시간을 보내고, 학교 준공식을 하는 그런 여행을 말이다. 나는 이 여행을 하면서 인간적으로 부쩍 성장하는 사람들을 참 많이 봤다.

우리나라는 세계에서 미국 다음으로 선교사를 많이 파송한 국가다. 아니 문화인류학적 측면에서 보면 미국을 압도하고도 남는다. 한국 선교사들은 미국 선교사들도 가지 않는 오지 중의 오지도 씩씩하게 가서 둥지를 틀고, 한국인 특유의 친화력을 발휘해서 현지인들의 마음을 순식간에 사로잡기 때문이다.

선교사들의 현지 선교지는 모두 공개되어 있다. 그리고 선교사들은 "여행자^{나그네}를 잘 대접하라"는 성경 말씀을 잘 지키기 위해 애쓰는 사람들이다. 당신이 기독교인이 아니어도 상관없다. 선교사들은 오히려 비기독교인을 더 환영한다. 폴레폴레의 문화인류학적 여행도 늘 비기독교인이 훨씬 많다. 하지만 그들이 포교를 당한 적은 없다. 물론 선교사의 진심 어린 기도를 받은 사람들은 있다. 허나 이 또한 선교사의 헌신적인 삶에 감동받은 비기독교인들이 스스로 요청해서 이루어졌다. 한편으로 나는 폴레폴레의 공식 여행과 별도로 적지 않은 사람들을 현지 선교지로 보내서 적게는 한두 달, 많게는 6개월 이상 문화인류학적 여행을 하게 한 경험을 가지고 있다.

내가 이런 말을 하는 이유는 이 말을 하고 싶어서다.

"만일 당신이 하고자 한다면 문화인류학적 여행은 얼마든지 가능하다!"

당장 SNS에 들어가서 '선교사'를 검색해보라. 당신에게 세계 최고의 문화인류학적 여행 경험을 넘치도록 선물해줄 수 있는 세계 최고의 문화인류학적 여행 전문가^{선교사}들을 얼마든지 만날 수 있다. 그들과 교류하라. 설령 단 며칠일지라도 문화인류학적 여행을 경험해보라. 스스로를 문화인류학적으로 성장시켜보라.

새로운 시대는 기계처럼 사는 인간의 시대가 아니다. 가장 인간답게 사는 인간의 시대다. 당신을 가장 인간답게 만들어주는 여행, 그것은 문화인류학적 여행이다.

에이트 08
'나'에서 '너'로, '우리'를 보라

EBS TV 다큐프라임에서 방영한 "4차 산업혁명 시대: 교육대혁명"을 보면 노벨상 수상자를 세 명이나 배출한 일본 쓰쿠바대학교 대학원에서 운영하는 특별한 교육 과정이 나온다. 일본 인공지능 교육혁명의 실행자라고 할 수 있는 국제 바칼로레아 교사 양성 과정이다. 일본 정부 주도로 만들어진 이 과정은 1년 이상 현직에서 근무한 교사들을 대상으로 2년 동안 진행된다. 모든 수업은 영어로 진행되고, 국제 바칼로레아 전문가가 직접 가르친다.

나는 일본의 국제 바칼로레아 교사 양성 과정을 보다가 특이한 점을 하나 발견했다. 필수 이수 과목에 철학·예술·논문 ^{쓰기·발표·평가} ^{지도}·언어·수학·과학·사회에 이어 '봉사'가 있었기 때문이다. 국내외 불우 이웃을 돕는 그 봉사 말이다. 혹시나 해서 일본처럼 인공지능 교육 프로젝트를 진행 중인 미국·영국·독일·호주·핀란드 등의 교육 과정을 살펴보았더니 역시나 봉사가 있었다. 대표적으로 미국 최고의 사립학교인 필립스 액서터 아카데미의 경우 학생이 학교에 나오는 대신 빈민촌 등에서 봉사 활동을 하면 그 기간만큼 학업 이수를 한 것으로 인정해주고 있었다. 설령 그 기간이 1년이 넘더라도 말이다.

일본을 비롯해서 미국·영국·독일·호주·핀란드 같은 인공지능 선진국들은 도대체 왜 봉사를 '인공지능에게 대체되지 않는 나를 만드는 교육'의 핵심 중 하나로 삼았을까? 인류 사회의 가장 낮은 곳에서 고통받으면서 살고 있는 누군가들을 조건 없이 섬기는 것은 오직 인간만이 할 수 있는 고귀하고 숭고한 무엇이기 때문이다.

봉사도 공감과 창의성이 중요하다

인공지능은 봉사 활동을 할 수 없을까? 아니다. 인공지능이야말로 봉사 활동을 가장 잘할 수 있다. 우리나라든 해외든 봉사 활동은 열악한 환경 속에서 진행된다. 정신적으로, 육체적으로 지치기 쉽기 때문이다. 그리고 봉사 활동은 시작과 끝이 있다. 보통 아침 9시에 시작해서 저녁 6시에 끝난다. 한편으로 봉사자들은 간식도 먹어야 하고 식사도 해야 하며 쉬는 시간도 가져야 한다. 해외 빈민촌 같은 경우 현지 문화에 적응하지 못해 어려움을 겪을 수도 있고, 현지인 들과 언어가 통하지 않는 문제로 불편을 겪을 가능성도 높다.

인공지능 로봇은 정신적으로든 육체적으로든 지칠 일이 없다. 먹지도 마시지도 쉬지도 자지도 않으면서 끝없이 봉사 활동을 할 수 있다. 현지 문화에 적응하지 못한다거나 언어가 통하지 않는 문제도 없다. 봉사지에 투입되기 전에 완벽하게 학습할 테니까 말이다. 한마디로 인공지능 로봇은 완벽한 봉사 활동을 할 수 있다. 이유는 간단하다. 인공지능 로봇은 세계 최고 수준의 봉사 활동 전문가들의 노하우를 완벽하게 습득해서 완벽한 봉사 활동 프로그램을 만들 것이고, 실행 또한 완벽하게 할 것이기 때문이다.

내가 말하고 싶은 것은, 공감과 창의성이 결여된 봉사 활동은 별 의미가 없다는 것이다. 4차 산업혁명 시대이기 때문에, 인공지능은 가질 수 없는 능력을 가져야 하기 때문에 하는 소리가 아니다. 원시 시대든 인공지능 시대든, 기계적으로 하는 봉사는 큰 의미가 없기 때문에 하는 말이다.

안타깝게도 우리나라 봉사 활동 문화는 "심히 기계적이다"라는 인상을 지우기 어렵다. 국내든 해외든 마찬가지다. 도배하고, 청소하고, 연탄 나르고, 도시락 배달하고, 배식하고, 공부 가르치고, 벽화 그리고, 집 짓고, 학교 세우고…… 그리고 사진 찍고. 이런 활동이 반복된다. 우리나라 봉사 활동 문화를 폄하하는 게 아니다. 나는 봉사 활동을 단 한 번이라도 한 사람은 무조건 존경한다. 우리나라 전체 인구로 놓고 보면 그들의 수는 참으로 적기 때문이다. 다만 나는 우리나라 봉사 활동 문화가 NGO들이 만들어놓은 매뉴얼을 벗어나지 못하고 있음을 지적하고 있다. 이젠 시대가 바뀌었다. 매뉴얼대로 하는 것은 인간이 인공지능을 따라갈 수 없다. 봉사 활동도 마찬가지다.

내가 보기에 우리나라 봉사 활동 문화가 매뉴얼화된 것은 NGO들이 대형화되었기 때문이다. 본래 조직은 커질수록 매뉴얼적이 된다. 대형 조직은 매뉴얼 그 자체라고 해도 과언이 아닐 정도다. 몇 년 전의 일이다. 국내는 물론이고 해외 봉사 활동까지 열심인 지인으로부터 우리나라의 십대 세 명이 아프리카의 식수 문제를 해결하는 프로젝트를 진행하고 있다는 말을 들었다.[58] 그것도 중고 압력 밥솥으로 말이다. 며칠 뒤 나는 그 십대들 중 한 명^{프로젝트 리더}을 만나서 아프리카 식수 프로젝트에 대해 배웠고,[59] 홍콩과 에티오피아를 경유해서 탄자니아로 갔다.

현장에서 직접 두 눈으로 보니, 압력 밥솥 식수 프로젝트는 혁신 중의 혁신이었다. 부엌에 흙으로 구멍 두 개짜리 화덕을 만든 뒤 한쪽 구멍에 압력 밥솥을 설치하고, 밥솥 안에 모래와 숯으로 정수한 물을 넣고 화덕에 불을 때면, 그러니까 다른 쪽 구멍에 냄비나 프라이팬을 올려놓고 평소대로 식사 준비를 하면 밥솥 안의 물이 끓으면서 수증기를 다량으로 생성하고, 이게 밥솥과 연결된 작은 관을 타고 물통으로 가서 순수한 물이 되었기 때문이다. 정말이지 이 압력 밥솥 식수 프로젝트는 설치, 사용법, 비용, 효율 등 모든 면에서 최고였다.

도대체 이 세 명은 어떻게 이처럼 멋진 프로젝트를 구상하고 또 실현할 수 있었을까? 내가 보기에 그들은 "아프리카에 가서 봉사 활동을 하자!"라는 결정을 내리기 전에 스스로에게 "우리가 아프리카를 위해 무엇을 할 수 있을까?"라는 질문을 먼저 했기 때문이다. NGO에서 제시하는 봉사 활동 프로그램을 아무 생각 없이 기계적으로 따르는 대신, 자신의 두뇌와 가슴을 믿고 공감 능력과 창조적 상상력을 십분 발휘했기 때문이다.

그렇다고 NGO의 봉사 활동 프로그램을 따르는 것이 나쁘다는 말은 아니다. 그것은 그 자체로 의미가 있다. 특히 그 봉사 활동 프로그램으로 혜택을 받을 어려운 사람들을 생각하면 참으로 아름다운 일이다. 그리고 문화인류학적 여행의 달인이라면 모를까, 현실적으로 봉사 활동 초보자는 NGO의 도움을 받아야 한다. 현장이 만만치 않기 때문이다. 해외 현장의 경우는 언제든지 사고가 날 위험성이 있다. 이 경우 NGO의 매뉴얼은 큰 도움이 된다. 세 명의 십대 역시 NGO에서 일하던 실무자들이 만든 팀에 소속되어 프로젝트를 진행했다. 만일 그렇지 않았다면 압력 밥솥 식수 프로젝트를 아프리카 현장에서 실현하는 일은 불가능에 가까웠을 것이다. 나는 이렇게 조언하고 싶다.

"NGO와 함께하라. 다만 종속되지는 마라. 당신의 두뇌와 심장에 창조적 자유를 허락하라. 새로운 눈으로 봉사 활동을 바라보라. 혁신하라. 매뉴얼 중심의 봉사 활동 프로그램들을. 물론 쉽지 않을 것이다. NGO라는 조직의 벽에 부딪힐 것이다. 기억하라. 그 벽을 만났다는 자체가 당신이 창조적 혁신을 하고 있다는 증거임을. 그리고 이해하라. 벽은, 벽을 세운 사람들, 그러니까 이제껏 해온 방식이 최선이라고 믿고 있는 사람들을 공감시킬 때 사라지는 것임을."

인간을 인간답게 만드는 것

인공지능 시대에 기부와 봉사가 중요해지는 실질적인 이유가 있다. 기부와 봉사는 인간의 윤리·도덕 문제와 깊은 관련이 있다. 아니 인간이 직면한 윤리·도덕 문제의 해결책이라고 해도 과언이 아니다. 인공지능 시대에 '인권'은 윤리·도덕 문제의 핵심이 된다. 인공지능 문명이 필연적으로 야기할 인간 소외 문제는 인권의 관점에서 접근할 때만 해결점이 보일 것이기 때문이다. 이는 무엇을 의미하는가? 인공지능 시대에는 "인권 문제에 관한 지식을 얼마나 가지고 있는가"와 "인권 문제를 해결하는 능력을 얼마나 갖추었는가"가 큰 경쟁력이 될 수 있다는 것이다. 여기에 대해 잘 알고 있는 선진국들은 정부와 기업과 학교가 협력해서 인권 교육을 강화하고 있다.

인권 문제에 관한 지식과 해결 능력은 보통 인권 사각지대에 있는 사람들을 발견하고 그들의 인권 문제를 해결하기 위해 노력할 때 가장 잘 기를 수 있다. 인권 사각지대에 놓인 대표적인 존재는 누굴까? 난민이다. 그럼 난민 중에서도 가장 열악한 위치에 놓인 존재는 또 누굴까? 우리나라 헌법이 대한민국 국민으로 규정하고 있는 탈북인이다.

우리에게는 탈북인이지만 세계인의 관점에서는 난민인 그들은 중국에만 무려 30만 명 가까이 있다.[60] 이들의 80~90%는 여성으로, 탈북하자마자 인신매매를 당해 성매매촌이라든가 오지로 팔려 나간 아픔을 가지고 있다. 누군가는 묻는다. 그럴 기면 왜 북한을 탈출했냐고. 태어난 곳에서 그냥 가만히 있지 왜 굳이 탈북을 해서 그런 비참한 삶을 사느냐는 의미다. 이유는 간단하다. 그냥 가만히 있으면 굶어 죽으니까! 중국에 가면 입에 풀칠이라도 할 수 있으니까! 탈북한 것이다. 즉 우리가 나무라야 할 대상은 김정은 정권이지, 북한 주민이 아니다.

안타까운 사실은 중국이 북한 난민을 난민으로 인정하지 않는다는 것이다. 하여 그들은 수시로 탈북인을 색출하고, 강제 북송을 취한다. 만일 탈북인이 강제로 북송을 당하게 되면 어떻게 될까? 여기에 대해 알고 싶다면 유튜브에서 '정치범 수용소'를 검색해보기를 권한다.

이제 우리는 북한 난민에 대해서 국민적 차원에서 관심을 기울여야 할 때가 왔다고 생각한다. 인공지능에게 대체되지 않는 나를 만든다는 차원에서 하는 말이 아니다. 인공지능에게 대체되지 않는 나를 만드는 프로젝트의 핵심은 인간다운 인간이 되는 것이다. 인간다운 인간은 어떻게 될 수 있는 걸까? 인공지능에게 대체되지 않는 인간 고유의 능력을 갖기 위해 발버둥치면 될까? 맞다. 하지만 이 경우 당신은 잘해야 중간 차원의 능력을 갖출 가능성이 높다. 높은 차원의 능력은 인공지능과의 경쟁에서 이겨야 한다는 생각 자체를 초월할 때 얻어진다. 내 안의 인간성 자체에 집중할 때 얻어진다. 나만 아는 인간에서 너와 우리를 아는 인간으로 성장할 때 얻어진다. 너와 우리를 아는 삶의 핵심은 나보다 낮은 자리에서 고통받고 있는 사람들에게 관심을 갖고 그들을 위한 삶을 사는 것이다. 물론 그렇다고 무슨 성자가 되라는 말은 아니다. 내 삶의 한 부분에 기부·봉사·인권이 있어야 한다는 의미다. 설령 그것이 내 삶의 1%에 불과할지라도 말이다. 나는 확신한다. 그 1%가 이기심으로 가득한 나의 어두운 내면을 밝히는 작은 등불이 될 수 있다고. 나는 북한 난민 프로젝트도 이런 관점에서 접근하기를 권하고 싶다.

북한 난민을 돕는 일은 어렵지 않다. 북한 난민 구출 프로젝트를 진행하는 시민 단체나 활동가를 후원하면 된다. 좀 더 적극적으로 돕고 싶다면 시민 단체가 주최하는 북한 인권 캠페인이라든가 탈북인 교육 프로그램 등에 재능기부 또는 자원봉사로 참여하면 된다. 중국이나 태국, 라오스 등으로 가서 탈북인을 직접 구출하는 것은 권하고 싶지 않다. 나도 참여해봤는데, 심히 위험하다. 무엇보다 안전 문제가 있다. 현장에서 탈북인을 구출하다가 현지 경찰이나 공안에게 적발되면 감옥에 수감된다. 하여 나는 지금은 탈북인을 4천 명 가까이 구출한[61] 탈북 활동가 '수퍼맨'과 '북한인권 시민연합'[62]이라는 단체를 후원하는 일에 힘쓰고 있다.

인간을 인간답게 만드는 것들 중에서 최상위에 있는 것은 무엇일까? 나는 기부·봉사·인권이라고 생각한다. 만일 인류 사회에 이 세 가치가 없다면 어떻게 될까? 약육강식의 원칙이 지배하는 동물의 세계 같을 것이다.

나는 인공지능을 공부하면서 한 번씩 이런 생각을 하곤 했다.

"어쩌면 인공지능은 더 이상 기계처럼 살고 싶지 않다는, 이제는 진정한 인간의 삶을 살고 싶다는 인류의 오랜 바람에 응답해서 나온 게 아닐까?"

지금 인공지능은 인류에게 이렇게 묻고 있는 듯하다.

"지금처럼 '나'만 아는 삶을 살다가 기계에 대체될 것인가? 아니면 '너'와 '우리'까지 아는 삶을 살면서 기계의 주인이 될 것인가?"

부디 당신이 후자가 되기를 빈다.

감사하며

집필에서 완성까지 정확히 1년 1개월 걸렸다. 나는 그 13개월 동안 어떻게 살았던가? 인간의 삶을 포기하고 살았다. 사람 한 번 맘 편히 만나본 적 없었고, 밥 한 번 맘 편히 먹어본 적 없었고 잠 한 번 맘 편히 자본 적이 없었다. 이런 불행한(?) 삶을 함께해준 아내 차유람과 두 아이 한나, 예임에게 감사의 마음을 전한다. 이제 집필을 마쳤으니 당분간 인간답게 살아보려고 한다. 남편과 아빠의 역할도 잘해보고 싶다.

책을 쓰는 동안 많은 사람들이 기도해주고 응원해주셨다. 특히 연로하신 부모님께서 매일 아들을 위해 뜨겁게 기도해주셨다. 장인어른과 장모님께서도 많은 기도와 도움을 주셨다. 탈북인 구출 프로젝트를 함께하는 수퍼맨 목사님과 해외 빈민촌 학교 짓기를 함께하는 드림스드림 임채종 대표도 수시로 진심을 다해 기도해주었다. 병이 재발해 2년 동안 누워 있었던 정회일 대표는 일어나자마자 나를 찾아와 응원해주었다. 압구정 파시노 미용실 김필선 원장은 내가 글을 쓰다가 엉망이 된 머리를 하고 찾아갈 때마다 이 세상의 것이 아닌 듯한 가위질로 내 머리를 회복시켜주었다. 그때마다 산뜻한 마음으로 집필에 임할 수 있었다. 내가 원고를 쓰는 게 너무 힘들다며 징징대는 글을 올릴 때마다 팬카페 폴레폴레 회원들, 페이스북·인스타그램 인연들, 이지성TV 애청자들이 진심 어린 응원과 격려의 메시지를 보내주었다. 그때마다 힘을 낼 수 있었다. 이 자리를 빌려 기도해주고 응원해주신 모든 분들께 감사의 마음을 전한다. 그리고 이 책을 읽어주시는 모든 분들께도 감사의 마음을 전한다. 그러니까 내가 이 책과 관련해서 할 수 있는 말은 오직 이것뿐인 것 같다.

"감사합니다!"

2019년 7월 29일
파주 집필실에서
이지성

부록

인공지능 시대가 불러올 예측 가능한 미래

- 기쁨과 슬픔 같은 단순한 감정은 물론이고 혼란·좌절·고뇌 같은 인간 고유의 감정을 무려 62가지나 얼굴에 드러내면서 인간과 대화가 가능한, 사우디아라비아에서 시민권까지 획득한, 인간형 감정 지능 로봇 '소피아'를 개발한 핸슨 로보틱스의 설립자 데이비드 핸슨은 인공지능의 미래를 이렇게 예측했다.

  "인공지능 로봇은 2035년에 거의 모든 영역에서 인간을 앞지르게 되고, 2045년에 인간과 동일한 시민권을 갖게 된다."

- 미국 컬럼비아대학교 조지프 스티글리츠 교수는 2017년에 두바이에서 열린, 세계 139개국 리더 4천여 명이 참석한 두바이의 제5회 월드 거번먼트 서밋World Government Summit에서 이렇게 발표했다.

  "앞으로 인공지능이 인간 일자리에 미칠 영향, 이게 내가 가장 걱정하는 것이다. 인공지능으로 인해 인간의 모든 직업이 사라질 수 있기 때문이다."

• 경제협력개발기구^{OECD}가 2018년에 발표한 "인공지능 보고서"에 따르면 향후 인간 직업의 약 50%가 인공지능에 의해 대체되고, 그 격차는 점점 커진다.

• 미국 백악관은 2016년에 "인공지능과 자동화가 경제에 미치는 영향에 관한 보고서$^{Artificial Intelligence, Automation and the Economy}$"를 발표했다. 같은 해에 발표한 "인공지능의 미래에 대한 보고서 $^{Preparing for the Future of Artificial Intelligence}$"에 이은 두 번째 인공지능 보고서였다. 주요 내용은 이렇다.

"현재 수백 만 명에 달하는 미국 근로자들이 인공지능과 자동화로 인해 생계가 위험한 상황에 직면해 있고 앞으로 그 위험도는 계속 높아지니 이를 국가 차원에서 대비해야 한다."

• 세계적인 컨설팅업체인 매킨지글로벌연구소는 2017년에 인공지능의 발달로 인해 2030년까지 전 세계적으로 8억 명 이상이 실직하게 된다는 보고서를 발표했다. 이 보고서에는 인공지능 기술이 지금 당장 인간 일자리의 50%를 대체할 수 있는 수준이고, 2050년에는 인간 일자리의 100%를 대체할 수 있는 수준으로 발전한다는 내용도 포함되어 있다.

- 세계 3대 경영 컨설팅 기업인 보스턴컨설팅그룹[BCG]은 2015년에 발표한 "글로벌 제조업 경제의 이동: 첨단 로봇들은 생산성 향상 폭풍을 어떻게 시작할 것인가"에서 2025년까지 로봇에 의해 일자리가 가장 많이 대체될 국가로 대한민국을 지목했다. 이 보고서에 따르면 우리나라는 2025년까지 로봇에 의한 노동비용 감축이 33%로 세계 1위다.

- 세계적인 IT 자문 회사 포리스터 리서치는 2015년에 "인공지능과 로봇 등의 발달로 인해 2025년까지 미국에서만 2,270만 개의 일자리가 사라진다"고 발표했다.

- 미국의 대표적인 싱크탱크[think tank]인 허드슨연구소는 2014년에 "앞으로 인공지능은 우리가 상상할 수 없는 수준으로 인간의 일자리를 대체하게 된다. 2035년이면 인간 일자리의 약 50% 정도가 인공지능에 의해 사라질 것으로 예측된다. 인간은 인공지능이 가질 수 없는 새로운 능력을 개발해서 여기에 맞서야 한다"고 발표했다.

- 뱅크 오브 아메리카[BOA]는 2015년에 "지능을 가진 기계들의 등장"을 주제로 한 보고서를 발표하면서 2025년까지 일본 일자

리의 49%, 유럽 일자리의 35%, 미국 일자리의 40% 이상이 지능형 기계들에 의해 대체될 수 있다고 발표했다.

• 미국컴퓨터협회ACM가 제정한 괴델상을 수상한 이론 컴퓨터학자이자 미국 라이스대학교 컴퓨터공학과의 모셰 바르디 교수는 2017년 미국고등과학협회 연례 회의에 참석, 이렇게 발언했다.

"거의 모든 직업에서 인공지능이 인간의 능력을 뛰어넘는 시대로 진입하고 있다. (…) 인공지능은 앞으로 30년 안에 인류의 절반 이상을 실직 상태로 만들게 된다. (…) 그 시대가 눈앞에 닥치기 전에 사회적으로 준비해야 한다."

• 영국 중앙은행인 영란은행BOE은 2015년에 인공지능으로 인해 미국 내 일자리 8천만 개, 영국 내 일자리 1,500만 개가 사라질 수 있다는 보고서를 발표했다.

• 영국 옥스퍼드대학교와 일본 노무라종합연구소는 2016년에 일본의 직업 601개를 대상으로 인공지능에 의해 대체될 가능성에 관해 공동으로 조사한 뒤 이렇게 발표했다.

"일본에서 직업을 가지고 있는 인구의 50%는 2025년에서

2035년 사이에 인공지능에 의해 대체된다."

• 호주경제개발위원회^{CEDA}는 2015년에 발표한 보고서에서 호주 일자리의 40%가 2030년까지 인공지능에 의해 대체될 수 있다고 전망했다. 또 호주의 컨설팅업체 알파베타는 2030년까지 호주 일자리 300만 개가 인공지능에 의해 없어질 위기에 처한다고 예측했다.

• 일본 경제산업성은 2016년에 "앞으로 일본 정부가 인공지능과 로봇 관련 법을 제대로 정비하지 않으면 2030년까지 735만 명의 실직자가 발생한다. 반면 관련 법을 정비하면 실직자를 161만 명 수준으로 억제할 수 있다"는 내용의 보고서를 발표했다.

• LG경제연구원이 2018년에 발표한 "인공지능에 의한 일자리 위험 진단" 보고서에 따르면 우리나라 전체 취업자 약 2,660만 명 중 1,136만 명이 인공지능에게 대체될 가능성이 높은 것으로 나타났다.

• KT경제경영연구소는 2016년에 발표한 "인공지능, 완생이

되다"라는 제목의 보고서에서 인공지능이 국내 의료·법률·교육 등의 분야에 본격적으로 진출하는 시점을 2025년으로 예측했다.

• 한국과학기술기획평가원KISTEP이 2018년에 발표한 인공지능 보고서에 따르면 우리나라 인공지능 전문가들은 한국은 2027년 무렵에 인공지능 중심의 사회로 바뀐다고 예측했다.

• 세계적인 IT 자문기관 가트너는 2017년에 "인공지능이 인력 고용에 미칠 영향"에 대해 발표했는데 여기에 따르면 2023년에 의사·변호사·교수 등 전문직의 3분의 1 이상이 인공지능에 의해 대체되고, 2030년에는 90% 이상이 대체된다.

• UN의 "미래보고서 2045"는 의사·약사·판검사·변호사·기자·통역가·번역가·세무사·회계사·재무설계사·금융 컨설턴트 등의 직업이 2045년이면 인공지능에 의해 아예 소멸된다고 예측했다.

• 세계미래학회World Future Society는 2013년에 〈더 퓨처리스트〉를 통해 "2030년에 사라질 10가지"를 발표했는데 여기에는 '의

사'와 '교사'가 포함되어 있다.

• '미래학의 아버지', '구글 선정 세계 1위 미래학자' 등의 타이틀을 가지고 있는 다빈치연구소 소장 토머스 프레이는 인공지능으로 인해 의사·약사·변호사·회계사·변리사 등의 일자리가 2030년에 아예 소멸할 것이라고 예측했다. 또 전 세계 대학의 50%가 2030년에 사라진다고도 예측했다.

• 세계 최고의 인공지능 교육을 목표로 설립된 실리콘밸리대학교 유다시티의 공동창업자이자 최고경영자인 서배스천 스런은 2012년에, 앞으로 50년 뒤면 전 세계에서 오늘날 대학이라고 부르는 기관은 오직 10개 정도만이 남을 것이라고 예측했다.

• 하버드와 MIT가 인공지능 시대에 맞는 교육을 위해 공동으로 설립한 비영리 교육기관 에드엑스의 존 슈워츠 대표는 〈한국대학신문〉이 2017년에 마련한 '인공지능 시대에 한국 교육이 나아가야 할 길'을 논의하는 특별좌담에서 이렇게 말했다.
　　"우리는 빠르면 2030년, 늦어도 2050년까지 인간 일자리의 50% 이상이 사라진다고 보고 있다. 50%라는 수치는 매우 현실적이라고 생각한다."

• 영국의 옥스퍼드대학교는 2013년에 발표한 "고용의 미래"
에서 인공지능 기술 발달에 의한 일자리의 미래를 이렇게 예측
했다.

"앞으로 10~20년 내에 일자리의 50% 이상이 인공지능 로봇
에 의해 대체된다."

"의사·변호사·회계사·기자·금융인·법무사 등 전문직이 단순
노동직보다 더 빨리 대체된다."

• 영국 워릭대학교 스티브 풀러 교수는 저서 《휴머니티 2.0
Humanity 2.0》에서 2030년에 인공지능이 의사·약사·판검사·변
호사·교사·공무원 등은 물론이고 일반 사무직까지 대체하게
되고 이로 인해 중산층이 대량 실업 사태로 내몰릴 것이라고
예측했다.

• 미래학자이자 런던 비즈니스 스쿨 교수인 그램 코드링턴은 "인
공지능의 발달로 인해 지금 우리가 선망하는 좋은 직업들은 2025년이면
모두 사라진다"고 예측했다.

• 이스라엘 히브리대학교 역사학과 교수이자 《사피엔스 Sapiens》,
《호모데우스 Homo Deus》 등의 저자인 유발 하라리는 인공지능의

미래를 이렇게 전망했다.

"지금 학교를 다니는 아이들이 40대가 됐을 때 세상은 인공지능에 의해 혁명적으로 바뀌어 있을 것이다. 지금 시대의 최고 전문직인 의사·약사·판검사·변호사·회계사 등은 인공지능에 의해 대체되어 있을 것이다."

• 일본 국립정보학연구소[NII]에서 인공지능 개발 프로젝트를 총지휘하고 있는 아라이 노리코 교수는 2010년에 "앞으로 20년 뒤인 2030년에 화이트칼라의 50%가 인공지능에 의해 대체된다"고 예측했다.

• 세계경제포럼이 발표한 "주요 기술과 티핑 포인트 전망"[2016년]에 의하면 인공지능의 발달로 인해 2025년에 현존하는 직업의 40% 이상이 소멸한다. 같은 해에 발표한 "직업의 미래" 보고서에 따르면 2016년에 초등학교에 입학한 아이들이 사회에 진출할 무렵, 그러니까 2032~2035년 무렵엔 현존하는 직업의 65%가 소멸한다. 그리고 앞으로 소멸하는 직업의 3분의 2는 의사·약사·판검사·변호사·교사·공무원·은행원·세무사·회계사·관세사 등 전문직과 대기업 사원 같은 화이트칼라일 것으로 예상된다.

- 한국고용정보원은 2017년에 "기술 변화에 따른 일자리 영향 연구"라는 제목의 보고서를 발표했다. 다음은 보고서의 주요 내용이다.

"의사 업무의 33.3%는 2025년에, 70%는 2030년에 인공지능에 의해 대체된다."

"약사 업무의 84.2%는 2030년에 인공지능에 의해 대체된다."

"판검사 업무의 34.5%는 2025년에, 58.6%는 2030년에 인공지능에 의해 대체된다."

"변호사 업무의 37%는 2025년에, 48.1%는 2030년에 인공지능에 의해 대체된다."

"교수 업무의 59.3%, 기자 업무의 52.4%가 2030년에 인공지능에 의해 대체된다."

"2025년에 국내 일자리의 60% 이상이 인공지능에 의해 대체된다."

"2030년이 되면 국내 398개 직업이 요구하는 역량 중 84.7%는 인공지능이 인간보다 낫거나 같아진다."

- 선마이크로시스템스의 공동창업자이자 세계적 벤처캐피탈인 코슬라 벤처스의 CEO 비노드 코슬라는 2012년에 의사의 미래를 이렇게 예측했다.

"2030년에 의사의 80%가 인공지능에 의해 대체된다."

• 기업 지식 재산권 분야에서 세계 최고 권위자로 불리는 조지 워싱턴대 로스쿨의 랜들 레이더 교수는 2017년에 우리나라 한 경제지와의 인터뷰에서 이렇게 말했다.[1]

"인공지능 판사는 인간 판사보다 더 공정한 재판을 더 신속하게 할 수 있다. (…) 나는 연방순회항소법원[CAFC] 등에서 30년 가까이 판사로 일했다. 이 중 4년은 법원장을 했다. (…) 내가 예측하기로 인공지능은 앞으로 5년 안에 판사와 검사는 물론이고 대부분의 법조계 일자리를 대체할 것이다."

• 영국 윌링턴대학교 학장을 역임하고 버킹엄대학교 부총장으로 재직 중인 세계적인 교육자 애서니 셀던은 2017년에 이렇게 발표했다.

"전국교사연합이 들으면 충격을 받을 만한 이야기를 하자면 인공지능은 인간 교사보다 학생들을 지적으로 잘 성장시키고 있다. (…) 인공지능은 이미 미국 서부 해안에 있는 학교들을 놀랍게 변화시키고 있다. 내가 예측하기로 앞으로 10년 안에 인공지능이 학교에서 인간 교사를 대신할 것이다. 학생들은 개인 인공지능 교사와 함께 전 교육 과정을 이수하게 될 것이다."

- 영국의 싱크탱크인 리폼은 2017년에 발표한 "인공지능과 일자리" 관련 보고서에서 2030년까지 영국 공무원 25만 명과 공중보건의 수만 명이 인공지능에 의해 대체된다고 전망했다. 특히 정부기관 관리직의 90%가 인공지능에 의해 대체된다고 예측했다.

- 한국직업능력개발원은 2017년에 국내 금융권 전체 종사자 75만 8천여 명^{2015년 기준} 중 약 80%에 해당하는 60만 5천여 명이 인공지능으로 인해 일자리를 잃을 것이라고 발표했다.

- 시티그룹은 2018년에 발간한 보고서 "은행의 미래"를 통해 인공지능으로 인해 2025년에 전 세계 은행지점의 50% 이상이 사라지고, 은행원도 50% 이상이 실직할 것으로 예측했다.

- 우리나라 금융경제연구소는 2018년에 발표한 "4차 산업혁명 시대 은행원의 고용위험 실증 조사 및 시사점" 연구보고서를 통해 국내 은행원의 62.2%가 2025년에서 2030년 사이에 인공지능으로 인해 실직할 것으로 예측했다.[2]

당신에게 묻는다

1   이 이야기는 실화다. 앤디 모칸의 이야기가 대중적으로 알려진 배경은 이
      렇다. 폭발 사고가 난 석유시추선에서 살아남은 앤디 모칸의 사연이 당시
      언론을 통해 크게 보도되자 경영학계가 주목했고, 이후 경영학계에서는
      앤디 모칸의 '불타는 갑판' 이야기를 기업의 위기를 논할 때마다 단골 메
      뉴로 사용했다. 하지만 그래 봤자 기업 관계자들과 경영학자들 정도나 알
      던 이야기에 불과했다. 그러다가 2011년 노키아의 최고경영자가 앤디 모
      칸의 '불타는 갑판' 이야기를 하면서 임직원들의 강력한 변화를 주문했는
      데, 이를 전 세계 언론이 대대적으로 보도하면서 대중적으로 알려지게 되
      었다.

prologue
잡스는 왜 죽기 직전까지 인공지능을 붙잡고 있었나

1   탈레스 외 지음, 김인곤 외 옮김, 《소크라테스 이전 철학자들의 단편 선
      집The Fragments of Presocratic Philosophers》, 아카넷, 2005.

2   이지성 지음, 《생각하는 인문학》, 222쪽, 차이, 2015.

3 국방고등연구계획국은 1958년 'ARPA^{Advanced Research Projects Agency}'라는 이름으로 창설되었다. 그리고 1972년 'DARPA^{Defense Advanced Research Projects Agency}'로 이름이 바뀌었다. 1993년 다시 ARPA가 되었다가 1996년 다시 DARPA가 되었다.
월터 아이작슨 지음, 정영목·신지영 옮김, 《이노베이터^{The Innovators}》, 325쪽, 오픈하우스, 2015.

4 20억 달러를 당시 환율 약 1,130원으로 계산하면 약 2조 2,600억 원이다.

5 이 발언은 1997년에 나왔다. 우리나라에는 2004년에 소개된 것으로 알고 있다.
빌 게이츠 지음, 김광수 옮김, 《빌 게이츠 & 워런 버핏 성공을 말하다》, 월북, 2004

6 일본 정부와 국회의 이런 노력으로 일본 대학생들은 취업을 준비할 때 인공지능에게 대체되지 않는 직종을 우선순위로 고려하고 있다.
이해영 기자, "일본 대졸취업자, AI로 없어질 직종 고려해 기업 선택", 〈연합뉴스〉, 2018.8.27.

7 러시아의 경우 조선 시대에 나선정벌이 있었고, 소련은 북한을 조종, 6.25 남침을 일으켰다.

8 한국 거주 또는 한국 여행 중인 자국민 보호를 명분으로 내세우고 있으나 역사적으로 살펴볼 때 침략은 늘 이런 식으로 일어났다.

Part 1
단 한 번도 경험하지 못한 시대가 오고 있다

1   딥러닝 기술은 1943년 워런 매컬러와 월터 피츠가 발표한 '인공신경망' 연구 논문에 그 뿌리를 두고 있다. '딥러닝의 아버지'라 불리는 제프리 힌턴은 1986년 데이비드 루멜하트, 로널드 윌리엄스와 딥러닝 기술의 핵심인 역전파 기술에 관한 논문을 발표해서 심층 신경망을 학습시킬 수 있음을 밝혔고, 2006년에는 딥러닝 기술에 관한 논문을 발표, 인공지능이 인간처럼 스스로 학습하고 추론하고 판단할 수 있음을 밝혔다.
박종건 기자, "퍼셉트론부터 CNN까지, 딥러닝의 역사", 〈카이스트신문〉, 2019.5.28.

2   리처드 왓슨 지음, 방진이 옮김, 《인공지능 시대가 두려운 사람들에게》, 원더박스, 2017.

3   물론 진정한 지배 계급은 그 1~2%의 약 10% 정도로 보아야 할 것이다.

4   피터 디아만디스는 2006년 여름휴가 중에 읽은 레이 커즈와일의 저서 《특이점이 온다The Singularity is Near》에서 큰 감명을 받고 스스로에게 이렇게 질문했다. "머지않아 인류에게 혁명적인 변화가 닥쳐온다. 인류는 무엇을 준비해야 하는가?" 이어 레이 커즈와일에게 전화를 걸어서 싱귤래리티대학교 설립을 제안했다. 《특이점이 온다》의 핵심 내용은 2045년 인류에게 싱귤래리티, 즉 특이점이 찾아오는데 그것은 인류의 모든 지능을 합한 것보다 더 뛰어난 지능을 갖춘 인공지능이 탄생한다는 것이다. 싱귤래

리티대학교는 특이점에 대비하는 것을 목적으로 하고 있다. 그러니까 특이점 시대에 살아남을, 아니 특이점 시대의 주도자가 될 수 있는 인간을 만드는 것을 목적으로 하고 있다.

5 인공지능 로봇 목사는 2017년 독일에서 선보였다. 인공지능 로봇 승려는 2005년 중국, 2019년 일본에서 선보였다.

6 싱귤래리티대학교 입학금은 2008년에 2만 5천 달러였다. 2008년 원 달러 환율은 처음엔 900원대였으나 나중엔 1,500원까지 치솟았다. 2만 5천 달러를 환율 900원으로 계산하면 2,250만 원이고, 환율 1,500원으로 계산하면 3,750만 원이다. 2,250만 원과 3,750만 원을 더한 뒤 2로 나누면 3천만 원이 나온다. 여기에 왕복 비행기 삯에 기타 경비를 합하면 3천만 원을 훌쩍 넘길 것이다.

7 피터 디아만디스는 2008년 8월 미국 샌프란시스코 힐튼호텔에서 열린 싱귤래리티대학교 연례포럼 2018 개막식에서 "우리는 처음에 특이점을 2045년으로 생각했다. 하지만 인공지능 기술의 발전 속도로 볼 때 특이점은 그보다 훨씬 빨리 올 것 같다. 이제 우리는 2035년에 특이점이 올 것이라고 예측하고 있다"라고 발언했다.

8 싱귤래리티대학교는 10년 안에 10억 냉에게 혜덱을 주는 인재를 길러내는 것을 표어로 내걸고 있다. 그런데 이 대학의 설립자들은 '10년 안에'를 2028년으로 한정하지 않았다. 그러니까 싱귤래리티대학교는 특이점 이후에도 '10년 안에 10억 명에게 혜택을 주는 사람', 즉 인공지능에게 지배당

하지 않고, 오히려 인공지능의 지배를 뛰어넘어 10억 명의 인류에게 혜택을 주는 존재를 길러내는 것을 목적으로 하고 있다고 여겨진다.

9   싱귤래리티대학교의 공동설립자 피터 디아만디스는 살림 이스마일, 마이클 말론, 유리 반 헤이스트가 공저한 《기하급수 시대가 온다Exponential Organizations》 서문에서 싱귤래리티대학교는 인공지능, 로봇공학, 무한 컴퓨팅, 센서, 디지털 제조, 합성 생물학, 디지털 의학, 나노 물질, 네트워크 같은 분야의 세계 최고 기업가를 기르는 것을 목적으로 하고 있다고, 그러니까 4차 산업혁명 시대의 세계적인 리더들을 기르는 것을 목적으로 하고 있다고 분명히 밝히고 있다. 그는 또 이 서문에서 구글의 공동창업자 래리 페이지의 연설을 인용하면서 싱귤래리티대학교가 인류의 99.99999%에 해당하는 사람들과 다른 길을 걷는 사람을 길러내기 위해 창립되었다고 밝히고 있다. 이 두 가지만 놓고 봐도 싱귤래리티대학교는 인공지능 시대에 인류 상위 0.00001%의 인재를 키우기 위해 설립되었음을 분명히 알 수 있다.

10   '현대적 접근 방식'이라는 부제를 달고 있는 책 《인공지능》은 피터 노빅과 스튜어트 러셀 UC버클리대 교수가 함께 썼다.

11   여러 설립자들의 말을 종합, 압축했다.

12   유다시티와 코세라는 스탠퍼드대에서 만들었고, 에드엑스는 하버드와 MIT에서 만들었다.

13 크레디트스위스CS의 "2017 세계 부 보고서Global Wealth Report"를 참고하라.

14 우리나라도 일부 교육청에서 국제 바칼로레아를 도입하고 있으나 그 수준이 매우 약하기에 언급하지 않기로 한다.

15 삿포로 가이세이 중등교육학교는 공립학교로, 4년 넘게 국제 바칼로레아 과정을 운영 중이다.

16 "'보고서 완성 전에 수시로 중간점검을 합니다. 단순히 어떤 식으로 춤을 추겠다고 적는 게 아니라 매 시간 교사가 나눠주는 양식에 조금씩 계획을 구성해나가는 방식입니다. 처음에는 개략적으로 기승전결의 이야기를 짭니다. 그다음에는 춤의 '기' 단계를 구성합니다.' 보고서에는 총 8단계로 '기' 부분을 구성할 수 있도록 칸을 만들어놓았다. 기승전결을 다 합해 32단계로 작성할 수 있었다. 학생들 역량에 따라서 엄청나게 많이 다양하고도 복잡한 안무를 구성하는 게 가능했다. 깊이 생각하고 토론한 뒤 조리 있게 글을 써서 완성하는 보고서였다. 특히 철저하게 조별 활동으로 진행하는 방식이었다. 사토 히카루 교사는 '매 시간 기획 내용을 고쳐가면서 보완할 수 있다'면서 '창작 춤 단원을 학습하기 전과 후를 비교하여 서술하는 문제도 9개를 적어내게 한다'라고 덧붙였다."
신향식 객원기자, "[일본교육 평가혁명 ⑧] 체육 수업에도 '창의적 글쓰기'와 '토론발표' 병행", 〈독서신문〉, 2018.1.23.

17 이토 히로부미는 1885년 12월 초대 내각총리대신이 되자 영국 공사로 일하고 있던 모리 아리노리를 급히 귀국시켜 문부대신에 임명, '제국대학

령'과 '소학교령'을 반포하게 했다.

18 기시 노부스케는 A급 전범으로 3년간 교도소에서 복역했다.

19 인터뷰 김진우·이혜정, 인터뷰 정리 김진우, 사진 제주교육청, "IB는 일본 교육 개혁을 성공시킬 수 있는 흑선입니다", 〈좋은교사〉, 2018년 2월호.

20 일본은 현 정부 들어서 적국으로 전락했지만 과거 오랫동안 우방 국가 였다. 만일 한·미·일 삼각안보체제가 없었다면 어떻게 되었을까? 1965년 과 1975년 김일성이 제2차 남침을 준비하면서 중국에 지원을 요청했다가 거절당했던 사례를 소개한 이지선 기자, "김일성, 1965년 남침 계획… 중 국에 파병 요청까지 했다", 〈경향신문〉, 2013.10.24와 1992년 김정일이 '남 한 점령 작전: 3일 만에 부산까지 진격'을 실행하려다가 경제 문제 때문에 포기했던 사례를 소개한 김종혁 기자, "김정일 92년 남침계획-황장엽 씨 진술 '3일 만에 부산까지 점령' 김일성 말려", 〈중앙일보〉, 1997.5.10에서 알 수 있듯이 우리는 북한과 다시 전쟁을 치르면서 나라가 완전히 망했거 나, 중국과 러시아의 지원을 받은 북한에 의해 적화 통일되어 세계 10대 종교 중 하나인 '주체사상'을 강제로 믿으며 김정은을 신으로 예배하면서 살아가고 있을지도 모른다. 아니면 대한민국과 북한 모두 중국 또는 러 시아에 의해 강제 통일되어 두 나라 중 한 곳의 속국으로 살아가고 있을 지도 모른다.

어떤 사람들은 북한이 신정 국가라는 이야기가 매우 낯설 것이다. 허나 북한 연구가들은 이구동성으로 북한이 21세기 유일의 신정 국가라고 말 하고 있다. 이는 다음 세 가지 사실만 봐도 알 수 있다.

① 세계 종교 통계 사이트 애드히런츠닷컴adherents.com이 발표한 "신도 수에 따른 세계 주요 종교 보고서"에 따르면 북한의 '주체사상'은 신도 수 1,900만 명 이상으로 힌두교·유교·불교 등과 함께 세계 10대 종교다.

② 평양 봉수교회 리성숙 목사는 "우리가 믿는 하나님은 김일성 주석이다. 김일성 주석이 하나님이다. 예수가 부활했다는 것을 우리는 믿지 않는다"라고 공개적으로 밝혔다.

③ 북한에서는 김일성 삼부자를 신으로 예배하지 않으면, 즉결 처형당한다.

우리의 일본에 대한 감정이 어떠하든 한국·미국·일본 삼각안보체제는 북한·중국·러시아 체제에 맞서 지난 수십 년 동안 한반도에서 전쟁이 일어나지 않게 하는 데 결정적인 역할을 해왔다. 한마디로 우리는 한일 관계를 이성적으로 접근해야 한다. 일본이라는 나라를 대한민국의 국익을 위해 활용할 줄 아는 지혜를 발휘할 수 있어야 한다는 의미다.

하지만 이는 3차 산업혁명 시대까지의 이야기다. 만일 일본이 4차 산업혁명 시대에 아베 총리의 의도대로 된다면 어떻게 될 것인가? 일본은 인공지능의 주인이 되는 국민을 대량 배출하고 우리는 전혀 그렇지 못하다면 말이다. 물론 그때도 한미 동맹이 굳건하다면 일본이 우리나라를 직접 침략, 강제 지배하는 일은 없을 것이다. 미국이 허락하지 않을 테니 말이다. 허나 그렇다고 해도 우리는 실질적으로는 일본의 인공지능 속국 신세가 될 가능성이 높다.

여기서 한 발짝 더 나가보자. 만일 그때 한미 동맹이 크게 약화되어 있거나 깨져 있다면 어떻게 될 것인가? 그러니까 미국이 주한미군을 철수시키고, 동북아 방어선을 일본으로 후퇴시킨다면 말이다. 그때는 일본이 인공지능 군대를 보내서 대한민국을 직접 침략, 지배하더라도 미국은 수수 방관할 것이다. 국제정치란 그런 것이다. 비정하기 짝이 없는 것이다.

만일 그런 시대가 오면 북한·중국·러시아도 일본으로부터 안전하지 못할 것이다. 어쩌면 북한·중국·러시아 모두 일본의 지배를 받게 될 수도 있다. 2012년부터 국가 주도로 인공지능의 주인이 되는 교육을 실시해온 일본과 달리 북한·중국·러시아는 우리나라처럼 인공지능의 주인이 되는 교육을 전혀 하지 않고 있기 때문이다.

물론 이 세 나라는 인공지능 시대에 인공지능 군사 강국이 될 가능성이 높다. 하지만 이런 문제가 발생할 수 있다.

① 북한·중국·러시아 인간 군인은 결국 인공지능의 종이 된다.
② 북한·중국·러시아 인공지능 군대는 일본 인간 군인을 주인으로 섬긴다.
③ 일본은 자연스럽게 북한·중국·러시아를 지배한다.

이런 SF 만화 같은 일이 발생하지 않더라도 인공지능의 주인이 되는 교육을 하고 있는 일본은 대한민국·북한·중국·러시아와는 차원이 다른 인공지능 군대를 만들 수 있을 것이기 때문에, 4차 산업혁명 시대에 일본이 우리나라는 물론이고 북한·중국·러시아까지 실질적으로 지배하게 될 가능성은 충분하다.

21 앞에서도 언급했지만 이는 일본 정부의 희망사항일 뿐이다. 일본이 국민 독서의 질을 세 학교 수준으로 올리는 건 불가능해 보인다. 일본 국민 평균 독서량은 스마트폰 등의 영향으로 점점 하락하고 있는 추세다.

22 체스 전문가들의 말을 편집, 재구성했다.

23 과학자들과 인공지능 전문가들, 컴퓨터 전문가들의 말을 편집, 재구성
했다. 참고로 이들 중 일부는 인공지능 딥블루의 승리를 예측하기도
했다.

24 헌종은 조선의 제24대 왕. 23대는 순조, 25대는 철종, 26대는 고종이다.
헌종의 재위 기간은 1834년부터 1849년까지다.

25 에이다 러블레이스는 루프, 점프, 서브루틴, IF문 등을 최초로 만들었다.
《찰스 배비지의 해석기관에 대한 분석》에는 에이다 러블레이스가 만든,
'베르누이 수'를 구하는 알고리즘이 나온다.
이지성 지음, 《생각하는 인문학》, 207쪽, 11~17줄, 차이, 2015.

26 다이달로스의 '동상' 이야기와 헤파이스토스의 '탈로스' 이야기를 보라.

27 호메로스 지음, 천병희 옮김, 《일리아스》, 514~515쪽, 숲, 2015. 헤파이스
토스의 '세발솥'과 '황금 하녀' 이야기를 보라.

28 아리스토텔레스 지음, 천병희 옮김, 《정치학》, 숲, 2009. 제1권 '국가 공동
체의 본질'에서 제4장 '도구로서의 노예'를 보라.

29 믿거나 말거나에 속하는 이야기지만 알베르투스 마그누스는 인간처럼 말하고 생각
하는 금속상을 만들었다고 전해진다. 참고로 이 금속상은 토마스 아퀴나

스가 파괴했다고 전해진다.

30 다 빈치는 기사 로봇을 제작한 바 있다. 어떤 이들은 다 빈치의 기사 로봇
    을 최초의 휴머노이드 로봇이라 부른다.

31 데카르트는 《인간론》에서 동물은 기계이고, 인간의 육체 또한 기계라는
    주장을 펼쳤다. 이는 컴퓨터와 인공지능이 출현하는 데 철학적 기반이 되
    었다.

32 라이프니츠는 1703년 "0과 1만을 사용하는 이진법 산술에 대한 해설: 이
    진법의 효용 및 그것이 고대 중국의 복희의 괘상에 대해 밝혀주는 의미에
    대한 소견"이라는 논문을 발표, 이진법을 세상에 알렸다. 알다시피 인공
    지능 컴퓨터는 이진법을 기본 언어로 사용한다. 라이프니츠는 '기호논리
    학'도 구상했는데, 이는 컴퓨터와 인공지능 역사에 큰 영향을 미쳤다.

33 《인간기계론》에서 18~19세기 유럽에서 인기를 끌었던 자동인형을 뛰어
    넘는, 오늘날의 인공지능 로봇 개념의 자동인형이 등장할 것이라고 주장
    했다.

34 《모래 사나이》에서 주인공 나타나엘은 자동인형 '올림피아'를 사람으로
    착각하고 사랑하게 된다. 하지만 그 결말은 비극으로 끝이 난다.

35 찰스 배비지는 에이다 러블레이스가 현대적 의미의 인공지능을 생각하는
    데 결정적인 역할을 했지만 그의 만능 기계에 대한 구상은 워런 매컬러와

월터 피츠의 '인공신경망'이라든가 앨런 튜링의 '튜링 테스트' 같은 현대적 의미의 인공지능과는 거리가 멀기에 이렇게 분류했다.

36 튜링이 1950년 발표한 "계산기계와 지성"에 '레이디 러블레이스의 반박'을 실었다. 여기서 튜링은 기계가 학습을 통해 스스로 생각할 수 있을 것이라고 밝혔다. 재미있는 점은 튜링의 이 주장도 반박을 받았다는 것이다. 튜링의 주장에 대한 대표적인 반박으로는 존 설의 "중국어 방 논증"이 있다.

37 이 시기에 인공지능은 문학과 영화에서도 다루어졌다. 어린이신문 〈뉴욕의 소년들〉의 연재소설 《프랭크 리드와 초원의 증기 인간》1870년대, 미국 작가 앰브로즈 비어스의 단편소설 《목슨의 마스터》1899년, 체코 극작가 카렐 차페크의 희곡 《R.U.R》1920년, 프리츠 랑이 감독한 영화 〈메트로폴리스〉1927년가 대표적이다. 이 중 《목슨의 마스터》는 로봇의 인간 살해를, 《R.U.R》는 인공지능의 인류 말살을 다룬다.
홍성욱 교수, "[홍성욱의 포스트휴먼 오디세이] 인간, 로봇의 반란을 상상하다", 〈머니투데이〉, 2017.6.24.

38 알파고의 핵심 기술인 '딥러닝'은 워런 매컬러와 월터 피츠의 '인공신경망'을 기반으로 하고 있다. 참고로 딥러닝 기술은 제프리 힌턴에 의해 2006년 세상에 등상했다.

39 워런 매컬러와 월터 피츠가 이론으로만 정립한 인공신경망을 일컫는다.

40 브라이언 머천트 지음, 정미진 옮김, 《원 디바이스》, 매일경제신문사, 2018. 제10장 '안녕, 시리'를 참고하라. 특히 326쪽을 보라.

41 아이폰에 탑재된 인공지능 음성 비서 시리의 개념과 기술은 1960년대에 ARPA의 지원하에 시작되었고, 2003년에 부활된 DARPA에 의해 본격적으로 연구, 개발되었다는 의미로 이렇게 기술했다. ARPA의 인공지능 프로젝트는 정부 지원하에 뜨겁게 진행되다가 인공지능 겨울을 만나고 중단된다. 그러다가 2003년에 DARPA가 '스탠퍼드 국제연구소'와 시작한 인공지능 프로젝트 'CALO'로 부활한다. 스탠퍼드 국제연구소는 2007년에 CALO 프로젝트 중 인고지능 음성 비서 연구 부분을 따로 떼어내서 스타트업 기업으로 출범시킨다. 잡스는 2010년 4월에 무려 2조 2,600억 원을 지불하고 그 스타트업을 인수한다. 그리고 직접 아이폰 인공지능 프로젝트를 지휘, '시리'를 개발한다.

42 최근에 빌 게이츠는 인공지능의 위험성에 대해 가장 강력한 경고를 하는 사람들 중 한 명으로 변했다. 뭐랄까. 인공지능 전도사에서 반反인공지능 전도사로 변신했다고나 할까.

43 브라이언 머천트의 《원 디바이스》317쪽에 따르면 애플은 이미 1980년대에 인공지능 시리의 초기 개념을 가지고 있었다. 하지만 애플은 이때만 해도 회사의 역량을 인공지능에 집중시키지는 않았다. 애플이 인공지능 개발에 본격적으로 뛰어들기 시작한 것은 잡스가 복귀한 뒤에 이루어졌다.

44 마이크로소프트와 AOL이 구매하겠다고 제안했을 정도로 완성도가 높았다.

45 슈퍼비전은 '딥러닝의 아버지'라 불리는 제프리 힌턴이 이끄는 캐나다 토

론토대학교 인공지능 연구팀이 만들었다.

46 미국·캐나다·유럽은 사회 시스템과 교육 시스템 위주로 바꾸고 있고,
일본은 교육혁명을 일으켰다. 중국은 산업 기술 시스템을 바꾸고 있다.
참고로 유럽은 2012년부터 인공지능 로봇에 인격을 부여하는 '로보로 프
로젝트Robolaw project'를 시작했고, 2017년에는 '로봇시민권 권고안'을 통과
시켰다.

47 중국 칭화대학교가 발표한 "2018 중국 인공지능 발전보고서"에 나오는
내용이다. 우리나라에서는 〈뉴스핌〉이 이 보고서의 주요 내용을 보도
했다.
백진규 기자, "초고속 질주, 인공지능 AI 선진국 중국몽 영근다", 〈뉴스핌〉,
2018.7.19.

48 김중근 기자, "[Interview] 김진형 지능정보기술연구원장", 〈아주경제〉,
2017.12.22.

49 생략 처리한 내용은 "우리나라 1년 연구비 예산이 20조 원 정도 되는데
인공지능에 쓰는 게 기껏해야 200억 원, 300억 원입니다"이다. 참고로 중
국은 2016~2018년 인공지능 연구비 예산으로 18조 원, 그러니까 1년에
6조 원씩 배정했다고 발표한 바 있다.

50 2019년 기준. 이 중 세 명은 외국 국적 취득자다.

51 소니에서 개발한 인공지능 애완동물 '아이보'다.

52 스스로 학습하고 판단하고 추론하는 인공지능은 스스로 생각하고 느끼는 인공지능으로 발전해나갈 가능성이 있다. 물론 이 또한 서양의 주도하에 이루어질 것이다.

53 이지성 지음, 《생각하는 인문학》, 209쪽, 16~18줄, 차이, 2015.

Part 2

10년 뒤, 당신의 자리는 없다

1 인공지능 켄쇼는 수백만 달러의 연봉을 받는 모건스탠리의 분석가 15명이 4주 이상 매달려야 하는 일을 단 5분 만에 끝냈다. 이를 골드만삭스 600명에게 '단순' 적용하면 약 200분, 즉 약 3시간 20분이 된다._{15명이 할 일을 5분에 끝낸다면 150명이 할 일은 50분에 끝내고, 600명이 할 일은 200분에 끝낸다는 식으로 계산했다.} 물론 이는 앞에서 말했듯이 단순 적용에 불과함을 밝힌다.

2 사실은 "IT 기업이다"라고 선언했다. 그러나 당시 골드만삭스가 말한 IT는 인공지능이기에 이렇게 표현했다.

3 골드만삭스는 2014년 켄쇼 테크놀로지에 투자를 결정했다. 인공지능 켄쇼는 골드만삭스에 2014년 말 또는 2015년 초에 입사한 것으로 추정된다. 여기서는 2014년 말을 택하기로 한다.

4 여기에 대해서는 논란의 여지가 있다. 구글의 자율주행차는 330만 킬로 미터를 운행하는 동안 17건의 경미한 교통사고를 일으켰기 때문이다. 그 러나 구글 측에 따르면 이는 모두 상대 차량의 잘못이었기에 '330만 킬로 미터 무사고'로 발표했다고 한다. 구글 자율주행차는 이 발표 이후로도 작은 사고를 지속적으로 일으켰는데 이 중에는 구글 측이 잘못을 인정한 것도 있다. 구글 말고 다른 기업에서 만든 자율주행차 중에는 사망 사고 를 일으킨 것도 있다.

5 2011년 후반으로 추정된다. 이때 왓슨은 미국 메릴랜드 의대에 입학해 18개월 동안 의학 교과서, 의학 논문, 전 세계 의약품 정보, 환자 치료 사 례 등을 공부했다. 2013년에는 미국 텍사스에 위치한 MD앤더슨 암센터 에 들어가 의학 교과서와 의학 논문을 추가로 학습했다.

6 대구가톨릭병원에서 열린 "왓슨 포 온콜로지Watson for Oncology 도입 1주년 기념 인공지능 미래 의료 심포지엄"에서 발표된 내용이다. 물론 미국 종 양학회의 발표 내용은 다른 언론들도 보도한 바 있다. 여기에 대한 자세 한 내용은 다음 기사를 참고하라.
남승렬 기자, "인공지능 왓슨 암 진단 정확도 90% 이상", 〈대구신문〉, 2018.4.18.

7 "방사선 전문의의 위음성률암 진단을 놓친 비율이 7%인 반면 엔리틱의 인공지 능은 0%였다. 방사선 전문의의 위양성률암을 부정확하게 진단한 비율이 66%인 반 면 엔리틱의 인공지능은 47%였다."
류순식 의료경영연구소 소장, "[데스크 칼럼] 인공지능과 의료", 〈부산일보〉, 2016.3.21.

8   이 비교는 심장 초음파 분석 및 진단 1단계만 놓고 한 것이다. 리마 아르
     나웃 박사팀은 다음 단계까지 수행할 수 있는 인공지능 의사를 개발 중에
     있다. 자세한 내용은 다음 기사를 참고하라.
     조인혜 기자, "인공지능, 심장병 진단에서 전문의 능가", 〈로봇신문〉,
     2018.4.3.

9   이영완 기자, "[사이언스 카페] 95% 대 86%… 피부암 진단, AI가 의사
     보다 정확했네", 〈조선일보〉, 2018.5.29.

10   허지윤 기자, "6개 대학병원 AI 헬스케어 컨소시엄 발족… '환자 쏠림 해
     소·수가 반영 추진'", 〈조선비즈〉, 2017.10.31.

11   변소인 기자, "사랑, 이혼, 우울 감지하면 조언까지 하는 인공지능", 〈시
     사저널ᄐ〉, 2017.12.6.

12   최윤섭 지음, 《의료 인공지능》, 324쪽, 클라우드나인, 2018. '우리나라 디
     지털 헬스케어 분야의 대표적인 전문가'라는 표현은 출판사의 저자 소개
     를 따랐다.

13   앞에서 언급한 미국 서던캘리포니아대학교 연구진의 연구 결과, 가천대
     학교 길병원 김영보 신경외과 교수의 인터뷰, 최윤섭 소장의 《의료 인공
     지능》을 참고하라.

14 마지막 네 번째는 이들의 의견을 토대로 내가 예측한 것이다.

15 〈US 뉴스&월드리포트〉가 발표한 "2018~2019 미국 최우수 병원" 순위.

16 2017년 4월 서울 코엑스에서 열린 약준모약사의 미래를 준비하는 모임 학술제에서 나온 내용이다. 다음 기사를 참고하라.
이정환 기자, "로봇 셰프 음식 꺼리는 사람들, 로봇 조제약은 반겨", 〈데일리팜〉, 2017.4.17.

17 이 재판을 주도한 인공지능은 미국 스타트업 기업 노스포인트가 만든 인공지능 컴퍼스Compas다. 인간 검사와 인간 판사는 컴퍼스가 제출한 자료 및 의견을 토대로 재판을 진행했고, 구형 및 선고까지 했다. 미국 위스콘신주 대법원은 "인공지능의 의견을 근거로 한 원심 법원의 선고는 타당하다"며 에릭 루미스의 항소를 기각했다.

18 리걸테크는 '법률Legal'과 '기술Technology'의 합성어로 IT 기술을 통해 법률 서비스를 하는 산업을 의미하는 말이다. 그런데 리걸테크의 핵심이 변호사 업무에 인공지능을 활용하는 것이기에 이렇게 표현했다.

19 MBC 다큐멘터리 〈10년 후의 세계 1부-멋진 신세계와 일자리 도둑〉에 관한 논평 기사 중 대니얼 빈스베르겐의 인터뷰 내용 일부를 재구성했다. 논평 기사는 아래를 참고하라.
주철진 기자, "AI에 일자리 뺏긴 인간들 '멋진 미래'는 단지 환상인가요?", 〈오마이뉴스〉, 2018.5.1.

20 대표적으로 대륙아주의 변호사 중 한 명인 김형우는 〈조선일보〉와의 인
터뷰에서 "유렉스는 현재 어린아이 수준이다. 앞으로 계속 똑똑해질 것
이다"라고 했다.
박현익 기자, "뺑소니 사고 낸 뒤… 국내 최초 AI 변호사를 찾아가봤다",
〈조선일보〉, 2018.4.30.

21 영국 워릭대학교의 경우 엘리엇 애시 교수가 이에 대해 연구하고 발표
했다. 당연히 교수 혼자 연구한 게 아니라 교수가 이끄는 팀이 함께 연구
했을 것이기에 이렇게 표현했다.

22 엘리엇 애시 교수는 인공지능 법률가가 무조건 공정하다고 주장하지는
않고 있다. 자세한 내용은 기사를 참고하라.
토머스 매콜리, "AI가 판결하는 '정의란 무엇인가'", 〈CIO Korea〉,
2018.7.24.

23 미국 컬럼비아대학교 연구팀의 조너선 레바브가 〈가디언〉지와의 인터뷰
에서 밝힌 내용이다.

24 토머스 매콜리, "AI가 판결하는 '정의란 무엇인가'", 〈CIO Korea〉,
2018.7.24.

25 성시윤·윤석만·박해리 기자, "[교실의 종말] 호주 유치원선 로봇이 친
구… 함께 요가하고 코딩도 배워요", 〈중앙일보〉, 2018.10.3.

26 김은향 기자, "'인공지능 로봇과 친구' 中 유치원, 'AI' 활용 수업 화제", 〈동아일보〉, 2017.4.13.

27 이용성 차장, "[교육의 '싱귤래리티'가 온다] 'AI 사각지대'를 파고들라. 발명하고 창조하고 발견할 수 있는 사고 능력이 핵심", 〈이코노미조선〉 248호, 2018.4.30.

28 조인혜 기자, "일본, 영어 말하기 로봇 일선 학교에 배치", 〈로봇신문〉, 2018.8.27.

29 장길수 기자, "핀란드 초등학교, 로봇 교사 시범 도입", 〈로봇신문〉, 2018.3.28.

30 장길수 기자, "핀란드 초등학교, 로봇 교사 시범 도입", 〈로봇신문〉, 2018.3.28.

31 조인혜 기자, "일본, 영어 말하기 로봇 일선 학교에 배치", 〈로봇신문〉, 2018.8.27.

32 인공지능과 빅데이터 기술을 활용한 적응학습adaptive learning 프로그램을 말한다.

33 장길수 기자, "미 예일대, '소셜 로봇 자폐 아동 치료 효과 있다'", 〈로봇신문〉, 2018.8.24.

34 "수포자부터 자폐 아이들까지⋯ 인공지능 교사들의 무한도전", 〈시스코 코리아〉, 2017.11.16.

35 김효혜 기자, "[Edu News] 자폐어린이의 단짝 '소셜로봇' 교감, 소통으로 치료하죠", 〈매일경제〉, 2018.5.9.

36 스노우와 큐보원은 학생들을 상담한 뒤 보고서를 작성했고, 학교 측은 이 보고서를 토대로 따돌림 문제를 해결했다.

37 김다린 기자, "[IBM 通通 테크라이프] '제 비밀이요? AI에 털어놔요'", 〈더 스쿠프〉, 2018.8.17.

38 김미향 기자, "초등생 절반 '인공지능 선생님 괜찮아요'", 〈한겨레〉, 2016.6.1.

39 물론 유튜버, 연예인 등도 나왔으나 이쪽 분야의 성공 가능성은 전문직하고 비교하면 거의 0%에 가깝기 때문에 취하지 않았다.

40 김영은 기자, "면접관이 된 인공지능⋯ 기업 채용 'AI 면접 바람' 거세진다", 〈한국경제〉, 2018.10.14

41 "NHK에 따르면 지바시는 올해 2월 인공지능을 시험적으로 도입해 8천여 명의 어린이를 보육시설에 배당하는 작업을 맡겼더니 직원 30명이 50여 시간 해야 할 일을 불과 몇 초 만에 해냈다고 한다. 아주 까다로운 작업임에도 불구하고 결과 또한 공무원들이 수작업으로 배당한 것과 거의 같이

나타났다."

이동구 논설위원, "[씨줄날줄] 인공지능 공무원", 〈서울신문〉, 2017.10.20.

42 김소영 객원논설위원, "우리가 원하는 미래의 인공지능 공무원", 〈동아일
보〉, 2018.10.28

43 커즈와일이 예측한 대표적인 것들로는 인터넷, 검색 엔진, 3D 프린터, 자
율주행차 등이 있다.

44 가로축이 시간이고, 세로축이 기술 발달 속도인 지수 함수 그래프.

45 일본 우화 "히코이치의 재치"는 장기 칸에 쌀알을 곱절로 놓는 방식으로
'수확가속의 법칙'을 설명하고 있다. 9×8=72칸인 우리나라의 장기판과
달리 일본 장기판은 9×9=81칸이다.

46 1990년에 출간한 《지적 기계의 시대The Age of Intelligent Machines》, 1999년에 출
간한 《영적 기계의 시대The Age of Spiritual Machines》, 2006년에 출간한 《특이점
이 온다》에서 동일한 주장을 했다.

47 내가 참고한 자료들 중 핵심적인 것들을 '부록 1'에 실었으니 관심 있는
사람은 참고하기 바란다.

48 현재 뉴칼라 스쿨은 우리나라를 포함, 5개국에서 110여 개가 운영 중
이다.

49 자세한 내용은 하워드 가드너·케이티 데이비스 지음, 이수경 옮김, 《앱 제너레이션The App Generation》, 와이즈베리, 2014를 참고하라.

50 지앤건설 김성한 대표다. 자세한 내용은 이지성·차유람 지음, 《부부의 집짓기》, 차이정원, 2018을 참고하라.

51 이 보고서는 유기윤·김정옥·김지영 지음, 《미래 사회 보고서》, 라온북, 2017로 출판되었다.

52 유기윤 교수팀은 '인공지능' 대신 '인공지성'이라는 용어를 썼다. 미래의 인공지능은 단지 지능만 있는 것이 아니라 감정, 의지, 자의식까지 갖춘 존재로 인간과 거의 비슷할 것이기 때문에 '인공지능'보다는 '인공지성'이라는 용어가 더 적합하다고 판단했기 때문이라고 한다. 여기서는 책의 흐름상 '인공지능'으로 칭하겠다.

53 원래는 "평생 직업 불안정성에 시달린다"인데, 좀 더 쉽게 표현하고 싶어서 바꾸었다.

54 여기에 대해서는 유기윤·김정옥·김지영 지음, 《미래 사회 보고서》, 라온북, 2017을 참고하라.

1   여기서 말한 페닌슐라는 '페닌슐라 발도르프 학교Waldorf School of the Peninsula'다. 구글 에릭 슈밋 회장의 자녀들도 이 학교를 다닌다는 이야기가 있다. 고위급 임원의 자녀들도 다니지만 일반 임직원 자녀들도 다닌다.

2   권오성 기자, "실리콘밸리에 컴퓨터 없는 학교가 있다! 왜?", 〈한겨레〉, 2015.1.26.

3   데이비드 색스 지음, 박상현·이승연 옮김, 《아날로그의 반격》, 어크로스, 2017. 본문 중 굵은 글씨로 표시한 부분은 데이비드 색스의 주장이다. 그 뒤에 나오는 내용은 나의 해석이다.

4   댄 샤피로의 말이다. 댄 샤피로 지음, 신영경 옮김, 《핫시트Hot Seat》, 한스미디어, 2016을 참고하라. 도서 저자 소개에 따르면 댄 샤피로는 3D 레이저 프린터를 만드는 스타트업 글로우포지GLOWFORGE의 CEO이자 킥스타터 역사상 가장 많이 팔린 보드게임인 로봇터틀의 제작자다. 구글의 자회사인 구글 컴패리슨GOOGLE COMPARISON INC., 비교쇼핑 서비스 스파크바이, 모바일 사진편집 서비스 포토버킷PHOTOBUCKET의 CEO를 역임하기도 했다.

5   구글 회장 에릭 슈밋이 만든 구호다.

6   래리 페이지의 공감 능력과 창조적 상상력은 IT 사업에 한정된 것이다.

7   피터 심스 지음, 안진환 옮김, 《리틀 벳Little Bets》, 185쪽, 에코의서재, 2011.

8   고등학교에서 컴퓨터를 가르쳤다는 이야기도 있다.

9   이들은 수학자이자 철학자논리학자였다. 이들은 과학자들과 함께 컴퓨터와 인공지능의 개발을 주도했다.

10   미첼 레스닉 지음, 최두환 옮김, 《미첼 레스닉의 평생유치원》, 다산사이언스, 2018.

11   미첼 레스닉에 따르면 '학습자를 위한 10가지 도움말'은 박티아르 미객이 주최한 보스턴 과학박물관 워크숍에 참여했던 열두 살짜리 아이들이 작성한 것이라고 한다.

12   미국 일리노이대 의대 정신과 부교수였다. 논문명은 다음과 같다. Warren S. McCulloch·Walter Pitts, "A Logical Calculus of Ideas Immanent in Nervous Activity"신경 활동에 내재한 개념들의 논리적 계산, 〈The bulletin of mathematical biophysics〉, VOL 5, 1943.

13   만일 일본에 《칼 비테 교육법》 독일어 원전 완역서가 있다면 정정하겠다.

14 《칼 비테 교육법》의 종이책 원서는 구할 수 없었다.

15 대니얼 코일 지음, 박지훈 옮김, 《최고의 팀은 무엇이 다른가The Culture Code》, 88~89쪽, 웅진지식하우스, 2018.

16 박승훈 기자, "[잇츠IT] '꿈의 기술' 양자컴퓨터, 어디까지 왔나", 〈머니S〉, 2018.10.26.

17 김범수 기자, "스콧 크라우더 IBM CTO '5년 후 양자컴퓨터 시대, 양자암호통신 연구 필수'", 〈조선비즈〉, 2018.6.25.

18 인간적·사회적 공감이 곧 창조적 공감이다. 인간적·사회적으로 공감할수 있어야 인간과 사회를 위한 창조와 혁신을 할 수 있기 때문이다. 허나하버드 의대가 추구하는 공감 교육의 초점이 대화와 토론으로 인간적·사회적 공감 능력을 기르고 이를 창조적 공감으로 연결 및 발전시키는 데,즉 승화시키는 데 맞춰져 있기에 이렇게 이야기했음을 밝힌다. 아마도 하버드 의대는 인간적·사회적으로 공감한다고 해서 이게 창조와 혁신으로연결되는 경우는 그리 많지 않다는 현실을 인정하고, 이를 극복하기 위해공감을 인간적·사회적 공감과 창조적 공감으로 나눈 뒤 이 둘을 하나로연결하는 교육 과정을 만들어낸 것 같다.

19 버나드 로스 지음, 신예경 옮김, 《성취습관》, 122쪽, 알키, 2016. 서양 나이로 3~8세 아동. 버나드 로스는 85% 정도라고 말했으나 90%라고 말하는 자료들이 많아서 90%를 채택했다.

20 참고로 톰 켈리·데이비드 켈리 지음, 박종성 옮김, 《유쾌한 크리에이티
    브》, 청림출판, 2014에서 어린이 환자들의 만족도가 90% 상승했다고 밝
    히고 있다.

21 정확한 내용을 말하자면 "존 매카시가 스탠퍼드에 인공지능연구소를 세
    우려고 하고 있고, 로봇 장치를 개발하고자 하는데, 기계디자인과 기계공
    학에 관한 전문지식을 제공해줄 사람이 필요하네. 내가 보기엔 자네가 적
    격일 것 같네"다.

22 버나드 로스 지음, 신예경 옮김, 《성취습관》, 329~330쪽, 알키, 2016.

23 스탠퍼드대 D스쿨의 디자인 씽킹은 주로 기술과 비즈니스에 혁신을 일으
    키는 것을 추구하고 있다.

24 디자인 씽킹이 오늘날의 의미를 갖게 된 것은 존 아널드와 허버트 사이먼
    이 정의한 디자인 씽킹의 의미를 충실히 계승하고 발전시킨 스탠퍼드대
    교수 로버트 맥킴과 하버드 교수 피터 로우의 공도 있다. 로버트 맥킴과
    피터 로우가 정립한 '디자인 씽킹'의 개념은 데이비드 켈리, 래리 라이퍼,
    버나드 로스 등에게로 이어졌다.

25 스탠퍼드로 간 해는 1959년, 버나드 로스에게 교수직을 제안한 해는
    1961년이다.

26 버나드 로스 지음, 신예경 옮김, 《성취습관》, 325~328쪽, 알키, 2016.

27 버나드 로스 지음, 신예경 옮김, 《성취습관》, 26쪽, 알키, 2016.

28 물론 22가지 방법들 중 일부 또는 모두를 사용해도 좋다. 참고로 본문에 빠진 12가지 방법은 '목록 작성하기', '메타 목록, 즉 만들어야 할 것들의 목록 작성하기', '형태론적 분석하기', '유머 갖기', '강제 변형하기', '시넥틱스synectics하기, 즉 서로 관련 없어 보이는 것들을 조합해서 새로운 무엇을 도출해내기', '아이디어 도출 활동과 관련된 물리적 과정 그리기', "만약에 ~하면 어쩌지?'라는 질문 던지기', '의사 결정 행렬 만들기', '추상의 사다리, 즉 왜 문제인지와 문제를 어떻게 해결할 것인지를 도표로 만들기', '코로 생각하기', '스스로를 도표로 표현하기' 등이다.

29 "99년 구舊정보통신부와 스탠퍼드대학 MBA가 협력하여 개설한 벤처 비즈니스 과정으로, 김정주 대표넥슨, 전하진 의원한글과컴퓨터, 송병준 대표게임빌, 나성균 대표네오위즈, 박지영 대표컴투스 등의 대표 벤처기업인을 포함, 5년간 약 250여 명의 수료생을 배출", 미래창조과학부 보도자료, 2014.9.15.

30 "미국에서는 18세가 되면 부모로부터 독립하는 게 정상이다. (…) 한국 대학생 중 상당수가 부모로부터 학비를 받는 것은 물론 사업을 시작할 때도 부모에게 기대는 것은 '충격'이다. 자녀의 실패가 두려운 나머지 대기업 입사 등 안정적인 길반 원하는 한국 부모의 자세두 문제다. (…) 정부가 어떤 제도를 통해 스타트업을 육성하기 전에 부모들의 사고 전환부터 이뤄져야 한다."
래리 라이퍼 미국 스탠퍼드대 D스쿨 교수와 크리스토퍼 한 SAP코리아 전무의 대담을 정리한 김미희 기자, "[제6회 모바일코리아포럼 기조연설자] 래리 라이퍼 美 스탠퍼드大 D스쿨 교수", 〈파이낸셜뉴스〉, 2015.6.28 기사에 나오는 래리 라이퍼의 발언 내용 중 일부를 수정, 편집했다.

31 이 문장은 래리 라이퍼의 다음 세 발언을 기초로 만들어졌다.

① 래리 라이퍼 미국 스탠퍼드대 D스쿨 교수와 크리스토퍼 한 SAP코리아 전무의 대담을 정리한 김미희 기자의 "[제6회 모바일코리아포럼 기조연설자] 래리 라이퍼 美스탠퍼드大 D스쿨 교수", 〈파이낸셜뉴스〉, 2015.6.28 기사에 나오는 래리 라이퍼의 발언.

"디자인 씽킹은 스스로 문제를 발견하고 답을 찾는 과정 그 자체다. 이를 위해서는 무엇보다 암기식, 주입식 교육에서 벗어나야 한다."

② 글로벌 HR포럼 기간2006. 11. 8~10 중에 열린 래리 라이퍼 스탠포드대 교수와 김영세 이노디자인 사장과 대담을 정리한 이상은 기자의 "[다시 보는 글로벌 인재포럼](석학 릴레이 대담) (8) 라이퍼 교수 & 김영세 사장", 〈힌국경세〉, 2006.11.20 기사에 나오는 래리 라이퍼의 발언.

"학교를 재디자인해야 한다. 조금 과격하게 말하면 학교를 해체knock down해야 할 수도 있다."

③ 김승련 기자의 "[신년 인터뷰] 美 스탠퍼드대 래리 라이퍼 교수에게 듣는다", 〈동아일보〉, 2008.1.12 기사에 나오는 래리 라이퍼의 발언.

"학교 교육은 (…) '체계적이고 구조적으로' 창의력을 망쳐놓는다. 중학교 1~2학년만 되면 대학 준비에 몰두하면서 단순 사실만 배우게 된다. 창의적 동기를 잃어버리는 시기가 되는 것이다. (…) 스탠퍼드대도 일방적 강의와 텍스트에 의존한 학습 비중이 98%다. 공대 속의 디자인 학교인 'D-

스쿨'은 이런 걸 극복하기 위해 만들어졌다. (…) 학생들에게 '보스' 같은 선생님은 필요 없다. 동료에게서 배우도록 해야 한다. 5명도 많고, 3명이 제일 좋다. 이렇게 해야 더 많이 배우고, 더 오래 기억하고, 활용도 훨씬 잘된다."

32 김태형 단국대학교 대학원 데이터사이언스학과 교수가 2017년 5월 9일 〈디지털타임스〉에 기고한 "[포럼] 개방형 혁신문화 조성 시급하다"에서 지난해 실리콘밸리의 혁신 허브로 전 세계적으로 주목받고 있는 스탠퍼드대 D스쿨에서 만났던 래리 라이퍼 교수가 한 말이 머릿속을 떠나지 않는다고 하면서 그의 말을 이렇게 전했다.
"한국 사람들은 자신들이 충분히 창의적이지 못하다고 생각하는 것 같습니다만, 저는 당신들이 충분히 창의적이라고 생각합니다. 그러나 당신들은 그것은 모르거나 또는 그러한 능력이 자유롭게 표현될 수 있는 생태계적 환경을 만들지 않았을 뿐입니다."

33 "지속적으로 질문을 던지고 문제점을 찾고 이것을 해결하겠다는 절박한 심정을 가질 때 디자인 씽킹, 즉 창조적인 결과물을 낳을 수 있다."
김미희 기자, "[제6회 모바일코리아포럼 기조연설자] 래리 라이퍼 美 스탠퍼드대 D스쿨 교수", 〈파이낸셜뉴스〉, 2015.6.28.

34 "내부 구성원 간에 대화를 많이 하고 씽킹을 공유할 때 가장 좋은 결과물을 낼 수 있다. 이런 점이 디자인 교육에 반영돼야 한다. 나는 이런 문제의식을 가지고 스탠퍼드대학교 공학부 내에 'D스쿨'이라는 것을 만들었다. 일종의 협동과정으로 공학·미학·철학·인문학·사회학 등 다양

한 분야를 전공한 이들이 디자인을 주제로 모여 새로운 가능성을 찾는 것이다."

이상은 기자, "[다시 보는 글로벌 인재포럼] 석학 릴레이 대담 (8) 라이퍼 교수 & 김영세 사장", 〈한국경제〉, 2006.11.20.

35 허태준 기자, "철학 1과목이 나의 삶을 바꿨다", 〈미주 중앙일보〉, 2018.1.16 기사에 나오는 표현이다. 한경 경제용어사전은 '벤치마크'에 대해 이렇게 설명하고 있다.

"투자의 성과를 평가할 때 기준이 되는 지표를 말한다. 투자 수익률이 벤치마크보다 높으면 초과 수익을 달성한 것으로 보아 성공적인 투자로 평가한다."

36 2019년 5월 2일 환율 1달러=1,167원 기준.

37 빌 밀러의 여러 인터뷰와 저서 등에 나오는 인공지능과 철학에 관한 발언을 직접 새구성했다.

38 구체적으로 이야기하면 빌 밀러는 법과 정치윤리학 박사 과정을 밟았다. 재닛 로 지음, 고영태 옮김, 《빌 밀러의 기술주 투자The man who beats the S&P》, 43쪽, 흐름출판, 2010.

39 토마스 라폴트 지음, 강민경 옮김, 《피터 틸Peter Thiel》, 앵글북스, 2019에 나오는 카피와 저자 소개 등을 적절히 편집했다.

40 자세한 내용은 토마스 라폴트 지음, 강민경 옮김, 《피터 틸》, 91~100쪽, 앵글북스, 2019를 참고하라.

41 피터 디아만디스가 밝힌 숫자다. 50명이라고 보도한 언론도 있다.

42 주로 윤리학적·도덕학적 대화와 토론을 한다.

43 서양의 사립학교들과 대학들은 원래 철학적 교육 과정을 운영해왔다. 하지만 이는 인공지능을 염두에 둔 것이 아니었다.

44 트리비움에 대해서 제대로 이야기하려면 책 한 권 분량의 글을 써야 한다. 여기서는 아주 간략하게 이야기하겠다.

45 이들의 주장을 작가의 관점에서 적절하게 수정·추가·편집했다.

46 후쿠타 세이지 지음, 교육을 바꾸는 사람들 옮김, 박하식 감수, 《국제 바칼로레아의 모든 것》, 173~174쪽, 21세기교육연구소, 2019를 참고하라.

47 물론 이 두 작업을 하면 더욱 좋다.

48 여기에 대해서 자세히 알고 싶다면 김효은 지음, 《인공지능과 윤리》, 커뮤니케이션북스, 2019를 참고하라.

49 여기에는 법적 책임의 문제, 그러니까 "사고가 발생했을 때 법적 책임을

누가 지는가? 인공지능 개발사인가? 차량 제조사인가? 탑승한 운전자
인가?"를 비롯, 아직 해결되지 못한 여러 문제가 있다. 기술적인 문제와
안정성 문제도 아직 100% 해결되지는 못했다. 여기서는 윤리·도덕적 문
제만 다루기로 한다.

50 논문명은 다음과 같다. "Why Self-Driving Cars Must Be Programmed
to Kill", 〈MIT Technology Review〉, 2015.10.22.

51 두 사람의 대화 내용은 적절하게 편집했음을 밝힌다.

52 1원칙, 로봇은 인간에게 해를 끼치지 않는다. 2원칙, 로봇은 1원칙에 위
배되지 않는 범위에서 인간의 명령에 복종한다. 3원칙, 로봇은 1·2원칙
에 위배되지 않는 범위에서 스스로를 보호한다. 참고로 아이작 아시모프
는 1985년에 0원칙, 로봇은 인류에게 해를 끼치지 않는다를 추가했다.

63 딘 온라인 화상 토론 교육이다.

54 사업이라는 특별한 영역에서 발휘된 공감 능력과 창조적 상상력을 말한다.

55 제프 다이어와 할 그레거슨은 《이노베이터 DNA》에서 창조적 혁신가들의
공통점으로 다섯 가지, 즉 질문하기, 관찰하기, 네트워킹, 실험하기, 연결
하기를 제시했다. 그리고 이 다섯 가지 요소를 한 마디로 요약하면 '호기
심'인데, 이는 세상과 사람들을 문화인류학적으로 관찰하는 것이라고 밝
혔다.

56 주일엔 교회로 사용된다.

57 인터넷에서 '드림스드림http://dreamsdream.org/'을 검색하라.

58 정승권, 이승기, 최건영이다. 세 명은 쿠시마마 주니어팀으로 활약하고 있었다. 쿠시마마는 NGO에서 일하던 실무자들이 모여서 만든 아프리카 봉사 활동 팀이다.

59 다른 십대들은 학교 일정 때문에 만나기가 쉽지 않았다.

60 추정치다. 20만 명이라는 말도 있다.

61 2018년 2월 3,500여 명이었던 탈북인 구출 숫자는 2019년 7월 4천여 명으로 늘어났다.
최보식 기자, "[최보식이 만난 사람] 북 대표단의 미소와 평화 선전만 보고… 그 뒤에 감춰진 본질을 못 봐", 〈조선일보〉, 2018.2.26.

62 인터넷에 '북한인권 시민연합http://kor.nkhumanrights.or.kr/'을 검색해보라.

부록

1   연규욱 기자, "랜들 레이더 전 美 연방항소법원장 '인공지능이 5년 내 판사 대체··· 사법 불신 줄어들 것'", 〈매일경제〉, 2017.11.7 기사 내용 중 랜들 레이더의 발언을 재구성했다.

2   금융경제연구소 안영배 이사가 분석했다.

에이트

인공지능에게 대체되지 않는 나를 만드는 법

초판 1쇄 인쇄 2019년 10월 21일
초판 75쇄 발행 2019년 12월 30일

지은이 | 이지성

발행인 | 박재호
편집팀 | 고아라, 홍다휘, 강혜진
마케팅팀 | 김용범
총무팀 | 김명숙

디자인 | 김태수
표지사진 | 이다혜
종이 | 세종페이퍼
인쇄·제본 | 한영문화사

발행처 | 차이정원
출판신고 | 제25100-2016-000043호
주소 | 서울시 마포구 양화로 156(동교동) LG팰리스 814호
전화 | 02-334-7932 팩스 | 02-334-7933
전자우편 | 3347932@gmail.com

ⓒ 이지성 2019

ISBN 979-11-88388-90-5 03320

이 도서의 국립중앙도서관 출판예정도서목록(CIP)은 서지정보유통지원시스템 홈페이지(http://seoji.
nl.go.kr)와 국가자료종합목록 구축시스템(http://kolis-net.nl.go.kr)에서 이용하실 수 있습니다.(CIP
제어번호: CIP2019038898)